■ 2009年国家社科基金西部项目“生态文明视域下我国西部地区民族环境习惯法研究”（项目批准号：09XFX016）研究成果

环境习惯法现代价值研究

——以西部民族地区为主要『场景』的展开

郭武 著

中国社会科学出版社

图书在版编目(CIP)数据

环境习惯法现代价值研究：以西部民族地区为主要“场景”的展开／郭武著．—北京：中国社会科学出版社，2016．6

ISBN 978－7－5161－8246－8

Ⅰ．①环…　Ⅱ．①郭…　Ⅲ．①民族地区－环境法学－习惯法－研究－中国　Ⅳ．①D922．680．4

中国版本图书馆 CIP 数据核字(2016)第 116782 号

出 版 人　赵剑英
责任编辑　梁剑琴
责任校对　董晓月
责任印制　何　艳

出　　版　中国社会科学出版社
社　　址　北京鼓楼西大街甲 158 号
邮　　编　100720
网　　址　http：//www.csspw.cn
发 行 部　010－84083685
门 市 部　010－84029450
经　　销　新华书店及其他书店

印刷装订　北京市兴怀印刷厂
版　　次　2016 年 6 月第 1 版
印　　次　2016 年 6 月第 1 次印刷

开　　本　710×1000　1/16
印　　张　19
插　　页　2
字　　数　274 千字
定　　价　69.00 元

序　一

日前，来台湾“中研院”法律学研究所访学交流的郭武博士请我为他的新著《环境习惯法现代价值研究——以西部民族地区为主要“场景”的展开》作序，我欣然应诺，因为本书对促进两岸法学交流、创新研究方法具有重大意义。

近年来，我常应邀到大陆地区一些高校和法律实务部门讲学、授课，或者参加学术研讨活动，切身感受到大陆法学教学与研究的变化和发展，特别是最近十余年，大陆法学同人中的年轻一代在法学专业知识的系统学习、法学课程教学方法和手段的更新、法学学术研究视野和深度的拓展等方面取得的进步。

逐渐成长起来的青年法学学者是大陆法学教育与研究事业的希望。他们受过国内外专业、有系统的法学教育，大多数有法学博士学位，值当下大陆转型发展之际，担负着承前启后、解放思想，从而实现法学教学与研究的知识、方法、思维转型更替的主要任务！青年环境法学者郭武博士就是其中一员。认识郭武博士，是2015年8月的事。当时台湾民法学基金会应邀前往甘肃政法学院开展学术交流活动，郭武博士是该校民商经济法学院副院长，与其他几位学院领导一起负责交流活动的安排和服务工作。在几天的交往过程中，我发现了他勤奋踏实、乐观上进和才思敏捷的特质。

这本《环境习惯法现代价值研究——以西部民族地区为主要“场景”的展开》是郭武博士在其博士学位论文《论环境习惯法的现代价值》的基础上加以修改完善而成的。通读全文，我从中发现了诸多亮点，如进化理性主义思维中环境习惯法与环境制定法之间关系的全新解读，环境习惯法在本土法文化汲取与重建、法律信仰、技术理性祛魅、路径拓展诸方面补给环境制定法的创新研究，环境习惯法内容实质合法性检验标准和形式合法性检验标准的提出，环境习惯法贡献于现代环境立法的直接入法、渐进式入法、间接入法三种模式的归纳，以及环境习惯法在现代环境管理中适应性机能的提炼等。这些亮点也反映出作者的学术专长和研究特点——运用法学基础理论的能力强、学术视野开阔、多元知识与方法论工具运用纯熟、反思精神突出，等等。郭武博士的勤奋和优异的博士学位论文使他获得了两项大奖——2012 年度“中达环境法学优秀博士学位论文奖”和 2013 年度“湖北省第十五批优秀博士学位论文奖”。

本书就环境习惯法在现代环境法治实践中据以操作的实践性价值如何实现、环境习惯法现代价值的限度等问题的研究尚有进一步挖掘和提升的空间。我对郭武博士及大陆青年法学学者提出以下三点期许：第一，法教义学是法学研究中不容忽视的重要方法之一。在现代社会兴起的环境法学、科技法学、生命法学等新兴领域，法教义学更是走出知识、方法多元化之迷雾，使研究回归主旨的根本。第二，青年法学学者应当在知识积累的基础上，开阔眼界、敏捷思考，善于从功能角度对同类议题进行比较研究，并以此为基础进行学术反思，得出自己的结论。第三，两岸青年法学学者应充分交流，在开阔的思维空间中推动两岸法学事业的发展，也期望两岸青年法学学者能持之以恒地学习和积累研究成果，对两岸法学发展作出贡献。

王澤鑑

于台湾大学

二〇一六年元月八日

序　二

在人类进入文明时代以前，无论东方西方、大国小国，也无论文明程度高的国家抑或文明程度较低的国家，人类社会活动所依赖的诸种法律规则均呈现出相互交织、共生共存之景象。工业革命以来，制定法中心主义的兴起使法律规则系统的发展在不同国家呈现出前所未有的“分化”，其标志为：不同国家法律规则系统之制定法化“步调”不尽相同。在同一历史“节点”观察，呈现出迥异的样貌：部分国家的情形为习惯法与制定法逐步融合、混同，其他国家的制定法化格局却已然形成，许多国家制定法化进程顺利完成，“合流”之势蔚为壮观。环顾宇内，大多现代国家开始反思并逐渐解构曾被奉为圭臬的制定法。尤其在跨学科视角下，人类开始思考如何走出“建构理性”的桎梏，依“人之行动而非设计”走有序的制度进化之路。由此，一种非“制定法独尊”的多元化制度合作与共存的策略逐渐在国家、社会不同层面展开，国家制定法、习惯法、惯例等不同“制序”形态的多元共存构筑了当下人类社会据以发展进步的真实基础。不过，遗憾的是，对“建构理性”桎梏的反思与超越之路在中国法制发展进程中尚未“启程”。因此，包括该著作在内，所有深入关注当下中国习惯法价值命题的思考无疑是对当下中国法制发展现状的有益“触动”。

《环境习惯法现代价值研究——以西部民族地区为主要“场景”的展开》是我的学生郭武博士长期潜心环境习惯法现代价值议题研究的智慧结晶。作者的研究从环境法学视角有力地回应了当下中国“制定法一元化”的现状，并创新性地提出了“开启”中国环境法律制度理性发展的具体途径。当然，需要澄清的是，工业革命背景下逐步兴起并在科学基础支撑下发展壮大的环境法有着较为独特的制度发展演进路径。正如作者所说，环境法据以发展的科学技术背景和深刻的现代性背景使得环境习惯法在诸多方面遭遇“不能”的尴尬，如环境标准的制定与实施、环境污染防治法的立法与实践等。总体看来，环境习惯法的价值更多地体现在环境资源法治领域。依循作者的研究思路，环境习惯法之于现代环境法发展的价值主要有二：

其一，环境习惯法在非建构理性思维中具有极大的价值机能，将源源不断地供给现代环境法走向不断完善和繁荣。唯制定法是瞻的环境法治实践已然造成法律的一元与现实多元之间的矛盾、外生性规则与本土性供给之间的断裂以及环境法治的公力强势推进与民间微弱运行之间的失衡等弊病。受制于制定法思维的固有逻辑，这些弊病无法根除，且愈趋严重。唯有反思制定法的弊端，求法于外，释放环境习惯法的巨大价值机能，方可经由本土法文化汲取与重建、信仰重塑、技术理性祛魅、路径拓展而达到对现代环境法的不断补足和完善。

其二，对环境习惯法现代价值的揭示是开启多元制度规则之“窗口”以审视环境法自足性的重大方法论创新，无疑可使现代环境法的发展走向“反身性”理性成熟之路。从方法论意义上讲，环境习惯法现代价值论题关涉环境保护制度工具的多元选择问题。这一认知立足于现代制度经济学、社会系统论的最新理论和观点，是极为开放的法学研究视角。以此观察，现代环境法唯有在“被观察”和“自观察”的不同视野中不断反思，才可实现符合理性的发展和成熟。

曾几何时，同行认为郭武博士对环境习惯法的研究属于环境法学研究领域的冷门和边缘，因而研究价值不甚显见。然而，郭武博士不为所动，依然坚持将环境习惯法现代价值问题继续研究下去，经与我多次讨论、反复修正，经国内外第一手资料的搜集，历时一年有余，终得完成。今日呈现给各位的，即是一部构思精巧、思路开放、方法妥当、观点精到的优秀学术著作。回溯该著作的砖瓦堆砌之艰辛过程，不得不谓是一条奇异的学术旅程。因作者极具价值的研究和同行专家的一致首肯，该著作在出版之前先后荣获“2012 年中达环境法优秀博士论文奖”“湖北省第十五批优秀博士学位论文奖”等奖励，并得到国家社科基金结项成果“良好”的鉴定结论。无疑，在“环境习惯法”这一宽泛且在时下仍被认为是冷门的论题上，郭武博士的《环境习惯法现代价值研究——以西部民族地区为主要“场景”的展开》具有标识意义。

借由郭武博士的新作《环境习惯法现代价值研究——以西部民族地区为主要“场景”的展开》一书，希望中国环境法学界同人，尤其是如作者一样的青年环境法学者能从中国当下环境法治的“问题”入手，结合充分的环境法学理论支撑和多元方法论综合，认真反思、共同推进环境法学真命题、核心命题的研究，聚少成多，长期坚持，以期在不久的将来形成中国环境法学研究蔚为壮观的大观园。

是为序。

王树义

于武昌珞珈山

二〇一六年三月四日

内容摘要

生态文明是人类遵循人与自然和谐发展规律，推进社会、经济和文化发展所取得的物质与精神文明成果的总和。生态文明与中华文明的精神内涵一脉相承，中华民族在历史上就有“天人合一”等人与自然和谐共处的思想传统，蕴含着深刻的生态文化和智慧。各民族在长期的历史发展过程中逐步形成的环境习惯法文化异彩纷呈、内涵丰富，是中华文明和我国法文化重要而独特的表现形式之一。在我国西部地区，不同地域、不同民族的不同历史分期，各民族环境习惯法总是呈现出各具特色的形态，彰显着该地区民族环境习惯法所独有的人文魅力和丰富的法文化内涵。在生态文明建设深入推进的过程中，我国西北地区民族环境习惯法不断释放出特殊的价值和机能。

对我国西北地区民族环境习惯法的深度、全面把握应始于对环境习惯法特有内涵、机理的理性分析。而对环境习惯法内涵的把握又需借助恰当的切入视角和研究方法。运用类型化方法，从“作为事实的习惯”和“作为规范的习惯”二分方法开始深入环境习惯法应然构造的内部，将使环境习惯法在与习惯相区分的意义上得以独立呈现。不仅如此，对环境习惯法质的规定性的把握尚需厘定其与民间法、环境制定法之间的关系。作为独特的规则形态，环境习惯法一般地由历史和文化塑造其外部“轮廓”，并由自然环境、法律信仰和规范结构型构其内部特征。纵观环境习惯法的历史演替过程，环境习惯法经由“权威”时代到现代式微的演变并非历史性消亡的表征，而是源自环境制定法对环境习惯法的主观抑制和应有功能的挤占。大量的实证研究表明，环境习惯法仍然是一种真实而有力的规则存在，且具有以文献记述、村规民约和口耳相传等作为主要形态的现实表达方式，具体体现为各种内容丰富的知识体系，如关于环境习惯法的保护对象、环境习惯法的价值基础、环境习惯法的特殊规范方式、环境习惯法的特殊适用规则等环境法智慧。

环境习惯法虽然是一种真实而有力地存在的特殊法规范体系，但能否、有无必要引入现代环境法治实践之中，却是一个不可回避的重要问题。在国家制定法中心主义背景下，现代环境法面临着以下诸多困境，即法律一元构想与现实多元之间的矛盾、外生性规则与本土性供给之间的断裂、公力强势推进与民间微弱运行之间的失衡等。由于先天性制度尴尬，环境制定法无法自我走出上述困境，这为环境习惯法现代价值的发挥奠定了基础。而环境习惯法现代价值的开辟，诸如本土法文化汲取和重建、信仰重塑、技术理性祛魅和路径拓展等优越性恰好为破解环境制定法的上述困境提供了可能的思路和空间。从当下环境法治的必要性来说，环境习惯法与环境制定法，或与现代环境法治实践之间的“桥接”是极为必要的。

不仅如此，环境习惯法与现代环境法治之间的“桥接”具有充分的可行性基础与条件。首先，环境习惯法的现代价值完全能够在业已发展成熟的现代环境法这一“场域”中实现。在历时性演化的基本逻辑前提下，环境习惯法现代价值实现的目的在于补足环境制定法，进而构建符合现代性特征的环境法。其次，通过类型化方法，并确立实质合法性和形式合法性两条检验标准对环境习惯法的内容进行择取是实现其现代价值的重要可行步骤。最后，环境习惯法的现代价值主要通过环境制定法主导的“自上而下”路径和环境习惯法参与的“自下而上”路径来实现。在“自上而下”的路径中，由环境制定法的现代性自省到环境制定法的话语开禁，再到对环境习惯法的积极摄取的逻辑进程是这一路径得以展开的具体要求；而在“自下而上”的路径中，确定环境习惯法的参与范围和持续性参与的方式则是该路径得以展开的关键性因素。

与现代环境法治的具体实践相对应，环境习惯法现代价值的实现分别体现在如下三个方面。第一是环境习惯法作为间接法源对现代环境立法的贡献。从环境习惯法进入现代环境立法的必要性、制约性因素、域外经验、可能进路及我国新型村规民约实践等方面进行考察，环境习惯法在现代环境立法中具有重要的间接法源意义。第二是环境习惯法对现代环境管理的规则价值。基于环境的不稳定性和不可预期性，环境习惯法是适应性环境管理的合理且独立的规则系统。发挥环境习惯法的适应性机能，将对现代环境管理产生深远影响。第三是环境习惯法对环境纠纷解决的贡献。由于环境习惯法与环境纠纷解决的内在关联，环境习惯法在环境纠纷司法解决机制和环境纠纷 ADR 方案中均具有重要的贡献。在环境纠纷司法解决机制中，环境习惯法可作为有限使用的准据法以及事实和证据；在环境纠纷 ADR 方案中，环境习惯法可直接作为准据法，并作为事实和证据而发挥作用。

关键词：民族地区；环境习惯法；环境制定法；现代价值

目　　录

导　论

一　问题及其研究意义

在国家制定法奏响法治时代最强音的现代社会，作为“民间知识”① 形态之一的习惯法却处在被边缘化的境地，而且其生存空间日趋受到国家制定法强力挤压。陈兴良教授对国家制定法和习惯法的关系有如下的论述：“越是古老的社会，习惯法越是强大而制定法越是微弱，越是现代的社会，制定法越是壮大而习惯法越是衰落。”② 因此，在历史视角中，制定法之“进”必然造成习惯法之“退”的局面。但现实情景是，尽管在非常发达和健全的现代法治实践领域，独尊国家制定法这种一元法律模式仍然会面临许多难题。这种法律一元模式“过高地估计了国家法律的实际效力，在极端的情形下甚至置法律所依赖的社会环境和基础于不顾”③，不但无济于调适国家制定法的统一规则与地方性、民间性规则的抵制关系，更使国家制定法的实效大打折扣。而人类学和法律人类学的研究表明，即使在没有国家、没有国家法律的社会里，秩序仍然是可以实现的，④ “而且自发地与

① 在本书研究的意义上，“民间知识”是指与获得强势话语权的“国家知识”相对而言的，国家制定法和民间习惯法的分野使这两种知识传统的差异性日渐明显。近年来，高其才教授、谢晖教授、陈金钊教授、王勇副教授等对这一论题进行了广泛、深入的研究。

② 杜宇：《重拾一种被放逐的知识传统：刑法视域中“习惯法”的初步考察》，北京大学出版社 2005 年版，第 2 页。

③ 王启梁：《习惯法/民间法研究范式的批判性理解———兼论社会控制概念在法学研究中的运用可能》，《现代法学》2006 年第 5 期。

④ ［美］基辛：《文化人类学》，张恭启、于嘉云译，台北巨流图书公司 1993 年版，第 362—380 页。

社会同时出现和发展”①。因此，习惯法的价值并不能因为国家制定法功能的凸显而消失。恰恰相反，对习惯法这一被普通民众“一致赞同”，并被“周而复始地运用于实践”② 的“地方性知识”的关注将在很大意义上克服法律一元模式的弊端，使国家制定法的最强音在习惯法的和声③伴奏中演绎更为和谐顺畅的法治音律。因此，重拾已被逐渐忘却的习惯法传统，并开辟其应有的价值，将会极大地增强和补足国家制定法的功能和缺陷，从而实现法律二元模式的协调与互补功能。更为重要的是，在现代语境中开辟习惯法的应有功能，可以复活和创生现代社会所需的诸多法律，因为国家制定法“只不过是穹隆顶上的拱梁，而唯有慢慢诞生的风俗（习惯规则）才最后构成那个穹隆顶上不可动摇的基石”④。

环境法这一新兴法律部门伴随着现代工业文明的辉煌而产生，相较于其他传统部门法，环境法具有与生俱来的现代性。加之国家制定法中心主义的影响，当下的环境法（即环境制定法）已远离了包括环境习惯法在内的诸多传统法律形态，相互之间似乎没有“对话”的基础和可能性。从历史角度来说，环境制定法与环境习惯法之间的疏离状态符合法律发展的一般逻辑，本属无可厚非之事。但深层剖析环境法在我国产生和发展的特殊历史背景和社会条件，一幅截然不同的景象将会显现：一方面，与我国法制现代化的整体路径一样，我国环境制定法的生成也没有避开甚至体现出更为显著的“外发型”⑤ 逻辑路径依赖。因此，无论在理念还是制度层面，我国环境制定法均“夹带”着舶来品的印记。在我国环境法治领域，外生性特征较为明显的环境制定法难以融入我国本土的法文化语境之中，导致环境法治实效的弱化。破解这一难题，我们的唯一出路是从“主体性”视角

① 薄振峰：《当代西方综合法学思潮》，法律出版社 2005 年版，第 28 页。

② ［英］爱德华·汤普森：《共有的习惯》，沈汉、王加丰译，商务印书馆 2002 年版，第 100 页。

③ 龙大轩：《乡土秩序与民间法律：羌族习惯法探析》，中国政法大学出版社 2010 年版，第 314 页。

④ ［法］卢梭：《社会契约论》，何兆武译，商务印书馆 1980 年版，第 73 页。

⑤ 张文显：《法理学》，高等教育出版社 1999 年版，第 173 页。

回归“中国自己的法学理想图景”① 的构建，即从我国本土文化中汲取营养，从而构建“中国问题”导向的中国现代环境法。其中，传统环境习惯法的功用不可小觑，尤其在国家建设生态文明的当下，环境习惯法发挥着非常重要的作用。生态文明与中华文明的精神内涵一脉相承，中华民族在历史上就有“天人合一”等人与自然和谐共处的思想传统，蕴含着深刻的生态文化和智慧。各民族在长期的历史发展过程中逐步形成的环境习惯法文化异彩纷呈、内涵丰富，是中华文明和我国法文化重要而独特的表现形式之一，其所蕴含的中国法文化精髓和普世价值将会极大地补强外生性现代环境法的缺漏并协同其与中国本土法文化的对接。因此，从这一意义上来说，开辟传统环境习惯法在现代环境法“场域”中的应有价值和功能十分必要。另一方面，随着法律的历史演变，时至今日，国家强力推行的制定法已取得了“一统”地位，形成了以“自上而下”为主要传导路径的运行模式。其中，环境制定法更因其强烈的公法属性和技术性特点而拒传统环境习惯法于千里之外。但是，随着社会多元化方向的发展以及现代环境法制中行政机制和市场机制弊端的日益暴露，一种全新的、以强大的公众力量为推动力的第三种调整机制②，即以公众参与和社区治理为核心的“自下而上”路径的新机制亟待产生，并被引入环境制定法的运行中。而作为发育公众环保力量的民间规则基础，环境习惯法具有天然的优越性。通过开辟环境习惯法的应有价值空间，在环境制定法的现代场景中引入“自下而上”的新路径模式，能使其与环境法所固有的“自上而下”路径相互补充，从而形成上下通达、运行顺畅、治理高效的现代中国环境法。

基于这一思路，本书将立足于我国西部民族地区环境习惯法成长的真实“场景”，在现代法治语境中重新发掘、整理环境习惯法这一知识传统，力图实现法学的传统命题与现代话语的沟通，并通过开辟环境习惯法的应有价值和功能，达到补强环境制定法、推进生态文明

① 邓正来：《谁之全球化？何种法哲学？——开放性全球化观与中国法律哲学建构论纲》，商务印书馆2009年版，第185页。

② 蔡守秋：《第三种调整机制——从环境资源保护和环境资源法角度进行研究》（上），《中国发展》2004年第1期。

建设的目的。详言之，本书对环境习惯法现代价值的研究具有以下理论与实践意义。

在现代性语境中，习惯法在各类部门法中所发挥的功能异常微弱。对于环境法这一新兴法律部门的现代性制度创设而言，习惯法的贡献更是少被提及。究其原因，法制现代化的推动力大多源于国家权力的自觉，而缺少自发的、历史的法制成长机制，造成人们“往往蔑视历史并无视传统上的法律材料”①，甚至“指责古老习惯（习惯法）的‘非理性’特征，并对它们进行彻底修正”②。在我国，情况更是如此：近代以来，国家权力“自上而下”的强力推动虽然加速了法制现代化的进程，但却割断了法律与历史、社会的联系，从而形成了现代法治国家与民间社会的分野，导致习惯法这种在人类社会生活中缓慢生长起来的规范形态退出了历史舞台。环境法的兴起与发展更多地需要现代文明的积极供养，以适时地应对各类新型的突发环境问题。但作为法律规范的重要类型，环境法的发展在本质上仍需遵从法律发展的一般规律，彰显法律应当秉持的理性精神，并符合法律意义追寻的根本指向。而从现代环境法的已然形态和未来发展向度来看，现代科技文明的驱使已使其偏离了上述规律与方向。因此，从这一意义上来说，似乎早已褪色的环境习惯法并非在现代语境中一无是处，而正是其所具有的价值理性和根本关怀使其获得了重现光芒的可能性。

借用IUCN环境法项目对环境习惯法调查研究后所说的一句话，“国家政策和立法应该认识到习惯法和制定法之间在有所差别的同时具有内在的一致性，从而克服可能因二者之间的冲突而导致的自然资源退化”③。同样，写作本书的理论意义也就主要在于通过对环境习惯法的重新整理和挖掘，探寻这一传统法学命题所隐含的内在价值和

① ［美］罗斯科·庞德：《法律史解释》，邓正来译，中国法制出版社2002年版，第20页。

② ［美］哈罗德·J. 伯尔曼：《法律与革命》，贺卫方等译，中国大百科全书出版社1993年版，第59页。

③ IUCN, Environmental Law Program, *Customary Laws: Governing Natural Resource Management in the Northern Areas*, Ferozsons (Ptv) limited, 2003, p. V.

机理，并借助“自上而下”和“自下而上”两条“管道”的互动，使环境习惯法与现代环境法沟通起来，并在某些领域有力地补足现代环境法，从而在理论层面实现环境法的传统理性与现代理性的互补与协调，使环境法着眼问题意识的同时彰显法律的理性与生命之光。

本书也是一次尝试——通过对环境习惯法这一传统知识的考古，廓清环境习惯法这一被掩盖的“静止和沉默的巨大基底”的“沉积层”①，从而为现代法治语境中研究环境习惯法确立一套基础框架和核心论题，以尽可能多地为广大同人在现代话语体系中“进军”包括环境习惯法在内的诸多传统法学命题研究起到范本和导引意义。因此，本书的写作更着重强调对研究对象核心论题“深度”的把握，而非“广度”的周延，意在引起同行对其重要性的认同，从而在进行“深度”研究的同时不断开展更具有“广度”的研究。

另外，在实践层面挖掘环境习惯法的应有操作可能，同样有着重要的意义，即为国家生态文明建设提供有力的规范保障价值。显而易见，环境习惯法的创生及运行有着鲜明的区域特色。环境习惯法刻有不同地方自然环境状况和人与自然共存关系的烙印，展现出异彩纷呈的画卷。转向环境法治的现代语境，环境习惯法的区域性特征与环境制定法在区域环境法治中强调区域治理、分而治之、因地制宜的方法和要求相呼应，而且因环境习惯法自发性、灵活性的生成理路，在区域环境法治中发挥着比国家制定法更为切实有效的作用。因此，尽管生长在荒野僻壤，甚或主要存在于当下西部民族地区，但环境习惯法仍然是这些区域环境法治的重要地方性资源。另外，环境习惯法在积极贡献于区域环境法治实践的同时，也在缓慢地影响和渗入包括公众参与机制、社区共管模式、农村农业环境保护等在内的诸多现代环境法治领域。相较于环境制定法“自上而下”的推动路径，“自下而上”的推动路径更能凸显环境习惯法与公众参与机制、社区共管模式等环境制定法规则之间“天然”的一致性。循此，在现代环境法治，尤其是国家生态文明建设逐步深入推进的丰富实践中，环境习惯法将

① ［法］米歇尔·福柯：《知识考古学》，谢强等译，生活·读书·新知三联书店2007年版，第1页。

发挥越来越重要的功能。可见，作为地方性知识的环境习惯法已然超越了其地方性的限制而转向对现代环境法之大论题[①]的关注和贡献。当然，需要澄清的是，环境习惯法在现代环境法治实践中的价值不是广普的。环境法据以发展的科学技术背景和深刻的现代性背景使得环境习惯法在诸多领域招致“不能”的尴尬，如环境标准的制定与实施领域、环境污染防治法的立法与实践领域等。因而总体来看，环境习惯法的价值更多地体现在环境资源法治领域。

二　研究基础

在法学研究领域，已有不少学者就环境习惯法及相关论题做了各不相同但又极具意义的研究，形成了诸多研究成果。这些研究成果构成了进一步研究环境习惯法现代价值的基础。

（一）国内研究

从国内已有的研究成果来看，学者们对习惯法的类型化研究主要见于传统部门法学，如刑法、行政法、民商法领域，因而也形成了关于刑事习惯法、行政习惯法以及民商事习惯法的大量研究成果。如眭鸿明教授的《清末民初民商事习惯调查之研究》[②]、杜宇博士《重拾一种被放逐的知识传统——刑法视域中“习惯法”的初步考察》[③]等。相比之下，环境习惯法却很少被专门研究，而是在习惯法的“宏大叙事”中被“附带”论及。如瞿同祖先生的《中国法律与中国社会》[④]、梁治平教授的《清代习惯法：社会与国家》[⑤]、许章润教授的

① 地方性特色鲜明的环境习惯法之于现代环境法的意义就如同社会文化人类学视野下地方性、民间性知识之于社会文化变迁的意义。于后者，托马斯·许兰德·埃里克森所使用的“小地方，大论题”之概念恰如其分地表达了相互之间的关系。参见［挪威］托马斯·许兰德·埃里克森《小地方，大论题——社会文化人类学导论》，董薇译，商务印书馆2008年版。

② 眭鸿明：《清末民初民商事习惯调查之研究》，法律出版社2005年版。

③ 杜宇：《重拾一种被放逐的知识传统——刑法视域中“习惯法”的初步考察》，北京大学出版社2005年版。

④ 瞿同祖：《中国法律与中国社会》，中华书局2003年版。

⑤ 梁治平：《清代习惯法：社会与国家》，中国政法大学出版社1996年版。

《"习惯法"的当下中国意义》[①]、张冠梓教授的《论法的成长：来自中国南方山地法律民族志的诠释》[②]、苏力教授的《中国当代法律中的习惯——从司法个案透视》[③]、高其才教授的《中国少数民族习惯法研究》[④]、陈玮教授的《解放前青海游牧藏区习惯法调查》（*A Survey of the Customary Law of Tibetan Nomadic Tribal Society in Qinghai Before Liberation*）[⑤]、陈金全教授的《西南少数民族法律生活的历史和现状》[⑥]、周相卿博士的《清代黔东南新辟苗疆六厅地区的法律控制》[⑦]、曾代伟教授的《巴楚民族文化圈研究——以法律文化的视角》[⑧] 等。

显然，学界专就环境习惯法的研究成果并不多见。纵观这些"限量版"的研究成果，环境习惯法的类型化研究主要在以下两方面展开：

1. 对环境习惯法的诠释性研究

学界对环境习惯法的诠释性研究主要体现为对我国各区域，尤其是少数民族地区环境习惯法的历史传承、文化渊源的分析研究以及对环境习惯法具体内容和表现形态的复制、引述或注解。田红星博士在《环境习惯与民间环境法初探》一文中提出，习惯法虽不是正式的法律渊源，但却构成民间环境法的重要渊源。因而环境习惯法与民间环境法作为一种"活法"，是我国环境治理的重要本土资源。[⑨] 另外，环境习惯法是我国民间习惯法文化的主要形式，也是我国传统法文化

① 许章润：《"习惯法"的当下中国意义》，《读书》2009 年第 10 期。

② 张冠梓：《论法的成长：来自中国南方山地法律民族志的诠释》，社会科学文献出版社 2002 年版。

③ 朱苏力：《中国当代法律中的习惯——从司法个案透视》，2010 年 9 月，中国民商法律网（http://www.chinaweblaw.com/html/c27/2006-03/41935.html）。

④ 高其才：《中国少数民族习惯法研究》，中国政法大学出版社 2003 年版。

⑤ Chen wei, "A Survey of the Customary Law of Tibetan Nomadic Tribal Society in Qinghai Before Liberation", *Social Sciences in China*, 1994 (3).

⑥ 陈金全：《西南少数民族法律生活的历史和现状》，《甘肃社会科学》2007 年第 2 期。

⑦ 周相卿：《清代黔东南新辟苗疆六厅地区的法律控制》，《法学研究》2003 年第 6 期。

⑧ 曾代伟：《巴楚民族文化圈研究——以法律文化的视角》，法律出版社 2008 年版。

⑨ 田红星：《环境习惯与民间环境法初探》，《贵州社会科学》2006 年第 3 期。

的重要载体和现实表达。对环境习惯法的研究是回归自然秩序和谐的法文化传统、重塑法律信仰精神和重归法律对价值理性关切的共同追求。[①] 刘雁翎教授在《贵州侗族环境习惯法渊源研究》一文中也提出："对贵州侗族环境习惯法的渊源及其内容进行系统和深入的掘进研究，有利于探寻和宣示侗族环境习惯法存续的内在价值，也为贵州乃至全国少数民族地区生态文明的建构发掘良好的地方性资源。"[②] 邵泽春教授在《论少数民族习惯法的生态本原》一文中，从人与自然的适应和依从关系中给出了环境习惯法的合理性解释，认为"人类对自身所处的生态环境的认知、体验以及与这一生态环境的磨合适应，是法生成的生态性本原"[③]。拙作《文化、理性和信仰：民族环境习惯法重生的三个基点》对环境习惯法的核心属性进行了探讨，认为环境习惯法兼具文化属性、价值理性以及信仰本质。只有消弭国家制定法与民族环境习惯法之间的紧张和挤压关系，使民族环境习惯法在现代法律体系中获得重生，才能回归自然秩序和谐的法文化传统、重塑法律信仰精神和重归法律对价值理性关切的共同追求。杨士杰教授在《论云南少数民族的生产方式与生态保护》一文中，就环境习惯法在少数民族群众生产生活中的体现做了系统阐述，例如，"在传统生产方式方面，佤、景颇、独龙、怒、基诺等民族为了克服落后生产方式造成的土地贫瘠的状况，曾采取轮耕和种水冬瓜树以恢复生态的方法；在禁忌方面，纳西、哈尼、拉祜、彝等民族中至今仍存在着神山、神林、神树的崇拜与禁忌，有效地保护了山林生态；在民族习惯法方面，基诺、白、彝、傣等民族中都存在有关保护生态环境的习惯法"[④]。刘雁翎教授在《论贵州苗族环境习惯法》一文中对环境习惯法的表现形态做了较为详细的梳理，认为苗族环境习惯法的常见形

① 郭武：《文化、理性和信仰：民族环境习惯法重生的三个基点》，《甘肃政法学院学报》2010 年第 3 期。

② 刘雁翎：《贵州侗族环境习惯法渊源研究》，《西南政法大学学报》2009 年第 5 期。

③ 邵泽春：《论少数民族习惯法的生态本原》，《贵州民族研究》2007 年第 4 期。

④ 杨士杰：《论云南少数民族的生产方式与生态保护》，《云南民族大学学报》（哲学社会科学版）2006 年第 5 期。

态有环境榔规、宗教规范以及村规民约三种类型。[1] 而李可老师在《论环境习惯法》一文中认为，“环境习惯法的渊源主要有民族禁忌、民族习惯法、村寨规条、习惯狩猎法和习惯宗教法等多种形态”，普遍存在于生产、生活、宗教、饮食等领域。[2]

2. 对环境习惯法价值及功能的研究

除上述研究成果外，学者们对环境习惯法的现代价值和功能也进行了些许探讨，主要从环境习惯法与现代环境法（即环境制定法，为区别起见使用该概念，下同）之间的互动关系入手，分析了环境习惯法对现代环境法的价值和可能贡献。田信桥教授在《环境习惯法与国家法互动机制探析》一文中指出，在一定意义上，将环境习惯法中的合理部分引入现代环境法之中，利用人们对环境习惯法的认同，可以达到资源有效保护的目的。“环境习惯法与国家法长期并存，并将以其特有的调整机制继续在少数民族地区和边缘地区发挥保护自然生态的作用。在环境保护理念日益盛行的今天，环境习惯法对于环境资源法律制度的发展与完善有着重要的补充作用，实现两者之间的良性互动具有重大意义。”[3] 韦志明博士在《民族习惯法对西部生态环境保护的可能贡献》一文中通过设问国家制定法在多大程度上保护西部地区生态环境，进而展开自己的论证，认为在少数民族较为集中的西部地区，环境习惯法在更好地发挥本土人群的主体性作用、有效进行社会控制以引发环境有益行为以及弥补国家环境习惯法的不足三个方面有极其重要的价值。[4] 而王明东博士在《南彝族水利山林习惯法及其功能》一文中认为，环境习惯法（王明东博士用了“水利山林习惯法”的概念，实为环境习惯法的具体类型，故不做过多区分）兼具法治、文化教育和对生态保护的知识积累三种功能，并提出我们在继

① 刘雁翎：《论贵州苗族环境习惯法》，《贵州民族研究》2008 年第 4 期。

② 李可：《论环境习惯法》，载吕忠梅主编《环境资源法论丛》第 6 卷，法律出版社 2006 年版，第 27—40 页。

③ 田信桥：《环境习惯法与国家法互动机制探析》，《长春理工大学学报》（社会科学版）2010 年第 2 期。

④ 韦志明：《民族习惯法对西部生态环境保护的可能贡献》，《内蒙古社会科学》（汉文版）2007 年第 6 期。

承民族文化遗产时，应当本着去粗取精、古为今用的基本原则。[①] 杰克·帕特里克·海斯博士《有关荒地的法律基础与管理依据——中国西北部地区环境与习惯法讨论》一文中对中国西北部地区存在的关于分配树木和荒地权利的习惯法进行了历史脉络的研究，认为不仅在所有制类型的安排方面，而且在其激励机制的灵活性方面具有极大的优势。[②] 扎洛教授在《社会转型期藏区草场纠纷调解机制研究——对川西、藏东两起草场纠纷的案例分析》一文中探讨了环境习惯法在环境类纠纷中的独特价值。文章认为，现行机制突出了政府权威和国家法原则，却影响了民意的充分表达，经常出现毁约行为和纠纷反复，而借鉴传统习惯法中充分协商及宗教伦理约束等手段，有助于完善现行机制。[③]

（二）国外研究

在国外，环境习惯法一般在两个不同的语境中被广泛使用。一部分学者在国际法视域中将环境习惯法作为与国际习惯法的勾连概念或属概念而对其进行研究。如 Neetika Yadav 和 T. Priyadrshini 在《贸易帝国主义与环境保护主义之间的对立》（*Trade Imperialism versus Environmental Protectionism*）[④] 一文中就将环境习惯法理解为国际法渊源的习惯法之具体类型。类似的研究还有 Aimee L. Weiss、Colin B. Picker、Rachel Bowen 等人[⑤]。而在本书主题论述的意义上，即将环境习惯法作为与现代环境法相区别的民间、地方知识形态而进行的探讨更为多

---

① 王明东：《南彝族水利山林习惯法及其功能》，《思想战线》1998 年第 3 期。

② 杰克·帕特里克·海斯：《有关荒地的法律基础与管理依据——中国西北部地区环境与习惯法讨论》，张韬译，《山东大学学报》（哲学社会科学版）2006 年第 4 期。

③ 扎洛：《社会转型期藏区草场纠纷调解机制研究——对川西、藏东两起草场纠纷的案例分析》，《民族研究》2007 年第 3 期。

④ Neetika Yadav and T. Priyadrshini, "Trade Imperialism versus Environmental Protectionism", 15. *Int'l Trade L. J.* 97, Winter, 2006.

⑤ Aimee L. Weiss, "An Analysis of the North American Agreement on Environmental Cooperation", 5 *ILSA J. Int'l&Comp. L.* 185, Fall, 1998; Colin B. Picker, "Fishing for Answers in Canada's Inside Passage: Exploring the Use of the Transit Fee as a Countermeasure", 21 *Yale J. Int'l L.* 349, Summer, 1996; Rachel Bowen, "Walking the Talk: the Effectiveness of Environmental Commitments Made by Multilateral Development Banks", 22 *Geo. Int'l Envtl. L. Rev.* 731, Summer, 2010.

见。总体而言，国外学者的研究呈现出以下两大特点或趋势。

1. 从研究对象和领域来看，国外学者对环境习惯法的研究主要集中在土著民环境习惯法领域。

从概念的外延来看，环境习惯法的指涉超出了土著民环境习惯法的范围。虽然对土著民环境习惯法的研究不能涵盖环境习惯法论题的全部内容，但土著民环境习惯法的代表性意义在各类环境习惯法中最为显著。因此，国外学者在研究环境习惯法时，多将场景选在土著民相对集中的地区，如北美印第安人、印度土著民、北极地区的因纽特人以及南太平洋地区的岛国土著民等。虽然习惯法与制定法在司法的作用以及两者在司法中的能动性方面存在显著的区分①，且与欧洲文化及其他许多现代文化的接触，也在一定程度上冲淡了习惯法某些部分的影响，但习惯法的残存仍然可以成为详细研究的对象。② 而且可持续发展不仅仅关乎我们如何管理动植物和生态系统，而是拓展到人类文化的可持续性问题③，包括许多土著民的习惯法文化形态。故此，国外学者的研究在土著民环境习惯法领域中卓有成效地展开。譬如在澳大利亚偏僻的贝强嘎嘎拉部落中，土著居民相信自己的法律是社区法律和秩序的真正基础，并将自己的法律看作主宰大多数居民生活的强大力量。④ 在北美印第安部落中，基于数千年以来人们对自然的道德责任——人类作为自然的守护者和监管者而引申出在利用自然资源时个人的或统治者的责任——而形成的朴素习惯法观念在当地环境保护及其他事务处理中有重要的意义。⑤ Peter Orebech、Fred Bosselman、

---

① Leon Sheleff, *The Future of Tradition: Customary Law, Common Law and Legal Pluralism*, London: The Book Company, Ipswich, Suffolk, 1999, p. 79.

② ［澳］维拉曼特：《法律导引》，张智仁等译，上海人民出版社 2003 年版，第 55—59 页。

③ Benjamin J. Richardson and Donna Craid, "Indigenous Peoples, Law and the Environment", See Benjamin J. Richardson, Stepan Wood, *Environmental Law for Sustainability: A Reader*, Portland: Hart Publishing, 2006, p. 195.

④ Ibid..

⑤ Taylor Reinhard, "Advancing Tribal Law through 'Treatment as a State' Under the OBAMA Administration: American Indians May also Find Help from Their Legal Relative, Louisiana-No Blood Quantum Necessary", 23 *Tul. Envtl. L. J.* 537, Summer 2010.

Jes Bjarup、David Callies 和 Martin Chanock 等人在《习惯法在可持续发展中的作用》(*The Role of Customary Law in Sustainable Development*)一书中指出，习惯法和可持续发展相互依存。在现代自然资源管理中，习惯法显著地具有伸缩性、适应性、反馈机制以及责任与权利的平衡方面的重要价值。[①] 世界自然保护同盟（IUCN，International Union for Conservation of Nature and Natural Resources）发起的由 Asad Bilal 教授、Huma Haque 博士、Patricia Moore 教授等组成的研究团队通过对北巴基斯坦地区习惯法的实证考察，认为该地区的习惯法是一个复杂的系统，有着与国家制定法相同的许多机制（如许可、使用者付费、未授权使用的行政或刑事惩处等）和制度（包括突击警察、监督者和裁判者）。在改革有关自然资源管理的制定法以协调与该地区习惯法因素之间的关系方面有很多机会和可能。而且已有成功的具体案例，如习惯法权威机构与制定法实施机构之间的合作等。因此，习惯法与国家制定法之间的"融合"并非指习惯法被国家法"稀释"或"并入"，直至消亡，而是指习惯法作为一套复杂而能动的法律系统而与国家制定法共生。[②] 类似的研究还有 Richard Howitt 教授，他在个人著作《反思资源管理：正义、可持续与原住民》(*Rethinking Resource Management*：*Justice*，*Sustainability and Indigenous Peoples*）中运用"三螺旋结构理论"，"自上而下"和"自下而上"的路径等理论，并结合北美印第安 Navajo 部落、挪威 Saami 人、澳大利亚昆士兰地区 Wik 人的环境习惯法实践，深入探讨了环境习惯法与国家环境制定法之间的冲突与协调。[③] 同样，Bruce L. Benson 博士在《以私法途径解决纠纷和分配正义的习惯法对现代法律体系和非国家强制秩序的描述》(*Customary Law with Private Means of Resolving Disputes and Dispensing Justice*：*A Description of a Modern System of Law and Order without*

---

① Peter Orebech，Fred Bosselman，Jes Bjarup，David Callies，Martin Chanock，*The Role of Customary Law in Sustainable Development*，New York：Cambridge University Press，2005.

② Asad Bilal，Huma Haque，Patricia Moore，*Customary Laws*：*Governing Natural Resource Management in the Northern Areas*，Ferozsons（Pvt）Limited，2003.

③ Richard Howitt，*Rethinking Resource Management*：*Justice*，*Sustainability and Indigenous Peoples*，Routledge，2001.

State Coercion）一文中，论述了习惯法所特有的许多机制的合理性，如私人法律执行机制、私人法院和惩处措施等，认为以私人手段解决纠纷的习惯法对一个无须国家强制的法律与秩序的现代构建具有重要价值贡献。[①] 另外，Carig C. Thorburn 教授在《海洋资源习惯法实践与制度的改变：以印度尼西亚基岛撒西洛拉人为例》（*Changing Customary Marine Resource Management Practice and Institutions: The Case of Sasi Lola in the Kei Islands, Indonesia*）一文中考察了生活在印度尼西亚 Kei 岛的土著民所沿用的特殊习惯法——Sasi 在海洋环境保护中的独特价值。该文认为，Sasi 应当被合法化为社区参与环境保护和资源管理的一种有益形式。依赖于社区参与而运行的 Sasi 制度将会使不断提高的环境资源管理技术的推行、适应和执行变得可能。[②] 可见，该文在习惯法与现代环境法具体制度的衔接上作出了有益的尝试。相关的研究还有 Brendan Tobin 教授的《习惯法作为地方原住民社群优先知情同意的基础》（*Customary Law as the Basis for Prior Informed Consent of Local and Indigenous Communities*）[③]、Benjamin Kunbuor 教授的《加纳北部"Dagara 习惯法"：原住民规则或社会建构》（"*Customary Law of the Dagara*" *of Northern Ghana: Indigenous Rules or a Social Construction*）[④] 等。

2. 在研究方法上，国外学者不仅在法文化意义上对环境习惯法进行社会学和历史学方法的研究，而且广泛采用其他各学科的方法，如新制度经济学派之后的博弈论经济分析方法、文化人类学方法以及

① Bruce L. Benson, "Customary Law with Private Means of Resolving Disputes and Dispensing Justice: A Description of a Modern System of Law and Order without State Coercion", *Journal of Libertarian Studies*, 1990.

② Carig C. Thorburn, "Changing Customary Marine Resource Management Practice and Institutions: The Case of Sasi Lola in the Kei Islands, Indonesia", *World Development* Vol. 28, No. 8, 2000.

③ Brendan Tobin, *Customary law as the basis for Prior Informed Consent of Local and Indigenous Communities*, International Expert Workshop on Access to Genetic Resources and Benefit Sharing, 2004.

④ Benjamin Kunbuor, " 'Customary Law of the Dagara' of Northern Ghana: Indigenous Rules or a Social Construction", *Journal of Dagaare Studies*, Vol. 2, 2002.

法人类学的以及组织规则演变的实证方法等。

Benjamin J. Richardson 教授认为，不仅环境支撑土著民的文化系统，而且土著民与自然环境相互牵连。土著民的生活与自然息息相关，在经济上也更多地受到环境资源管理政策和法律的影响。① MA Altieri 教授和 LC Merrick 教授也认为，土著民具有广泛而深刻的生态知识和智慧，他们特别重视食物的自给自足和当地资源的保存。② 因此，多数国外学者在法文化的产生及人类生态变迁的历史视角上对环境习惯法运用社会学、历史学以及生态人类学等方法进行深入研究。

哈耶克（Hayek）的自发生活秩序规则和组织秩序规则理论为环境习惯法的研究提供了独特的方法。环境习惯法的复杂性和智慧性“完全是因为它们是由自生自发的有序化力量（spontaneous ordering forces）产生出来的。……对自生自发的有序性力量的依赖是可取的，甚或是不可或缺的，尽管一个系统所趋向于的秩序，事实上只是在相当不完善的意义上达致的”③。显然，这一研究视角突破了传统经济学“超理性”（hyper-rational）的假设和框架也超越了新制度经济学以“交易费用”为中心的程式化构建论研究方法。除哈耶克之外，Andrew Schotter、Robert Sugden、H. Peyton Young 等人的博弈论习俗、惯例和制度的经济分析理论也是习惯法研究的重要方法。该方法抛弃了“超理性”的基本假定，而认为习惯法及其他诸多制度（institutions）“都是——至少部分是——演化力量的结果。它们是由长时期交互作用着的许多个人的累积性冲击所形成的”④。这一演化过程的随机稳定状态便是某一特定的自发制度形态，如习俗、惯例或习惯法。

---

① Benjamin J. Richardson and Donna Craid, “Indigenous Peoples, Law and the Environment”, See Benjamin J. Richardson, Stepan Wood, *Environmental Law for Sustainability: A Reader*, Portland: Hart Publishing, 2006, p. 196.

② M. A. Altieri, L. C. Merrick, In Situ. “Conservation of Crop Genetic Resources through Maintenance of Traditional Farming Systems”, 41 (1) *Economic Botany* 98 (1987).

③ ［英］弗里德利希·冯·哈耶克：《法律、立法与自由》第1卷，邓正来译，中国大百科全书出版社2000版，第60—62页。

④ ［美］H. 培顿·扬：《个人策略与社会结构——制度的演化理论》，王勇译，韦森审订，上海人民出版社2004年版，第2—11页。

另外，国外学者还从组织规则演变的实证方法入手进行研究。曼瑟尔·奥尔森（Mancur Olson）教授在其开创的公共选择理论中将集体分为大集体和小集体两类，并就各自的特征和行动逻辑进行了细致的剖析。在大集体中，“有理性的、寻求自我利益的个人不会采取行动以实现他们共同的或集团的利益”。而在小集体中，个人往往会主动采取行动以增进集体的共同利益。按照这一理论，作为大集体的国家和作为小集体的社群组织有了明确的分野，在像土著民族群社会这样的小集体中，个人的行动及其衍生的习惯法体系更有实际意义。在土著民族群社会这样一个“自动、自主和自由的领域中”，由于“该领域不能被国家通过强制机制而占据”①，作为小集体的规则体系的习惯法发挥着举足轻重的作用。詹姆斯·马丁（James G. March）、马丁·舒尔茨（Martin Schulz）、周学光关于规则动态演变的研究还给了我们关于保护习惯法规则的重要启示，由于不成文的习惯法规则所适用的群体规模向“大”而“疏”的方向上发生重大变迁，群体成员之间的关系越疏远，习惯法规则的效力就越小。群体的规模越庞大，习惯法规则有效习得和强制实施的可能性就越小，因而非成文的习惯法规则“就越有可能瓦解和消失”②。

（三）国内、外研究评价

1. 在研究内容的深度把握方面，国内学者的研究相对滞后，大多囿于法文化的视角而进行环境习惯法的注解性探讨。环境习惯法与环境制定法之间的关系以及可能的操作价值也没有引起学者们的广泛关注，既有的研究也仅仅是粗浅层面上的简要“描述”，而且往往依其他相关领域的研究模式和研究结论而“画瓢”。而在国外的研究中，由于受到多元论法学理论的影响，学者们已在环境习惯法的实证研究及其现代法转化、可操作性等方面展开了卓有成效的研究。因而，在现代环境法之外，土著民的环境习惯法得到了极大的保存和尊重。

---

① ［美］曼瑟尔·奥尔森：《集体行动的逻辑》，陈郁等译，上海人民出版社1999年版，第2、139页。

② ［美］詹姆斯·马丁、马丁·舒尔茨、周学光：《规则的动态演变——成文组织规则的变化》，童根兴译，世纪出版集团、上海人民出版社2005年版，第20页。

2. 在研究对象的准确性方面，国内大多数学者对与国家法相区别的其他各类“民间性”规则形式进行不加甄别的一体化研究，形成了称谓不同但含义相差无几的诸多概念，如环境习惯法、民间环境法、地方规则知识、本土资源等，因而也造成当下研究中习惯法与民间法等范畴之间界限的模糊，使研究的科学性大为降低。而在西方学者的研究中，习惯法规则多被类型化研究，因而尽管没有被广泛认同的“环境习惯法”，但有关环境保护的习惯法却具有相对确定的范围。

3. 在研究方法上，国内外学者的研究迥然不同。就目前国内的研究状况而言，大多数学者视环境习惯法为一类陈旧而特殊的地方性知识资源隐含着人类社会传承的文化基因，而其对现代环境习惯法的“可能”贡献在于这种文化传承的“惯性”。因此，学者的研究大多采用社会的、历史的、法文化阐释的方法。而在国外，对环境习惯法的研究有着更为多元化的方法和视角。理论法学的方法、实证分析的方法、新制度经济学派之后的博弈经济分析方法、文化人类学和法人类学的方法以及组织规则演变的实证方法等均在环境习惯法的研究中被广泛运用。

三 研究路径与研究目标

通过上述对国内外研究成果的归纳、梳理和综合比较，可从学术史角度为环境习惯法现代价值这一议题的进一步研究奠定坚实的基础。在此基础上，关于环境习惯法现代价值的研究应着眼于研究路径的开拓和研究效果的创新。

（一）研究路径

在研究的总体逻辑构架上，本书从宏观上遵循“引出问题—实证研究—多元理论分析—研究结论（再实证化）”这一基本逻辑线索，并在从问题到研究结论的逐渐展开中采用“总—分”的逻辑路径，依次从环境习惯法的生成和演变、环境习惯法的现实表达、环境习惯法的价值证成等总括性研究逐渐过渡到环境习惯法现代价值实现的必要性与逻辑前提、可能路径以及具体拓展空间三个方面的分项展开，并最终回应全书的“总”中心论题——环境习惯法在现代环境法语境中的应有价值机能和价值空间。

在研究的具体内容和方法的展开中，全书以环境习惯法的理论分析、环境习惯法进入现代环境法的必要性及可行性、环境习惯法进入现代环境法的具体路径和领域为主要研究内容，形成了由八个“要素点”和两条“方法论红线”有机构成的研究体系。本书的写作囊括了环境习惯法基础范畴的研究、环境习惯法表现形态的研究、环境习惯法历史演变的研究、环境习惯法现代价值的理论证成研究、环境习惯法进入现代环境法治场景的逻辑前提与必要性研究、环境习惯法进入现代环境法治场景的双向路径研究以及环境习惯法价值实现的立法、环境管理、环境纠纷解决等具体领域的研究的八个“要素点”；通过在全书纵横交错地贯穿两条“方法论红线”——文化多元论方法与进化论理性主义方法展开具体研究，最终形成本书的研究结论。

（二）研究目标

环境习惯法现代价值研究的重中之重便是环境习惯法与环境制定法的桥接问题。桥接问题是贯穿全文的关键之所在，然而，二者之间有无桥接可能？如何桥接？这些问题都是本书必须予以回答的问题。只有解决了二者之间逻辑上的桥接问题，环境习惯法与环境制定法这两套不同的话语系统和规则系统才有沟通的可能，环境习惯法现代价值的议题才有研究的意义。因而在逻辑上，对这一问题的解决不仅关系到全书逻辑思路顺畅与否，而且在内容上也关系到本书论述的主题能否成立。

基于对环境习惯法现代价值研究之关键问题的认识，本书从研究结果上实现了研究方法与具体研究内容的如下创新：

1. 方法

从宏观上来看，本书将文化多元论和进化论理性主义作为贯穿全书的两条方法论主线。查阅绝大多数环境习惯法的研究成果后发现，学界对该领域及相关论题的研究更多地立足于文化多元论的立场，即“横向”地对不同国家、地区、民族环境习惯法“样本”的比较性、描述性、“民族志”式的研究。这种研究方法本无可厚非，因为任何特定的环境习惯法总是被深深关联在一定历史时期的文化情境之中，立足于文化多元性的研究必然是阐释环境习惯法多样性且历时性存在的重要标准和路径，因而也是环境习惯法现代价值研究的必要前提和基础。然而，在文化多元论思维下的广阔“场景”中，环境习惯法只能以“异彩纷呈”的外观示人，而无法体现其作为规则系统的内在合理性和功能性、发展性属性。而建立在新制度经济学学说，尤其是制度演化论基础之上的进化论理性主义则从规则生发、演化和发展的视角为环境习惯法“描绘”了一幅处于演变发展过程之中的生动景象，是揭开环境习惯法内在合理性和功能性、发展性属性的“钥匙”。

相比较而言，文化多元论是从横向研究环境习惯法的方法论，而进化论理性主义则是从纵向研究历史变迁中的环境习惯法的方法论。因而前者关注静态的环境习惯法在横向上的广度问题，后者则关注动态的环境习惯法在历时性向度上的规则进化的“深度”与规律问题。一纵一横的有机融合，将文化多元论和进化论理性主义共同运用到对环境习惯法的研究上，使“活灵活现”的环境习惯法跃然纸上，构成了本书在方法论上的创新。

2. 内容

本书内容的创新体现在两个方面：一是建立环境习惯法与环境制定法双向对接的有效路径；二是在比较研究的基础上拓展环境习惯法在现代环境法治实践中的独有功能和操作空间。

环境习惯法现代价值的开辟不仅需要必要性的论证，更为重要的是如何通过切实可行的路径使环境习惯法的现代价值凸显出来。只有建立了可行的路径，环境习惯法的研究才不会局限在理论阐释层面或“想象”的可能性层面，而会获得其价值进一步拓展的实践基础。因此，本书从分析环境习惯法现代价值实现的逻辑前提（包括“场域”和导向）开始，理论联系实际地为环境习惯法现代价值的实现开拓了“自上而下”和“自下而上”两条途径。

纵观已有研究文献，对环境习惯法的研究大多停留在理论层面的论述，鲜有对环境习惯法实务操作可能的尝试。真正将环境习惯法引入现代环境法治实践领域，从而使其成为真正意义上的“活法”，显然是一项艰巨的工作。本书运用了比较研究的方法，查阅了国内外关于环境习惯法在环境立法、环境管理与执法以及环境纠纷解决等方面具体应用的大量资料，并结合相关法理与中国环境法治实践，为环境习惯法的实践操作进行了具有理论和实践价值的尝试性研究。具体而言，本书该部分的研究主要是从环境习惯法对现代环境立法的可能贡献、环境习惯法作为现代环境管理与执法的有效规则以及环境习惯法对环境纠纷解决方法的贡献三个代表性领域展开的。

第一章　环境习惯法的相关概念

演化经济学大师诺思曾说："描述与准确勾画那些由社会设计的正式规则，要比描述与准确勾画人类曾用之以规制人类互动的那些非正式的行事方式要容易得多。"① 这句话对环境习惯法的"描述与准确勾画"同样适用。

什么是环境习惯法？乍一看，这个问题似乎很难回答甚至无法回答，因为在现有的"话语系统"中很难将其对号入座。然而，环境习惯法虽难以"描述"与"勾画"，且"对其显著性进行无争议的检验也是特别困难的事"，但这并不能够表明环境习惯法没有价值和功能，恰恰相反，这类非正式规范群"却是重要的"②。本书将运用类型化的方法，通过环境习惯法和与之相关联的一组关键性概念——环境习惯、民间法、环境制定法之间的依次甄别，逐渐呈现环境习惯法的概念轮廓，并渐次解答"什么是环境习惯法"这一问题。

第一节　环境习惯法与环境习惯

环境习惯法在一般意义上是指有关环境保护、资源自然利用和管理的习惯法类群。要准确界定环境习惯法作为法律规则形态的内涵和本质，环境习惯法与环境习惯之间的关系厘定尤为重要。在法学基础理论研究中，"法律和习惯作为人们行动的原因和效果，互相交错，

---

① ［美］道格拉斯·C. 诺思：《制度、制度变迁与经济绩效》，杭行译，韦森译审，格致出版社、上海三联书店、上海人民出版社 2008 年版，第 50 页。

② 同上。

难分难解”[1]，以至于习惯法与习惯之间的关系一直备受学界争议。争议的焦点主要是习惯法与习惯二者之间是否有严格界分的问题，亦即二者之间有明显的差异性（即“异质”说），抑或二者之间在本质上具有同一性而无严格区分（即“同质”说）。很显然，在现代性话语的主流叙事中，本书对这一焦点问题的追问已是老生常谈，暗含“知识考古”的情愫，但于写作思路的展开，这种复古式的追问仍然具有重要的当下意义。然而，习惯法与习惯之间的关系不能仅在二者概念的相互比较中显现出来。要准确剖析习惯法与习惯之间的关系及界定各自概念，尚需选择相对确定而可欲的相关参照或“概念标准”，进而由此延展，通过对由此“概念标准所产生的类型系列”[2]进行深入反复的研究，最终使习惯法与习惯之间的关系清晰明朗。这种“理想类型”方法是社会科学理论研究的重要工具和手段[3]，将其运用于本书的分析研究中，对廓清习惯法与习惯这组核心概念及其关系有着重要的方法论意义。故此，本书将从类型框架的预设开始，就环境习惯法与环境习惯之间的关系进行研究。

作为法学研究的对象，习惯法和习惯之间的关系应被放置在本质主义[4]立场中予以深度把握。关于习惯法和习惯在现实表现形态、内容等唯名表象上的相异并不足以使我们达到对二者关系的本质性把握。按此立场，本书将预先确定环境习惯法作为法的特殊形态而当然地具有规范这一基本前提，进而对环境习惯进行类型化处理，分为事

---

① ［德］马克斯·韦伯：《论经济与社会中的法律》，张乃根译，中国大百科全书出版社 1998 年版，第 27 页。

② ［德］马克斯·韦伯：《社会科学方法论》，韩水法、莫茜译，中央编译出版社 2008 年版，第 17 页。

③ “理想类型”，即马克斯·韦伯在其社会科学研究方法论中述及的类型化研究方法。马克斯·韦伯认为，“理想类型”作为文化科学的工具或手段早就为人所用了，如 H. 李凯尔特的社会科学方法论研究（参见［德］H. 李凯尔特《文化科学与自然科学》，商务印书馆 2007 年版），对这一方法论的研究旨在澄清此类研究中的各种混淆，以避免由此造成的各种危险。另外，一如 H. 里凯尔特，马克斯·韦伯在《社会科学方法论》中惯用“文化科学”这个概念指称今日被大家使用的“社会科学”这一概念。

④ 本质主义与唯名主义相对。二者是在社会科学与自然科学各自研究任务和侧重点的差异性上使用的。参见［英］卡尔·波普尔《历史决定论的贫困》，杜汝楫、邱仁宗译，华夏出版社 1987 年版，第 20—26 页。

实意义上的习惯和规范意义上的习惯两种类型，在此基础上，分别与习惯法这一规范形式进行辨别。在此，经济学阐释也为“习惯”的类型化展开提供了有力的基础。在经济学，尤其是制序经济学[①]（新制度经济学、演化经济学）的基础理论研究中，“习惯”一词有两种相异的指涉，因而也被赋予两种不同的功能和意义。其一是英文 habit 所指的“习惯”，是指“个人行为中基于或出于本能而行事的一种心理定势”[②]；其二是英文 usage 所指的“习惯”，是指“个人经由这种心理定势所影响而行事所呈现的一种行为的状态和行动的结果，或者说一种由门格尔（Carl Menger）、博兰尼和哈耶克（F. A. Hayek）所理解的‘事态’（a state of affairs）”[③]。相比较而言，habit 所指的“习惯”属于心理学意义的范畴，而 usage 所指的“习惯”显然具有超越个体的社会交互功能或相关意义。可见，类型化分析使“习惯”获得了更为确当的意涵。在本书的写作主题中，“习惯”主要是 usage 一词的指涉。将经济学中关于 usage 所指的“习惯”进一步延展，类型化研究将在习惯的“事实”与“规范”之间展开。

一　作为事实的环境习惯

习惯在被赋予规范性之前首先是一种社会事实。习惯在口耳相传、行为引导、知识承载等过程中真实存在，且被人们感知和体验。在某种意义上，习惯是人类社会历史的鲜活“档案”，记述着人类社会生活赖以维续的生活环境状况以及人类社会交往和生产生活行为的式样。因而，习惯虽无可触摸和可视的具体构象，但仍然是人类社会生活及其成长的知识沉积延续至今的事实性表达。通过对习惯这一社会事实的抽象认知，我们“可以形成一个描述性的关于‘是’的陈

① ［美］H. 培顿·扬：《个人策略与社会结构——制度的演化理论》，王勇译，韦森审订，上海人民出版社 2004 年版，第 10 页；韦森：《习俗的本质与生发机制探源》，《中国社会科学》2000 年第 5 期。

② 韦森：《习俗的本质与生发机制探源》，《中国社会科学》2000 年第 5 期。

③ “事态”或“原子事态”一词源于维特根斯坦的哲学体系，指具体的、不可再分的状态特征。参见［奥］维特根斯坦：《逻辑哲学论》，郭英译，商务印书馆 1962 年版。

述”[1]。可以说，在事实层面，习惯等同于“乡例”[2]“惯习”“气氛”[3]、习俗，甚至传统，是在人类未曾对其进行抽象性反思的片段和个体。具体就事实性表象而言，习惯有各种不同的类型。作为事实的环境习惯通常有以下三种表现类型：

第一，表现为人类社会生活赖以维续的生活环境的事实性习惯。

人类社会的历史发展总是依托一定的自然环境。在与自然环境适应与共生的漫长历史时期里，人类逐渐形成了相对固定的关于自然环境的印象及处理人与自然环境的基本方法，如先秦思想家荀况在其著作《王制》中提到的“草木荣华滋硕之时，罔罟毒药不入泽，不夭其生，不绝其长也……”[4]。另，藏族谚语和习俗反映出了“山林常青獐鹿多，江河长流鱼儿多”以及以“闭关静修”的方式“禁春”而保护自然环境要素的朴素意识。[5]在土地利用、农业生产过程中，特殊的自然环境及气候变化、季节更迭也深深烙刻在习惯之中。在吉林省榆树县、扶余县、磐石县，有“头年房子过年地”“年前房年后地”“赎地以惊蛰为限”“雨水房子惊蛰地”[6]等习惯风俗，意指田地回赎以一年中的春风或惊蛰为时间期限，以使回赎行为不致影响后续的农业生产；而赎房则以一年中的年关或雨水时间期限，以避开农业生产的有利时间。可见，这些习惯谚语均源自人们在长期的劳作过程中对自然环境规律的掌握和遵循。相对于北方四季分明的季节变换，南方四季常青的自然条件孕育出了迥异的习惯、习俗。最为明显的是，南方各省的已有习惯大多有“使水权”“使鱼权”“湖业所有权”“湖地所有权”“塘水、塘地所有权”[7]等内容，体现出了南方鱼米之乡、河湖密布的自然景观。而在西南地区，又有着另外一番不同的自

① 王新生：《习惯性规范研究》，中国政法大学出版社 2010 年版，第 19 页。

② 梁治平：《清代习惯法：社会与国家》，中国政法大学出版社 1996 年版，第 40 页。

③ 魏治勋：《民间法思维》，中国政法大学出版社 2010 年版，第 186 页。

④ 天津《荀子选注》三结合注释组：《荀子选注》，天津人民出版社 1975 年版，第 135 页。

⑤ 徐晓光：《藏族法制史研究》，法律出版社 2000 年版，第 404 页。

⑥ 前南京国民政府司法行政部：《民事习惯调查报告录》，中国政法大学出版社 1997 年版，第 39、40、44 页。

⑦ 同上书，第 324、335、336 页。

然景观和气候条件，因而也孕育出了特色鲜明的农业生产习惯。在西南地区哈尼族盛传“山有多高，水有多高”的谚语，这一谚语背后的故事便是哈尼族依循“高山有高水”的特殊自然环境条件而修筑在山坡上的梯田及族民们谷米满仓的收获。另外，西南地区广泛存在“刀耕火种”的农业生产方式。这种方式不但无害于环境资源保护，反而是合理利用自然资源的重要方法，“其背后所体现的是深刻的‘负载定额’的生态规律，强调人们的农作行为不能影响环境的承载力”①。正是在这一意义上，卡特认为，“习惯依赖于土地，并且和土地结合在一起”②。可见，自然环境塑造了最为原初的事实性习惯。

除了自然环境之外，社会环境及其变迁也深刻影响着习惯的内容和范围。“夜不闭户，路不拾遗”的习惯（相比较而言，称惯习更为恰当），是盛唐时期社会秩序井然的反映。“泰伯三让”的历史典故不仅传诵着中华民族的传统美德，更使商周时期关中平原的农业生产和养殖技术等民间习惯实现了跨区转移。自此，吴越大地的原有生产习惯在很大的范围内让位于北方农业生产习惯，并在适应性改造中发扬光大。明清以来，社会的剧烈动荡造成全国土地荒废现象严重，而且人口分布也极不均衡。因此，官方发动了多次人口迁徙和土地复垦行动。这种社会环境的变化也改变、催生了大量的习惯。如在民国习惯调查中，就发现甘肃省许多地方存在“浮地升科”“领种荒地”的习惯。详言之，“甘肃屡经乱事”，“荒田逐处皆有，如有报领之人，官厅多不清丈，即发给执照，内有浮多地亩，亦不许后来者占有，借以广招徕也”，或者“只要有人领种，即可取得其所有权”。③ 类似习惯，比如永佃等均大量存在，不胜枚举。

第二，表现为人类社会各种交往模式的事实性习惯。

在人类社会历史长期发展的过程中，除了上述涉及（或在一定程

① 史玉成、郭武：《环境法的理念更新与制度重构》，高等教育出版社2010年版，第59页。

② 转引自［英］爱德华·汤普森《共有的习惯》，沈汉、王加丰译，商务印书馆2002年版，第101页。

③ 前南京国民政府司法行政部：《民事习惯调查报告录》，中国政法大学出版社1997年版，第675页。

度上涉及）人与自然关系的事实性习惯之外，处理人与人之间关系的各类事实性习惯也同样被不断地传承、记忆。譬如，在传统的中国乡土社会中，“生于斯，长于斯”的特征使“没有陌生人”的熟人社会圈子及交往模式得以形成。同样，庄园经济模式下的美国也形成了自己独特的“一户人家自成一个单位”的村落传统和交往模式。[①] 再如，在传统中国社会里，“差序格局”也是一个比较明显的特征。儒家思想中的“物之不齐，物之情也”，正是中国传统社会人与人之间社会交往关系模式的形象描述。因此，瞿同祖认为，“贵贱上下的分野，是基于社会上每一个人的才能情性的，可以说是以社会优异或社会成功为条件的社会选择”[②]。可见，“差序格局”的生成有着一定的必然性，“尊尊亲亲”并非全无道理。在礼俗主导的中国传统社会，人们对表现为“差序”的社会交往模式的普遍尊崇渐次积淀为人们的常习和惯例。“行动者‘习惯于’这样做，并且毫不思索地模仿着做。这是一种集体性行动，没有谁‘要求’这样做。”[③] 很显然，这种惯例是一种由文化累积的社会事实。

在具体类型方面，各种交往模式的事实性习惯广泛分布在人类社会的各个层面和角落。家族关系、婚姻关系、国家与个人关系、市井乡民关系等层面，均有得以维系的相应习惯。同样，不论在江南鱼米之乡还是在北国戈壁荒原，不论是西部民族聚居地区还是中东部汉民族繁衍之地，都遍布着调处人与人之间社会关系的各自习惯。在漫长的人类社会活动过程中，正是这些类型多样、内容丰富的习惯构成了人类社会的真实历史。

第三，表现为人类生产生活技术和方法的事实性习惯。

有关生产生活的技术和方法也是事实性习惯的重要内容。人类历史发展的漫漫长河，不仅是积淀处理人与自然之间、人与人之间关系的大量习惯性知识的过程，而且也是人类认识自我、改变自我的各种智慧不断凝结的过程。这些智慧最为主要地体现为人类逐渐掌握的生

① 费孝通：《乡土中国》，上海世纪出版集团 2007 年版，第 8、9 页。

② 瞿同祖：《中国法律与中国社会》，中华书局 2003 年版，第 294 页。

③ ［德］马克斯·韦伯：《论经济与社会中的法律》，张乃根译，中国大百科全书出版社 1998 年版，第 20 页。

产生活技术和方法。

在人类社会历史过程中，尽管各种有关生产生活的技术和方法的形成和运用表现为一定的规律性或规则特征，但其首先是作为事实的各种习惯或由此构成的多样性历史事实而存在。我们经常予以遵行但并未引起注意的许多习惯性“动作”，如春捂秋冻的穿衣起居习惯、钻木取火的技能习惯、春节走访亲朋的生活习惯等已然是构筑我们历史的基本事实。另外，前文所述及的“刀耕火种”的农业生产方式是西南地区少数民族在农业生产中总结出的有益经验，尽管当地人们在长时期的农业生产过程中按照“刀耕火种”这一“规范”来进行实际操作，但显然，此处“刀耕火种”的“规范”主要体现为一种人类社会延续的历史性事实。① 类似的情形还广泛存在于服饰、婚嫁、丧葬、饮食、居住等领域。人类学家通过对人类学习、运用生产生活技术和方法的多样性的研究，认为“不同但并非毫无关联”的多样性是人类“进行自我表达”的方式。② 可见，在尚未完成习惯到习惯法的转换、习惯获得法的规范性之前，各种表现为人类生产生活技术和方法的习惯仍然凸显着作为构筑人类社会真实历史的事实性这一首要特征。

通过以上三种表现类型的分析，可以发现作为事实的环境习惯和作为规范的环境习惯法之间呈现出迥然不同的特征，因而也印证了“异质”说在“作为事实的环境习惯”这一分析框架下的合理性。

二 作为规范的环境习惯

环境习惯作为事实的同时，也是人们从事各类活动所遵循的准则，因而，环境习惯不断抽象化，变为重要的规范形式之一。或者说，在人类无意识的行为形成了“惯习”或“气氛”之后，具有智性的人类必须要对已经形成的这些事实性的行为模式进行反思性认识、修正和整理，由此使得人类行为所遵循的“惯习”或“气氛”

① 当然，“刀耕火种”这一农耕生产方式除了体现为组成人类社会历史的事实性习惯之外，也就有法的规范特征和功能。此处仅从其事实性角度论述。

② ［挪威］托马斯·许兰德·埃里克森：《小地方，大论题——社会文化人类学导论》，董薇译，商务印书馆2008年版，第265—269页。

逐渐简约化、抽象化和普遍化，并最终实现规则化。[①] 在“无需法律的秩序”[②] 中，习惯发挥了重要的规范作用；在哈耶克的法律秩序建构理论中，习惯同样也是型构人类社会“自生自发秩序”所依赖的“内部规则”[③] 的重要形式。很显然，作为规范的习惯不再是一个关于“是”的描述，而是基于习惯的标准、“应当”等规范特征，变为“描述性的应然陈述”。因而，从事实性环境习惯到规范性环境习惯的转变，事实上也是对“休谟难题”[④] 的一种“自然”解说。这种解说无须繁复的形而上学思辨，而是发生在人们对环境习惯的普遍默会和尊崇这一“自然的”过程之中。

环境习惯作为规范，一般有两种理解。其一是技术性规范。按照规范的“应然”陈述逻辑，技术性规范主要是指人类社会关于处理各种事务的操作性、客观性的技术性“应当”。例如，在格陵兰渔场，捕鲸者根据露脊鲸和抹香鲸各自不同生活习性，分别形成了紧缚之鲸规则和铁扎得鲸规则。[⑤] 从本质上来说，体现为技术性规范的习惯虽有规范之名当并无规范之实，与前述的第三类环境习惯——表现为人类生产生活技术和方法的事实性习惯——之间具有同一性。其二则是规定性规范。与技术性规范不同，规定性规范的“应然”陈述便是主观性/意识性“应当”。显然，这类规范因具有显著的主观性和意识指向特征而与法规范之间没有本质的区别。比如，位于甘肃省河西走廊石羊河流域下游的民勤与内蒙古自治区交接地区是巴丹吉林沙漠和腾格里沙漠的“握手”之地，在沙海的包围之中偶有星星点

① 魏治勋：《民间法思维》，中国政法大学出版社 2010 年版，第 186 页。

② ［美］罗伯特·C. 埃里克森：《无需法律的秩序——邻人如何解决纠纷》，苏力译，中国政法大学出版社 2004 年版，第 5 页，第 225 页以下。

③ ［英］弗里德利希·冯·哈耶克：《法律、立法与自由》第 1 卷，邓正来译，中国大百科全书出版社 2000 年版，第 152 页以下。

④ 在休谟的哲学命题中，从实然逻辑地推导应然是一个极大的哲学“难题”或“困局”。而作为实然的习惯向作为应然的习惯的过渡却在非形而上的人类历史实践中“自然地”发生着，因此也是走出或解决“休谟难题”的一种“实然”方法，抑或一个思考的视角。

⑤ ［美］罗伯特·C. 埃里克森：《无需法律的秩序——邻人如何解决纠纷》，苏力译，中国政法大学出版社 2004 年版，第 241—243 页。

点的小村落和当地民众开垦的耕地。水资源枯竭是限制当地农业生产的最大桎梏。由于地处两省交界处，是典型的“两不管”地带，因而缺少政府的政策和资金帮扶，当地民众只有自发寻找水源以作灌溉和生活之用。由此也形成了关于调处当地民众之间用水关系的一套民间习惯规则——最先发现水源地者优先使用水资源，违反此规则者将被逐出村落或予以相应的惩处措施。[①] 在这一用水习惯规范的特例中，应当确保最先发现水源地者的优先取水权已然超越了客观的技术性“应当”范畴，具有典型的主观性“应当”，即法所具有的规范属性。另外，前南京国民政府司法行政部编纂的《民事习惯调查报告录》对我国大部分地区的民事习惯进行了详细的调查归纳，而书中关于习惯的描述似乎很难与习惯法界分开来。譬如，安徽省宣城县的“看山人之权利”规定：“民间私有荒山，未曾开辟或蓄植树木渐次成林者，如招佃承看，山树枝桠，看山人与山主各半均［匀］分。或有四六分着，以承看时之契约为定，惟山中其他之柴草，统归看山人所有，任意坎卖，山主不得过问。”另外，福建省建阳县的“入山樵采”习惯规定：“建阳荒山经火烧后，所有小株树木准附近人民砍伐作薪，但大者不准擅伐。普通山场之萌荑亦准人随意刈用。”[②] 转向国外，在巴基斯坦北部部族区域，如今还存续两种关于保护自然资源的峡谷权属制度。在单个村庄拥有所有权的峡谷中，村庄享有包括放牧权在内的所有权利，而在多个村庄共同拥有所有权的峡谷中，单个村庄只具有采摘果实和狩猎的权利，而无权从中采薪伐木。[③] 美国联邦最高法院就印第安部落的环境资源管理规范说，“没有法律和司法，习惯便是解决途径”[④]，因此“一般性的实践活动（及其规范）就便成了

---

① 此处引述的关于民勤地区的用水习惯来源于杜群教授的调研之心得。在此顺表感谢！

② ［美］罗伯特·C. 埃里克森：《无需法律的秩序——邻人如何解决纠纷》，苏力译，中国政法大学出版社 2004 年版，第 298 页。

③ IUCN，Environmental Law Program，*Customary Laws*：*Governing Natural Resource Management in the Northern Areas*，Ferozsons（Ptv）limited，2003，p. 45.

④ The Paquete Habana，175 U. S. 677，700（1900）.

(事实上的) 法律”①。

通过比较发现，环境习惯作为规范，其中的技术性规范虽有规范的一般称谓但并无法律意义上规范的属性，因而与作为法规范形态的习惯法之间有着本质的区别。而规定性规范在本质上与法规范具有共同的规范属性，因此，体现为规定性规范的习惯和习惯法之间虽有称谓的差异，但并无本质上的区别。

三　环境习惯法之谓

然而，体现为规定性规范的习惯何以成为法规范，即习惯的规范性据以确定的标准问题，在学界却备受争议。对此，学界形成了各种不同的理论学说，其中具有代表性的观点有强制性说、国家认可说、内容的道德性说、自治说、权利义务说等。

强制性说认为，习惯的法规范属性源于确保习惯得以实施的强制力。至于强制力的来源则又有不同的说法。在实证主义那里，法的强制力来源于国家权力，因为“法律是主权者的命令”，只有国家创制的法律才是真正的法律，因而，也只有国家权力才是合乎国家制定法律这一逻辑的强制力。而法律社会学一般认为，法的强制力来源于集体认同、信仰或预期。“由于强烈的激励和集中的‘认同’而问世的(习惯等) 创新，极有可能被人们认可，最后成为法律。……如果宗教信仰十分强烈，有外界表示同意与否的习惯会产生某种信念，即超自然的力量将奖励或惩罚由外界表示同意与否的行为。在一定的条件下，习惯还会引起进一步的联想，即不仅行为者本人，而且他周围的人也会遭到超自然力的惩罚，因此，所有人都负有某种义务采取某种行动，这或者是单个人的行动，或者是通过某个组织的强制机制。”②习惯的意义在于，“它们产生了那些指导人们行动的预期”，其“目的必定是促进个人预期间的协调与吻合”，“那些被认为具有约束力的东西，乃是每个人都确信会得到遵守从而成为大多数活动得以成功

① Seth Korman, “Indigenous Ancestral Lands and Customary International Law”, 32 *U. Haw. L. Rev.* 391, Summer, 2010.

② ［德］马克斯·韦伯:《论经济与社会中的法律》，张乃根译，中国大百科全书出版社 1998 年版，第 23 页。

的条件的惯例（习惯）”。[①] 霍贝尔也认为，“法是这样一种社会规范，当它被忽视或违犯时，享有社会公认的特许权的个人或团体，通常会对违犯者威胁使用或事实上使用人身的强制”。[②]

国家认可说在罗马法早期就已存在，“产生于罗马社会的规范只有通过法学家的提炼，只有通过变为法学家法，才能成为习惯法”[③]。“珀尼斯在《萨维尼基金会期刊》中的讨论，以及布里在《习惯法理论》中的讨论均表明，习俗和习惯若没有法学劳动成果（即法学家的提炼）的介入，不可能直接变为习惯法。”[④] 由于古罗马法承认法学家法为法的渊源之一，因此，“法学家的提炼”在本质上也是一种立法过程。《中国大百科全书》也从国家认可的角度界定习惯法，认为“习惯法是指国家认可和由国家强制力保证实施的习惯。……国家产生以前的原始习惯不具有法的性质”[⑤]。同样，张文显教授也认为，“在经过国家有选择的认可之后，习惯就演变成习惯法”[⑥]。可见，国家认可说秉持法律实证主义传统，认为习惯要上升为习惯法，必须经过国家认可才能转化。

内容的道德性说[⑦]是考夫曼教授的观点，他认为，“什么使得一风俗或习惯能成为习惯法，非是原始上的可强制性以及非是长时间规律的行使，而是相关规定的社会伦理内容，其是针对共同福祉的”[⑧]。可见，内容的道德性说更侧重法所规范的具体内容。

自治说认为，作为一种独立和专门化的社会制度，法律应当具有

---

① ［英］弗里德利希·冯·哈耶克：《法律、立法与自由》第1卷，邓正来译，中国大百科全书出版社2000年版，第155、157页。

② ［美］霍贝尔：《初民的法律》，周勇译，中国社会科学出版社1993年版，第30页。

③ ［奥］尤根·艾利希：《法律社会学基本原理》，叶名怡等译，中国社会科学出版社2009年版，第331页。

④ 同上书，第332页。

⑤ 《中国大百科全书·法学》，中国大百科全书出版社1984年版，第87页。

⑥ 张文显：《法理学》，高等教育出版社、北京大学出版社1999年版，第139页。

⑦ “内容的道德性说”之名称是在本书写作中提出来的。为了与其他学说观点相比照，本书结合考夫曼教授关于习惯与习惯法研究的结论，尝试性地提出并运用“内容的道德性说”之名称。

⑧ ［德］考夫曼：《法律哲学》，刘幸义等译，法律出版社2004年版，第314页。

一定程度的自治性（a considerably degree of autonomy），这一自治性包括一定的概念性自治（conceptual autonomy）和一定范围和幅度内的功能自治（functional autonomy）。当习惯性规则的产生和运行均能在自治范围内发生时，这类习惯性规则便不再是习惯，而是具有法的属性。[①] 其实，来自赫尔摩格尼亚努斯的《学说汇纂》后古典时期的文本已明确说道：那些为长期的习惯所支持的规则具有拘束力。它们是一种有关——因民众意识中的内在必要性而发生的——“生成”和“出现”进程的表达。[②]

权利义务说则注重法所具有的分配权力、义务的功能。马林诺夫斯基说，“法乃是‘一套被一方视为权利而为另一方承认为其义务之具有约束力的关系（obligations），因……社会结构中所固有之特殊的互惠与公开机制而保有效力”[③]。因此，相比较而言，“普通习惯只是生活的常规化，行为的模式化，习惯法则是特别关系权利与义务的分配，关系彼此冲突之利益的调整”[④]。博登海默也从法律的社会演化视角诠释了习惯何以被赋予法律性质。他认为，只要“习惯的实践是以创设明确的、有限制的而且是重要到足以产生强制性权利与义务的关系为其目的的”[⑤]，那么该习惯也就具有法律的属性。

综合考察上述几种学说观点，不难发现它们均在一定意义上或在某一角度回答了习惯之所以具有法的规范性的标准问题。强制性说中，分析实证主义从制定法一元论的角度阐释了法的强制力来源，忽视了“自生自发秩序”据以维系的“内部规则”所具有的规范效力。国家认可说认为只有通过立法之认可程序，习惯才能转变为习惯法而具有法的规范属性。而马克思却深刻地指出：“立法者应该把自己看作一个自然科学家。他不是在制造法律，不是在发明法律，而仅仅是

---

① Roger A. Shiner, *Legal Institutions and the Sources of Law*, Netherlands: Springer, 2005, p. 64.

② ［奥］尤根·艾利希：《法律社会学基本原理》，叶名怡等译，中国社会科学出版社2009年版，第333、334页。

③ 梁治平：《清代习惯法：社会与国家》，中国政法大学出版社1996年版，第165页。

④ 同上。

⑤ ［美］博登海默：《法理学——法律哲学与法律方法》，邓正来译，中国政法大学出版社2004年版，第496页。

在表述法律。他把精神关系的内在规律表现在有意识的现行法律之中。”① 显然，此种学说在根本上忽视了法律与立法的基本区别，对“真正的”法律（即人们在行动中产生的自发秩序安排，而立法则可能有违于这种自发秩序的形成）② 熟视无睹。这种“国家主义”或“法律中心主义”的观点因前提的错误而注定不能给出习惯具有法的规范属性的合理解释。内容道德性说是法的道德理性学说的当然推论，是对习惯之所以成为习惯法而具有法的规范属性的自然法学解读。内容道德性说虽强调了法规范的内容应具有的道德性、伦理性要求，但却忽视了法规范的其他诸多因素，如行为预期的导向性等，因而在一定意义上具有“笛卡儿式建构论唯理主义”的倾向。自治说较为合理地阐明了习惯的法规范性来源及运行方式，但却仍然忽视了制定法与习惯之间的交叉，忽视了习惯自治之外的“他治”情形。权利义务说则仅在结构和功能的意义上阐释了习惯具有法之规范属性的理由。

通过比较分析可知，习惯的规范性据以确定的标准应当是：内容上，规范性习惯体现社会伦理性、道德性、行为预期的导向性等要求，因而使习惯具有实质规范的意义；功能上，规范性习惯具有分配权利、义务，调整和解决各种利益冲突的功能；效力上，规范性习惯通过自治或“他治”的方式确保其实施力和约束力的发挥。

作为事实的习惯和作为规范的习惯在上述论述中有了明确的界分。然而，这种界分更多是出于探讨习惯与习惯法命题的方法论目的而提出来的。事实上，正如米勒所说，“当为与实存，规范与规范所指涉的事实，并非处于严格的对立关系”③ 中。习惯“处于规范与现实之间难以明确界定的居间区”④，习惯的事实性包含在规范之中，

---

① 《马克思恩格斯全集》第1卷，人民出版社1995年版，第183页。

② 罗伯特·C. 埃里克森：《无需法律的秩序——邻人如何解决纠纷》，苏力译，中国政法大学出版社2004年版，第3页。

③ ［德］卡尔·拉伦茨：《法学方法论》，陈爱娥译，商务印书馆2003年版，第13页。

④ ［美］博登海默：《法理学——法律哲学与法律方法》，邓正来译，中国政法大学出版社2004年版，第255页。

反过来，习惯的规范性也潜藏在事实之中。“如果不承认习惯事实中包含着意义，就无法将其视为规范；如果把习惯作为一种规范，就不可避免地要阐释习惯事实中的价值和意义。”① 因此，将习惯进行“事实”和“规范”的二分法仅具有类型化研究的方法意义，并非意在割裂融“事实”和“规范”为一体的习惯本身。

综上所述，立基于“事实”和“规范”二分的类型化研究方法，本书论述主题意义上的环境习惯法与环境习惯的关系便可清晰显现出来：作为事实的环境习惯和作为技术性规范的环境习惯并不具有法的规范属性，因而与环境习惯法有着本质的区别。唯有在规定性规范意义上，环境习惯与环境习惯法才是同质的。也就是说，环境习惯法是具有规定性规范属性的环境习惯。

第二节 环境习惯法与民间法

环境习惯法与民间法关系的实质是习惯法与民间法关系的问题。通过对习惯法与民间法之间关系的剖析，环境习惯法与民间法之间的关系也将随之清晰可辨。本节将分三部分对习惯法与民间法的关系进行分析。首先，“习惯法—制定法”“民间法—国家法”这两组前提性分析框架是深入剖析习惯法与民间法关系的基础；其次，在此基础上，本节将对习惯法与民间法关系的学理研究中普遍存在的迷思进行考察、甄别；最后，再次就习惯法与民间法之间的关系进行多视角的辨正。

一 前提性分析框架

在一般意义上，学界并未对习惯法与民间法的运用作出刻意的区分，均指称与国家法、制定法、官方法相分野的另外一类法规则形态的总括。然而，将习惯法和民间法作为具体的研究对象，对其关系进行深入的学理考察和思辨，二者之间的关系就不再含混不清。

在学理研究的严格意义上，习惯法与民间法有着迥然相异的出处

① 王新生：《习惯性规范研究》，中国政法大学出版社2010年版，第35页。

和“定义域”。习惯与非习惯相对而言。习惯区别于程式化、组织化、“拟人化”① 的非习惯，即通过一定程序制定的规则。习惯具有“非正式”特征，通过一定程序制定的规则具有“正式”性特征。习惯法也正是在这一意义上区别于“非习惯”的制定法。因此，习惯法在与制定法的对比中具有内容意义，“习惯法—制定法”的范畴是分析习惯法与民间法之间关系的第一组前提性框架。

就民间法而言，其“民间”意指与官方、国家分野的区域和范围。在社会学概念中，“民间”即费孝通先生所指“乡土社会”。“官”与“民”这一对范畴，适足地表明了中国传统社会结构的特殊性。② 因此，民间法带着“中国特色”的印记在与官方法、国家法相区别的意义上诞生了。在中国传统社会结构中，官附于国家，是国家意志的行动，因此官方法与国家法是同义的。此处的“民间法—国家法”的范畴便是分析习惯法与民间法之间关系的第二组前提性框架。

相对比而言，“习惯法—制定法”框架在法的生成方式和类型划分上具有确当的内容意义。习惯法是社会“自生自发秩序”赖以产生的“内部规则”，而制定法是社会“组织秩序”据以维系的“外部规则”。“内部规则”和“外部规则”共同组成了法律规则的类型。因此，相对于构成整体社会秩序的所有规则来讲，习惯法和制定法是规则的两种表现形式，二者在具体的内容规定性上并无严格的界限，即习惯法和制定法仅是规则之“币”的两个“面”。“民间法—国家法”框架则不同。虽并非绝对，但带有中国印记的“民间法—国家法”框架基本着眼于法的“统治”领域或效力范围，与法的生成方式和类型划分并无多大关系。如马克斯·韦伯所言，中国的治理史乃是“皇权试图将其统辖势力不断扩展到城外地区的历史。……出了城

① ［英］弗里德利希·冯·哈耶克：《法律、立法与自由》第1卷，邓正来译，中国大百科全书出版社2000年版，第28页。

② 梁治平：《清代习惯法：社会与国家》，中国政法大学出版社1996年版，第35页。

墙之外，统辖权威的有效性便大大减弱，乃至消失”[①]。这种状况表明，国家法在中国的统治范围主要限于“城池”之内，而在广大的“城外”民间，国家法的权威非常微弱，甚至触及不到。正是这种背景，造就了各种民间法得以成长的空间。因此，国家法不是唯一的和全部的法律，而“是整个法律秩序的一个部分，在国家法之外、之下，还有各种各样其他类型的法律，它们不但填补国家法遗留的空隙，甚至构成国家法的基础”[②]。而非官方的民间法正是一个社会法律秩序中真实存在且非常重要的组成部分。通过分析可知，“民间法—国家法”框架之下，构成整体社会秩序的规则被划分为“块状”，民间法与国家法各有自己的适用范围，二者之间呈抵牾、并立之势。“城池”之内的国家法自成体系，而在广袤的民间区域，民间法又有着自己独立的统辖地盘。

“习惯法—制定法”和“民间法—国家法”这两组前提性框架是理论研究的类型化方法。这一方法的运用为习惯法和民间法概念的正本清源起到了重要的作用，也为习惯法和民间法研究的后续展开奠定了方法和知识基础。在这两组前提性框架下，习惯法和民间法的关系不再影影绰绰，而是被清晰地呈现出来。

二　学理研究中的迷思

在上述“习惯法—制定法”和“民间法—国家法”分析框架下，习惯法和民间法之间的关系已十分明晰。然而，在学理研究中，习惯法和民间法却又被模糊起来，这种迷思主要表现为习惯法与民间法的混同。

一方面，习惯法与民间法在研究范式意义上被任意交错使用。“范式”（paradigm）一词源自希腊文，有“共同显示”的意思，被引申为模式、模型、方法、范例等。后来，美国科学哲学家托马斯·库恩将“范式”概念引入了社会科学研究领域。在托马斯·库恩的理

① ［德］马克斯·韦伯：《儒教与道教》，洪天富译，江苏人民出版社 1993 年版，第 109—110 页。

② 梁治平：《清代习惯法：社会与国家》，中国政法大学出版社 1996 年版，第 35 页。

论中，范式是科学研究的前提，没有范式就没有成熟的科学研究。[①]“但是人文社会科学诠释的‘视域融合’特点，又决定了任何范式都不能够是独断的”[②]，是一种“相对性原则”下的“意义框架”。[③] 因此，“社会科学和艺术可能是多范式的，总有几种理论传统同时存在”[④]。作为研究范式，习惯法和民间法分别代表不同的研究模式或研究方法，是就作为命题的法形态进行研究的两个不同研究视角。但相关研究文献显示，学界在研究范式意义上并未对习惯法和民间法进行辨别，而是在同一意义上使用。有学者认为，民间法范式具有“诠释取向，即坚持以社会生活为指向，以法律制度和规则为关注的中心，力求‘语境化’地理解任何一种相对长期存在的法律制度、规则的历史正当性和合理性。就其态度而言，它具有不同于现实主义法学或批判法学的建构取向，一方面尊重既定法律制度，同时又要求或至少是隐含对任何法律制度的学术的而非意识形态化的反思性批判态度”[⑤]。此处的民间法范式所指涉的内容乃是与国家制定法相对的社会秩序规则，因此实质上是习惯法范式。也有学者在“国家—社会”二元结构中对习惯法范式和民间法范式进行研究，认为“习惯法”“民间法”这两个概念及其构建的习惯法/民间法范式对于挑战和批判“法律中心主义”具有重要学术贡献。但是“习惯法”“民间法”概念定义过于宽泛，使其作为一种研究范式不能很好地对不同性质和不同运作方式的规范进行必要的区分，从而导致这种研究范式具有局限性。[⑥] 尽管习惯法/民间法范式有局限，但此处二者在方法论研究中仍然在同一意义上使用。

---

① 转引自魏治勋《民间法思维》，中国政法大学出版社 2010 年版，第 103 页。

② 魏治勋：《民间法思维》，中国政法大学出版社 2010 年版，第 103 页。

③ ［英］安东尼·吉登斯：《社会学方法的新规则——一种对解释社会学的建设性批判》，田佑中、刘江涛译，社会科学文献出版社 2003 年版，第 253 页。

④ ［挪威］斯坦因·拉尔森：《社会科学理论与方法》，任晓译，上海人民出版社 2002 年版，第 57 页。

⑤ 厉尽国：《民间法范式：建构中国主体性法学的理论尝试》，《求索》2007 年第 4 期。

⑥ 王启梁：《习惯法/民间法研究范式的批判性理解——兼论社会控制概念在法学研究中的运用可能》，《现代法学》2006 年第 5 期。

另一方面，习惯法和民间法在内容意义上的混同。有学者用国家制定法与民间习惯法之外（或之间）的“第三领域”指称苏力笔下“可供阅读”的另类潜规则秩序。[①] 暂且不论这类潜规则秩序为何物，此处的“国家制定法”和“民间习惯法”概念在内容规定性上被混同使用，大有缺失严谨之嫌。就典制在运行中呈现的二元结构，吴向红博士用民间习惯法与官府成文法这一对概念予以区分。[②] 此处的习惯法和民间法也被混同使用。另外，学界还认为，“民族习惯法构成了民间法最重要的一部分内容，是民间法研究的传统热点和重点”[③]。很显然，这种观点将习惯法置于民间法范畴之下，未对二者关系进行科学的辨别。还比如，有学者这般表述习惯法：“它们生于民间，与国家法可能没有任何联系而在特殊的空间中发挥着调节民众权利义务的功能，也可能在适当时机与国家法发生交融碰撞，或者为国家所认可而渐与国家法精神相吻合，或者为国家所排斥而被令行禁止，不得不蹈入自生自灭的轨迹。不同的形成途径表明习惯法与国家法是两种不同的知识系统。”[④] 在与国家法相对的意义上，此处的习惯法实质内容是民间法。类似的混同现象在研究中非常多见，在此不再详举。

三　习惯法与民间法关系辨正

在理论研究的喧嚣与沸腾中，习惯法与民间法之间的关系早已没有了尺度，就连二者各自的概念轮廓也不再清晰。然而，习惯法与民间法作为人类安全的坚固堤坝，是“两大法律之极”[⑤]，对构建人类社会法律秩序有着异常重要的价值功能。因此，习惯法与民间法之间的关系仍需给予理性定位。笔者将从如下两个不同的视角对习惯法与民间法之间的关系进行再思辨，以求二者之间的关系能复归本位，并

---

① 喻中：《制定法与习惯法之间的潜规则——可供阅读的另类秩序》，《现代法学》2001 年第 5 期。

② 吴向红：《典制中成文法和习惯法的整合》，《法商研究》2007 年第 4 期。

③ 张明新：《民间法与习惯法：原理、规范与方法——全国首届民间法、习惯法学术研讨会综述》，《山东大学学报》（哲学社会科学版）2006 年第 1 期。

④ 龙大轩：《民族习惯法研究之方法与价值》，《思想战线》2004 年第 2 期。

⑤ 杜宇：《重拾一种被放逐的知识传统——刑法视域中“习惯法”的初步考察》，北京大学出版社 2005 年版，第 9 页。

注入相应的意义内容与价值指向。

视角一，习惯法与民间法作为法律命题项下的“活法”。

法学研究总是以法律命题的形式呈现出来，但这丝毫不影响法学研究的对象仍然是法律命题背后的丰富内容和思想。正如著名法社会学家埃里希所说，“各种法律命题并不能体现出法的完整图像”①。法律命题更多是一种认识法律具象的抽象化概念，是进行“法的完整图像”研究的“理想类型”。埃里希认为，“无论是现在或者是其他任何时候，法发展的重心不在立法，不在法学，也不在司法判决，而在社会本身”②。而这些存在于社会之中，并“保证社会秩序化的社会规则都是法”，它们区别于国家制定的法，是所谓的“活法”（living law），或真正的法。在这一意义上，习惯法和民间法作为法律命题，在本质上乃是存在于社会母体之中的“活法”，二者均与“法律国家主义”相对抗。从而，“活法”还意味着习惯法与民间法在“法律国家主义”之外作为建构社会整体秩序的“内部规则”的合理性。由习惯法和民间法构成的“活法”是“支配生活本身的法，即使它不具有法律命题的形式”③。也正是在立足于社会本身的“活法”意义上，或哈耶克所建构的“自身自发的秩序规则”体系意义上，习惯法与民间法获得了同一性。

视角二，习惯法与民间法作为一种研究范式。

作为研究范式，习惯法与民间法既有同一性，又有差异性。一方面，在法律国家主义背景中，习惯法范式和民间法范式均表征一支来自“乡土社会”的法律力量，代表着去法律国家中心主义的立场，与法律国家主义范式相抗衡或相并立。无论是苏力教授“发现”的可供现代法治建设所用的“本土资源”④，还是梁治平教授对习惯法

---

① Eugen Ehrlich, *Fundamental Principles of the Sociology of Law* (1913), trans. By Walter L. Moll, Harvard University Press, 1936, p. 488.

② 张乃根：《西方法哲学史纲》（第四版），中国政法大学出版社 2008 年版，第 198 页。

③ Eugen Ehrlich, *Fundamental Principles of the Sociology of Law* (1913), trans. By Walter L. Moll, Harvard University Press, 1936, p. 493.

④ 苏力：《法治及其本土资源》（修订版），中国政法大学出版社 2006 年版，第 6 页。

和民间法所做的描述性研究及“同情式理解”，再或是谢晖教授伸张的民间法对法治建设的正向价值，均是去国家法律主义的范式。毫无疑问，这一意义上的习惯法范式和民间法范式具有同一性，学界运用“习惯法/民间法范式”的表述不但无不妥之处，而且是一种从“主体性”角度建构“中国自己的法学理想图景”[①] 的重要路径。

然而，另一方面，如同杨仁忠教授在其《公共领域论》一书的序言中对“范式”的题注：“每一种理论范式都为人们说明和解决人类社会问题提供了一种不同的视角、方式和假定，有着各不相同的价值和意义”，在构建“主体性”习惯法与民间法研究的角度，习惯法范式和民间法范式，抑或习惯法/民间法范式的同一性假定具有合理性。但是，如若视角转换，当习惯法范式和民间法范式在作为分析“国家—社会”二元结构或在其基础上发展的“国家—公共领域（‘第三领域’）—（市民）社会”三元结构背景下中国本土法律资源的工具时，二者之间的同一性便荡然无存。具体而言，根据前述对“习惯法—制定法”和“民间法—国家法”这两组前提性框架的理解，民间法的“民间”在与“国家”“官方”相对的角度获有意义，因此，民间法的概念在“国家—社会”二元结构背景下便具有优于习惯法的确当性。从这一角度而言，在西方传统的“国家—社会”二元结构背景下，民间法无疑对进行法律命题研究、构建整体法律秩序有着重要的范式价值和内容蕴涵。然而，现代性及复加的后现代性已深刻改变了传统社会固有的“国家—社会”二元结构。在当下语境中，于政治国家和（市民）社会之间，日渐形成了“一个由私人集合而成的公众领域，在促成国家与社会的间距的同时又沟通了二者，并以公共交往和公众舆论的形式制衡国家权力并为之提供合法性基础”[②]。与传统的“国家—社会”二元结构不同，一个全新的“国家—公共领域（‘第三领域’）—（市民）社会”三元结构已然被构筑起来。虽然市民社会理论的中国论者因“缺乏足够的知识自觉而导致了……研究中

---

① 邓正来：《谁之全球化？何种法哲学？——开放性全球化观与中国法律哲学建构论纲》，商务印书馆2009年版，第185页。

② 杨仁忠：《公共领域论》，人民出版社2009年版，第336页。

的种种问题”[①]，因而尚需结合中国的问题进行主体性的研究，以更好地推动中国市民社会和公共领域的建构，但显然，在日渐发展的“国家—公共领域（‘第三领域’）—（市民）社会”三元结构背景下，民间法范式不再具有完整涵括公共领域（‘第三领域’）及其自生规则的功能。在此情形下，公共领域（‘第三领域’）的规则无论是自生自发的“内部规则”，抑或是组织化创建的“外部规则”，习惯法范式均能适用于对此类规则以及包括此类规则在内的国家制定法规则和民间性规则的解释。可见，在一个建诸三元结构下的开放社会中，习惯法范式获得了比民间法范式更为确当的解释功能和当下意义。也正是在范式现代转变的意义上，本书采用涵括性更为广泛的习惯法概念用以表征存在于中国非国家领域的环境习惯（法）或环境民间法。

第三节　环境习惯法与环境制定法

环境制定法是就环境法这一新型法律部门的当下表述。在与环境习惯法相区别的意义上，诞生于工业革命之后的环境制定法还代表一种全新的现代话语系统，因此在环境习惯法与环境制定法之间形成了一条较为明显的时间鸿沟。环境习惯法是传统知识话语的象征，环境制定法却具有靓丽的现代华裳。深入考察二者之间的关系，并将环境习惯法与环境制定法置于社会整体秩序构建的场景中，二者之间并非泾渭分明，而是有着极大的对话可能性。

一　环境制定法的局限性

环境制定法的兴起和发展与工业革命导源的环境污染和破坏问题休戚相关。环境制定法必须体现治理环境问题的技术性价值，于是，人为设计的环境制定法产生了。与此同时，以霍布斯为代表的“主权者命令”论说也在悄然兴起，在“权力创造知识”[②] 的主观愿望下，

① 邓正来：《市民社会理论的研究》，中国政法大学出版社 2002 年版，第 127 页。

② ［英］韦恩·莫里森：《法理学：从古希腊到后现代》，李桂林等译，武汉大学出版社 2003 年版，第 104 页。

制定法作为“一种世俗权力的建构”方式逐步渗入法律的原本世界之中。环境制定法也不可避免地在制定法的曲径中发展起来并标榜制定法的技术理性。在制定法表征的法律国家中心主义的印迹里，环境制定法对环境问题的应对只能亦步亦趋于各种先前制定的环境法律和法规。环境制定法的法律国家中心主义倾向将环境问题的法律解决提升到国家规制的层面，为应对环境问题提供了强有力的规范约束力，在很大程度上增强了环境治理的实效。由此也造成一个巨大的误会，使大多数人以为这种以标榜的环境制定法就是环境法之全部而忽视了其他的重要部分。诚如莫里森所言，“霍布斯为法律成为规范，为法律关系纳入国家机构开辟了空间”①，但是，国家却逐渐成为“规则和执行活动的主要渊源”②，这种法律国家中心主义的一意孤行和单边主义的自娱自乐，显然忽视了建构社会秩序的其他更为重要的规则。在哈耶克看来，构成整体社会秩序的规则有“内部规则”和“外部规则”。其中，“内部规则”，尤其是其重要组成部分的“未阐明的规则”才是真正的规则基础。因此，以“外部规则”呈现的环境制定法必然不是应对现代环境问题的唯一有效的途径。另外，哈耶克还认为，“我们没有能力把深嵌于社会秩序之中的所有资料或数据都收集起来，并把它们拼凑成一个可探知的整体”，可以说“每个人对于大多数决定着各个社会成员的行动的特定事实，都处于一种必然的且无从救济的无知（the necessary and irremediable ignorance）状态之中”③，“我们对事实性知识的永恒局限”永远是一个真命题。很显然，作为“外部规则”的重要表现形式，制定法在构建整体社会秩序中具有先天性自足不能的缺陷。法律国家中心主义下的环境制定法只有在正视自身的局限性并积极摄取“深嵌于社会秩序之中”的“内部规则”之营养的过程中不断自我修正，一个有效应对各种环境

① ［英］韦恩·莫里森：《法理学：从古希腊到后现代》，李桂林等译，武汉大学出版社 2003 年版，第 106 页。

② Oliver E. Williamson, “Credible Commitments: Using Hostages to Support Exchange”, 73 *Am. Econ. Rev.* 519, 1983, p. 520.

③ ［英］弗里德利希·冯·哈耶克：《法律、立法与自由》第 1 卷，邓正来译，中国大百科全书出版社 2000 年版，第 8、12 页。

问题的现代环境法才有可能形成。

二 环境习惯法与环境制定法的内在关联

环境习惯法的现代登场无疑为环境制定法的自我修正提供了丰富的知识资源。福柯的权力—知识—主体三位一体的主体塑造理论中认为，“国家，尤其是现代国家，实际上是并不那么重要的一种神秘抽象。在他这里，只有充斥着各种权力配置的具体细微的社会机制——他的历史视野中，几乎没有统治性的国家和政府，只有无穷无尽的规训和治理；几乎没有中心化的自上而下的权力的巨大压迫，只有遍布在社会中的无所不在的权力矫正；几乎没有两个阶级你死我活抗争的宏大叙事，只有四处涌现的权力及其如影随形的抵抗。不计其数的细微的权力关系，取代了国家和市民社会之间普遍性的抽象政治配方”[①]。按福柯的权力理论，国家和社会绝非在二元模式下“出没”，而是各种遍布于社会的机制获致了重要的权力，形成了重要的知识资源。同样，在法律的场景中，习惯法这种遍布于社会的权力机制或知识形态也必然是一剂不可小觑的良药配方。用梁治平教授的话说，“习惯法是这样一种知识传统：它生自民间，出自习惯，乃由乡民长时期生活、劳作、交往和利益冲突中显现，因而具有自发性和丰富的地方色彩。由于这套知识主要是一种实用之物，所以在很大程度上为实用理性所支配。习惯法的这些特征明显地不同于国家（制定）法”[②]。不同于环境制定法，环境习惯法作为“内部规则”的载体，在环境管理、环境养护及环境纠纷解决等过程中发挥着重要的作用。而且，环境习惯法的作用发挥无须国家的自觉，而是民间自发默会的结果。环境习惯法附着在人类社会生活之上，是对人类社会生活的规则表达，因此，在人类社会生活的延续中，无论何时，环境习惯法总是在社会有机体源源不断的“原材料”供给中焕发着勃勃生机。在现代环境法不能有效应对环境问题而寻求完善与更新之时，环境习惯

① 汪民安：《如何塑造主体》，参见［法］米歇尔·福柯《福柯读本》，汪民安译，北京大学出版社2010年版，第5页。

② 梁治平：《清代习惯法：社会与国家》，中国政法大学出版社1996年版，第127—128页。

法总能贡献不竭的储备知识。另外，就我国而言，“外源性法制现代化”的进程是我国环境法兴起与发展的必要路径。发端于西方的环境法作为“供体”，能否在社会结构完全不同的中国这个“受体”中存活并发展起来，似乎并没引起太多人的关注。对于这种不加选择的立法借鉴，埃利希批评道，“在法律本土化的发展过程中，法律生活不再是法学的主题，如同在法律本土化发展过程中某种程度上所表现的那样，而是成为法学的客体。……法学开始把并非法学自己创立而是从别处来的规则强加给社会，而不考虑社会是否想要它们，也不关注社会在那些规则之下如何发展，它将那些强加于社会，仅仅是因为它们实际存在着”①。因此，环境制定法在中国的引入和发展必须处理好与本土法律资源之间的关系问题，即环境制定法必须要有来自中国这一主体的解说和知识。那么，于此情形，“什么是你——中国——的贡献?”② 显然，生发于中国本土的环境习惯法大有作为。一方面，环境制定法通过“自上而下”的积极摄取，将环境习惯法这一本土法律资源补充到自己的机体中来；另一方面，环境习惯法通过“自下而上”的参与，对环境制定法贡献必要的本土法律资源。“自上而下”和“自下而上”的双向互动，必将实现外生性的环境制定法与我国本土法文化的对接与融会。

综合以观，环境习惯法这一传统法律命题与环境制定法这一现代法律命题之间不仅有对话的可能性，而且有对话的必要性。也正是环境习惯法对环境制定法的重要价值贡献，使传统的环境习惯法命题不再“传统”，而是被赋予了显著的“现代”性。

另外，在整个行文过程中，现代环境法是一个与环境制定法相关联的重要概念。严格来说，现代环境法与环境制定法是两个截然不同的概念。环境制定法是对环境法发展之当下状态的一种描述，即当下的环境法是一种以国家制定法中心主义为指导的法律形态，隐含着一种价值评判：当下的环境法发展是一种不完备、顾此失彼的状态，因

---

① ［奥］尤根·艾利希：《法律社会学基本原理》，叶名怡等译，中国社会科学出版社2009年版，第225页。

② 苏力：《什么是你的贡献?》，参见苏力《法治及其本土资源》（修订版），中国政法大学出版社2006年版，“自序”，第Ⅱ页。

而有待进一步完善。而现代环境法是关于环境法发展的应然状态的表达。在本书中，现代环境法意指囊括环境制定法及其他有价值的规范形态（主要指环境习惯法）在内，既体现制定法的技术理性，又具有价值理性特征的环境法应然状态。环境习惯法、环境制定法以及现代环境法三者的内涵和相互关系在本书第四章中有进一步的论述。

第二章　环境习惯法的生成与演变

第一节　环境习惯法的生成

一　环境习惯法的外部生成条件

在环境习惯法的外部生成条件中，历史体现了环境习惯法发展演变的时间维度。这一历时性维度展现了环境习惯法从产生到发展的整个动态过程，是把握环境习惯法演变规律的重要视角；文化则是环境习惯法赖以生成的外部环境。考察影响环境习惯法形成和发展的外部文化环境，是进一步研究环境习惯法内容多样性的有力途径。

（一）历史

早在19世纪，历史法学派和分析法学派之间就有关于法律的传统成分抑或法律的命令成分是法律的性质的争论。[①] 自此以降，法的传统成分，即法的历史要素，或法的“历史基础”[②] 一直被法学研究所关注。历史法学派的代表人物萨维尼在其经典之作《论立法与法学的当代使命》一书中开宗明义，“在人类信史展开的最为远古的时代，可以看出，法律已然秉有自身确定的特性，其为一定民族所特有，如同其语言、行为方式和基本的社会组织体制（constitution）。不仅如此，凡此现象并非各自孤立存在，它们实际乃为一个独特的民族

---

① ［美］罗斯科·庞德：《法律史解释》，邓正来译，中国法制出版社2002年版，第2—3页。

② Hubert Rottleuthner, *Foundations of Law*, Netherlands: Springer, 2005, pp. 155－159.

所特有的根本不可分割的禀赋和取向，而向我们展现出一幅特立独行的景貌。将其联结一体的，乃是排除了一切偶然与任意其所由来的意图的这个民族的共同信念，对其内在必然性的共同认识"①。在萨维尼看来，"共同信念"和"共同认识"这类民族的历史"沉积"与该民族的法律之间有着一种"共生"的关系。渐次形成的习惯法及制定法"完全是由沉潜于内、默无言声而孜孜矻矻的伟力，而非法律制定者（a law-giver）的专断意志所孕就的。……这一状况乃是历史地形成的，并籍诸历史而昭示的"②。在这一意义上，美国法社会学家卡多佐也认为，"我越来越坚信法律不是由国家创造的，它的存在不依赖于国家，法律的观念也完全独立于国家，法治将自身加于国家之上，就像其对个人所做的那样"③。就法律的形成对历史的依赖，萨维尼还有这样的洞见，"法律随着民族的成长而成长，随着民族的壮大而壮大，最后，随着民族对于其民族性的丧失而消失"④。

历史与习惯法之间的这种"共生"关系表明，"历史基础对于法律既具有系统发生学的意义，还具有深刻的历史演进和变革意义（historical development/ legal evolution）"⑤。历史是习惯法据以形成的基本要素，历史不仅将法律的稳定和变化统一起来，而且法律及法律原则只有得到"历史的验证"⑥ 方有意义。在王新生博士看来，历史的长期性使习惯法难以溯源，这种长期性一方面寄托了人类的情感，以至于形成情感惰性而不愿轻易改变它；另一方面，长期性又验证了习惯法的实效，为一代又一代人所默认和接受，因而不易改变。即使

---

① ［德］F. 卡尔·冯·萨维尼：《论立法与法学的当代使命》，许章润译，中国法制出版社 2001 年版，第 7 页。

② 同上书，第 11 页。

③ ［美］本杰明·N. 卡多佐：《法律的成长 法律科学的悖论》，董炯等译，中国法制出版社 2002 年版，第 28 页。

④ ［德］F. 卡尔·冯·萨维尼：《论立法与法学的当代使命》，许章润译，中国法制出版社 2001 年版，第 9 页。

⑤ Hubert Rottleuthner, *Foundations of Law*, Netherlands: Springer, 2005, p. 155.

⑥ ［美］罗斯科·庞德：《法律史解释》，邓正来译，中国法制出版社 2002 年版，第 14 页。

有所改变，习惯法仍具有明显的历史痕迹。① 在环境习惯法的探讨中，历史的因素也同样重要。在历史的横断面上，某一特定的历史时期被同一断面上的环境习惯法所表述，在另一个断面上，历史又被与其相对应的另一环境习惯法所表述。这些"孤立的历史序列"② 并不能反映出环境习惯法的整体和真实，只有许多断面的历时性相连才是历史的面貌——"体系史的整体"③，其间，环境习惯法步趋于历史的演变过程也得到清晰呈现。另外，从构成环境习惯法的核心要素——自然环境来看，在历史维度下自然环境总是发生着或缓或急的变迁过程，由此导致了人与自然环境关系的变化。而环境习惯法作为这一关系的"口舌"，也有相应的内容调整和变化。这一"联动"过程在英国历史法学派奠基人梅因和英国哲学家兼社会学家斯宾塞看来，历史之于法律有类似于自然进化的普遍规律性。④ 虽然他们的观点受到后来诸多学者的批判，但毋庸置疑的是，在探索法律的"自然历史"的基本道路方面，梅因和斯宾塞是成功的。"自然历史"的"法律进化"学说将法的历史因素解说在萨维尼的基础上又推进了一大步。按照"自然历史"的"法律进化"学说，只有在动态的历史过程里，环境习惯法才是埃里希视界中的"活法"，其"进化"的规律性也才能被人类理性所趋近。在上述论述中，将历史作为环境习惯法的形式要素之一，并非一种"拟古作风"，因为对环境习惯法的历史把握比任何其他方法都更加具体而真实，因而也更为有用，用澳大利亚著名法学家维拉曼特的话来说，"一页历史往往抵得上一卷逻辑"⑤，同样，新制度经济学的著名学者诺斯的名言——"历史是最重要的(history matter)"⑥ ——也是从制度变迁的视角对历史这一要素的

① 王新生：《习惯性规范研究》，中国政法大学出版社 2010 年版，第 79 页。

② ［德］萨维尼、雅各布·格林：《萨维尼法学方法论讲义与格林笔记》，杨代雄译，法律出版社 2008 年版，第 17 页。

③ 同上。

④ ［美］博登海默：《法理学——法律哲学与法律方法》，邓正来译，中国政法大学出版社 2004 年版，第 98—101 页。

⑤ ［澳］维拉曼特：《法律导引》，张智仁等译，上海人民出版社 2003 年版，第 120 页。

⑥ 卢现祥、朱巧玲：《新制度经济学》，北京大学出版社 2007 年版，第 16 页。

解读。

（二）文化

毋庸置疑，作为最为重要的外在生成条件之一，文化对于环境习惯法的内容建构具有重要的影响。环境习惯法是人类行为规范之一，而“人类行为是被所接受的价值观念所推动的。在任何处境中，个人可能采取的行动很多，但是他所属的团体却准备了一套是非的标准，价值的观念，限制了个人行为上的选择。大体上说，人类行为是被团体文化所决定的。在同一文化中育成的个人，在行为上有着一致性”①。足以显见，作为“位育的设备和工具”②，人类所共有的文化决定着环境习惯法等人类行为规范的内容。当然，文化之间也存在相当程度的差异性，在相异的文化影响下，表现出了各种类型的法规则。古罗马城邦市民文化诞生了高度发达的私法规则，威尼斯、佛罗伦萨的海洋贸易文化诞生了世界上最早形态的海商习惯法。以庄园经济发展为特征的日耳曼文化培育了法人制度团体制度，中国历史悠久的礼教文化孕育了独具特色的中华法系。将环境习惯法放置在不同的文化环境之中来考察，类型的多样性极其明显。这恰好旁证了怀特的话，“事实上，法律是一种文化批判和文化转型的方式，也是文化保存的方式……法律在结构上意义模棱两可，总是会产生新的、对立的阐释和表达”③。在不同文化产生不同的法律表达这一意义上，文化其实和传统具有同一意义。英国社会人类学家布朗如此描述传统的影响力：“在某种传统之下，某人可能成为博士或外科医生，而另外一种传统却可能将他塑造为一名工程师或建筑师。”④ 总之，文化作为传统，或传统作为文化，在人类历史进程中闪烁着灿烂的光芒，深刻影响并保存了多姿多彩的环境习惯法文明。

除了影响环境习惯法的内容，文化与环境习惯法之间还存在互动

---

① 费孝通：《乡土中国》，上海世纪出版集团、上海人民出版社2007年版，第241页。

② 同上书，第242页。

③ ［英］韦恩·莫里森：《法理学：从古希腊到后现代》，李桂林等译，武汉大学出版社2003年版，第545页。

④ ［英］A. R. 拉德克利夫—布朗：《原始社会的结构与功能》，丁国勇译，中国社会科学出版社2009年版，第6页。

性适应过程。文化与环境习惯法之间的关系并非单一的影响与被影响关系。在很大程度和范围上，两者之间的真实状况是互动性的影响或适应过程。一方面，如前文所述，文化在很大程度上影响法的产生和发展进程；另一方面，法又是“位育”文化的重要工具，法的发展水平影响文化所达到的高度。美国人类社会学家霍贝尔就认为，“法律是文化的一个因素”①，综合法学代表人物博登海默也认为，“法律是一个民族文化的重要部分”②。法律连同诸多其他创建物共同参与了人类文化的伟大创建，在这一个创建过程中，“法律的每一进步，同时也标志着人类文化的一个进步”③。依社会进化理论来看，人类社会在自然“生态适应”的过程中逐步实现了“制度适应”和最终的“文化适应”。这条“适应”之途同时也是作为“超有机体”的人类社会文化的发生发展过程。在从“生态适应”到“制度适应”，再到“文化适应”的渐进过程中，环境习惯法的生成和发展处于第二个阶段。经由环境习惯法的“制度适应”，人类获得了“社会生活的习惯和智力特征”④，“文化适应”逐渐形成。总之，环境习惯法在获得文化意义的同时，文化也不可避免地被融进了环境习惯法的意义，文化和环境习惯法在相互影响和适应的过程中共同发展、变迁。

二 环境习惯法的内部生成条件

自然环境、信仰和规范结构是环境习惯法的内部生成条件。其中，自然环境构成了环境习惯法的类型，是环境习惯法区别于其他类型习惯法的标志；信仰是环境习惯法据以产生法律规范效力的基础；规范结构则是环境习惯法之为法的内在结构特征。

（一）自然环境

时至今日，全球范围内的东方和西方是两个最具区别性的范畴。

---

① ［美］E. 霍贝尔：《原始人的法》，严存生等译，贵州人民出版社 1992 年版，第 1 页。

② ［美］博登海默：《法理学——法律哲学与法律方法》，邓正来译，中国政法大学出版社 2004 年版，第 1 页。

③ 刘作翔：《法律文化理论》，商务印书馆 1999 年版，第 91 页。

④ ［英］A. R. 拉德克利夫—布朗：《原始社会的结构与功能》，丁国勇译，中国社会科学出版社 2009 年版，第 10—11 页。

究其原因，自然环境的差异对于两大范畴的形成不无关系。人类社会早期的西方世界，地处平原地带的两河流域经常发生洪涝与干旱，恶劣的自然环境严重影响人们的早期社会生活。因此，人类对自然之“魔鬼”的恐惧始终无法祛除，以至于挪亚的后代欲想通过修建“巴别塔”而遁逃可怕的现实世界。同期的东方世界，人们生活在高山—丘陵—平原的梯状环境中，特有的自然环境为人们提供了绝佳的天然庇护所，生活于其间的东方人乐此不疲。东西方不同的自然环境造就了两种完全不同的文化，西方的“悲感”文化与东方的“乐感”文化形成了鲜明的对比。两种不同文化所衍生出的两个文明形态也迥然不同。东方和西方两大范畴的差异，足以反映出自然环境对于各种人类文明的导源意义。

费尔巴哈在《宗教的本质》一书中说，“一个人，一个民族，一个氏族，并非依靠一般的自然，也非依靠一般的大地，而是依靠这一块土地、这一个国度；并非依靠一般的水，而是依靠这一处水、这一条河、这一口泉。埃及人离了埃及就不成为埃及人，印度人离了印度就不成为印度人”①。费尔巴哈的经典论述恰当地反映了这样的道理：人类社会（包括单独的个人）的发展与其所处的自然环境之间具有极其密切的关系，而且特定的自然环境造就了特定人类社会共同体的个性，其间，经济、法律、政治均以自然环境的地方性特色而出现。法国著名思想家孟德斯鸠在其经典著作《论法的精神》中系统阐述了自然环境之于一国法制形成的决定性影响。在孟德斯鸠看来，法的全部蕴意均源于自然，“法，自其最大之义而言，出于万物自然之理”②。当然，此处的“自然”包括且超越了自然环境意义上的自然。在转向对法的自然理性的渐次揭示过程中，孟德斯鸠论说道，“国有风气之寒燠，有土壤之肥硗，有幅员之广狭，有所宅之形势。至于其民，有居业之殊矣。耕乎猎乎牧乎，其自由之程度，缘其治制而不同”③。孟德斯鸠的“法意”对于我们深度把握环境习惯法的内容构成具有重要指导意义。在人类借用自然环境而生成、繁衍的过程中，

① ［德］费尔巴哈：《宗教的本质》，王太庆译，人民出版社1999年版，第3页。

② ［法］孟德斯鸠：《论法的精神》，严复译，上海三联书店2009年版，第1页。

③ 同上书，第6页。

以自然环境而生、刻有自然环境烙印的环境习惯法很早就被孕育出来，并成为人类社会一体遵循的基本法律规则。一方面，不同于“典制”之法，环境习惯法因内嵌着人类社会源于自然环境的生活方式与朴素的价值观念而获得了更为有效的规范效果。另一方面，在人类社会早期，人们的知识观念首先来源于自己所处的自然环境，这种知识观诞生了初民的自然崇拜和自然宗教。逐渐地，自然环境具有最原始的是非准则意义。显然，具有自然环境属性的环境习惯法规则获得了较其他类型习惯法更为原本、更为有效的认同，只有在自然环境本源的前提下，其他类型的习惯法才逐渐形成并获得规范意义。因此，梁治平教授也形象地说，习惯法首先是由自然环境塑造而成的。北有戈壁荒原，南有鱼米水乡，以及“闽南之山地，两湖之丘陵”，各有其法。① 前南京国民政府司法行政部编写的《民事习惯调查报告录》中的记载即可反映习惯法的自然差异性。该书“第十六章”记载了甘肃省镇番县“燃香取水”② 的地方习惯法，在“第十三章”中记载了竹溪、麻城两县“塘水、塘底之所有权各别”的习惯法。相比较而言，尽管北方“燃香取水”的习惯法和南方“塘水、塘底之所有权各别”的习惯法均用于调处民众的用水关系，但从各自习惯法规则的产生来看，其差异性无疑反映出南北自然环境状况的不同。北方水资源相对匮乏，人们借助“燃香”的方法解决争水问题；而“千湖之省”湖北不乏水塘，必然有关于调处水塘利用、权属关系的特有习惯法规则。

自然环境对于习惯法产生和发展演变的原初意义还表明，不论人类社会形态如何更迭，也不论社会文明如何远离自然环境而发展，自然环境总是习惯法的永恒“母体”。江山教授把这种源于自然的非人在法冠以自在法的称谓，认为，“直至今日，我们对非人在法（自在法）的依赖仍然是更基本的事实”③。虽然在江山教授的理论体系中，法的自然精神概念超越了一般意义上的自然环境范畴，但其显然也涵

① 梁治平：《清代习惯法：社会与国家》，中国政法大学出版社 1996 年版，第 53 页。

② 前南京国民政府司法行政部：《民事习惯调查报告录》，中国政法大学出版社 1997 年版，第 404、336 页。

③ 江山：《法的自然精神导论》，中国政法大学出版社 2002 年版，第 8—9 页。

括了源于自然环境的法先在于人在法这一意义。总之，只有从自然环境角度进行理解，环境习惯法才具有最重要的规定性意义。显然，自然环境是环境习惯法的首要内部生成条件。

（二）法律信仰

“法律必须被信仰，否则它将形同虚设。”自从有了人类社会文明，信仰便在很长一段历史时期内支撑着人类对精神和价值王国的虔诚追奉。在法代表的规范世界里，信仰也一直是法的生命力和要素之一。纵观西方世界法律发展的历史进程，在托马斯·霍布斯的利维坦替代法律之前，西方法律总是表达着对各种终极意义的虔诚追寻和信仰的思想。两千多年前，希腊人就已开始了对伫立于人类世俗生活之上的理想之国的发现之旅。在柏拉图那里，法律的合法性建立在对终极真理矢志不渝的信仰基础之上。亚里士多德认为，人类社会生活的全部是对宇宙万物的目的性和终极性，即善的渴望，因而，法律作为一种工具，应将人类引向普遍的善，即法律的目的必须服从善的道德性要求，否则将是恶法。自奥古斯丁开始，神学与世俗权力的结盟引导法律忘我于对彼岸世界的朝圣之途，“信仰启示我们，帮助我们在不同的目标中进行正确的选择，用崇高神圣的目标取代世俗的目标”①，因而世俗法律必须符合源自上帝理性的自然法。在托马斯·阿奎那的学说中，真正的法律是上帝给人类的恩典，必须是铭刻在人的心灵和意愿之中。这样，上帝洒向人性的神光指引人类战胜痛苦和恐惧，并达到最终的完满。然而，法律被信仰的历史伴随着托马斯·霍布斯的法律命令说的广布而式微。

自托马斯·霍布斯始，上帝之爱因法律的世俗化和实证性特征而被消解，代之而起的是利维坦世界中对自然主义宗教的信仰。信仰的自然主义倾向瓦解了上帝的本体论，人类对上帝的敬畏和崇拜进而转变为一种对自然功能的认识和态度。从此，法律是主权者的命令，信仰逐渐被以国家强制力建立起来的法律权威所取代。在法律正义的实现中，“必须存在某种强制力，通过某种惩罚的威吓来平等地使人们

---

① ［英］韦恩·莫里森：《法理学：从古希腊到后现代》，李桂林等译，武汉大学出版社2003年版，第63页。

履约”[1]。此后，信仰之于法律的重要性再度被许多思想家提及，但信仰的式微一直在发生着。譬如，伟大哲学家康德就认为法律作为人类实践理性的一种方式或工具，必须要服从于自然界普遍的道德法则这一“绝对命令”。只有对道德法则的信仰，人类才能走出“他治”而达到自由的最高境界；也只有对道德法则的信仰，人类才能从强制性法律中解放出来，并最终走向世界范围的人类伦理共同体。[2] 另外，辩证法大师黑格尔也论述了信仰和理想之于法律合理性的绝对意义。他认为，法律发展的推动力量是信仰理性的存在与认识的原则，这是法律的“伦理生命之所在”。只有法律拒绝成为单纯的意义浅显的事实问题，拒绝成为展示强者混乱而武断的意志的空洞工具时，它才能成为合理的法律。[3] 然而，“给知识划定范围，以便给信仰让出地盘”[4] 的历史呼吁并没能使法律的信仰品格回归到原初的状态。随着社会发展进程的深刻变革和法律实证主义的全球席卷，法律世界中信仰的空间越来越小。

然而，权威之于信仰更有意义吗？法律真的无须信仰了吗？

冷静思考信仰式微背后的故事，我们便会发现：信仰逐渐让位于权威的历史实为国家制定法勃兴的过程。在这一过程中，国家制定法所依赖的强制力后盾成为法律不可或缺的要素之一，逐渐地，建诸国家强制力之上的法律权威形成了。但是，作为建构社会整体秩序的法律规则，国家制定法之外还存在大量的民间习惯法等自生自发的法律规则，而权威对这类规则并非有效。事实证明，在国家制定法高度发达的今天，民间习惯法仍然在人们的信仰而非被强制的过程中顽强地生存了下来。可见，权威仅在国家制定法范围中有意义，而在民间习惯法中，信仰显然更具有意义。另外，即使在国家制定法场景中，法律权威并不应也不能完全主导法律的生命。不论实然和应然在国家制

① 张乃根：《西方法哲学史纲》（第四版），中国政法大学出版社 2008 年版，第 95 页。

② 同上书，第 159 页。

③ 同上书，第 182—183 页。

④ ［英］休谟：《自然宗教对话录》，陈修斋、曹棉之译，商务印书馆 2001 年版，“中文译本序言”，第 11 页。

定法意义上各自有怎样的权重，法律永远不会呈现出剥离了应然的实然景象，也绝不会呈现出剥离了实然的应然景象。也就是说，国家制定法必然是实然和应然的综合体，在关注实证问题的同时不能置基本价值关怀和信仰于不顾。因此，在国家制定法的现代场景中，法律被信仰的品格不应被抛之脑后，法律并非“不可能存在任何信仰的因子”①。

综上所述，我们对环境习惯法的考察也需依循其被信仰的特征。环境习惯法在其所生存的民间社会中已被固化为共同体成员内心的稳定心态和基本价值观之一，因而也体现出了最为朴实、自然的实用性，其中已“蕴涵了人道性、合规律性和普遍实用性。……正是……这些属性，它才获得了共同体成员的信仰”②。总之，信仰是环境习惯法规则的重要内在生成条件。环境习惯法的信仰因素不仅凸显出其在保护环境、解决环境纠纷中的独特工具性价值，而且确保其工具性价值不会逾越人类终极关怀所设定的实质理性的边界。

（三）规范结构

法的规范结构是法律规范的微观表述。无论何种类型的法，均是由表现为部分和个体性的法律规范构成了有机统一整体。③ 可见，法律规范总是基本的生成条件或构成要素。作为规定性规范，环境习惯法在分配权利义务和具体效果实现方面具有一般法律规范的全部意义，因此除了自然环境和信仰之外，规范结构也是不可或缺的内部生成条件。

然而，如何理解构成法律之整体规范结构的具象，学界观点大不相同。本书尝试通过如下几方面的逐次探讨，准确把握规范结构的内涵，并从环境习惯法的特殊性角度理解作为其内部生成条件的规范结构之特征。

首先，学界关于法律规范和法律规则的前提性认识不同，由此导致了对二者是否作为法律之构成要素的诸多争议。在国内研究中，大

---

① 张永和：《信仰与权威：诅咒（赌咒）、发誓与法律之比较研究》，法律出版社2006年版，第12页。

② 王新生：《习惯性规范研究》，中国政法大学出版社2010年版，第84页。

③ 张文显：《对法律规范的再认识》，《吉林大学社会科学学报》1987年第6期。

多数学者倾向于把法律规范和法律规则等同起来，“在根本没有界定他们所使用的‘法律规范’或‘法律规则’概念的情况下就直接展开了自己对法律规范逻辑结构问题的讨论”①。故在法的构成要素中，法律规范和法律规则没有多大区分。但在严格意义上，法律规范和法律规则是两个完全不同的概念范畴。法律规范（legal norm）是关于法律规范性的抽象表述，其实质是一种“应然规范”，而法律规则（legal rule）是关于法律规范性的形态表述，其实质是一种“实然规范”。法律规范是法律规则的实质内容，而法律规则是一定形式的法律规范表达。在国家制定法传统中，这种表达方式往往是国家立法。将法律规范和法律规则进行界分的前提性认识对于我们把握环境习惯法的规范性有重要意义，因为环境习惯法通常没有以某种特定的法律规则形式表现出来，如若套用法律规则是法的基本构成要素的理论观点，环境习惯法的规范性将消失殆尽。但是，环境习惯法的规范性是不争之识，所以，将法律规则作为法的构成要素显然不妥。综上所述，在环境习惯法的规范性中，法律规范或微观意义上的规范结构作为其内容构成要素更具有确当的意义。

其次，在确定了规范结构作为包括环境习惯法在内的法律构成要素之后，法律规范的逻辑结构或规范结构的具体内容问题尚需进一步探究。在已有的诸多关于法律规范逻辑结构的理论观点中，有不同的“三要素”说和“两要素”说。“三要素”说和“两要素”说在各自的理论体系中缘何成立？另外，它们对于解释环境习惯法构成要素的规范结构是否有效？在法理学界，“三要素”说和“两要素”说均是关于一个完整的法律规范由哪些要素组成的理论解说。“三要素”说认为，一个完整的法律规范由“假定”“处理”和“制裁”三个部分构成。② 后来，学者又对“三要素”说进行了修正，形成了以“前提

① 陈历幸：《法律规范逻辑结构问题新探——以现代西方法理学中“法律规范”与“法律规则”的不同内涵为背景》，《社会科学》2010 年第 3 期。

② “三要素”说是我国法理学早期引入的苏联关于法律规范逻辑结构要素的学说，一直是我国法理学中的主流观点。

条件”“行为模式”和“法律后果”为构成要素的新“三要素”说观点。[①] 详细考察“三要素”说的具体内容，不难发现，“三要素”说建立在实证主义基础之上，强调一个完整的法律规范在功能上的自足性。在国家制定法语境中，“三要素”说符合法律规则设计的预期，因而无疑是一种有效的解释规则。但是，在一个包括非制定法在内的更为广阔的视野中分析法律规范的逻辑结构，“三要素”说则并非妥当，因为许多非制定法规范的自足性或独立性并非以包括“制裁”在内的“法律后果”的必然存在为前提。

与“三要素”说相区别，“两要素”说在形式上有两种观点，观点一认为，一个完整的法律规范由假定和处理构成[②]；观点二则认为，一个完整的法律规范由“行为模式（权利义务性规定）”和“法律后果”构成。[③] 按照许多学者的观点，如果“把‘假定’融入‘权利义务性规定’而不把它作为单独的法律规范构成要素”[④] 的话，上述观点二与“三要素”说并无本质内容上的差异。因此，观点一在实质上代表了独立的“两要素”说观点。与“三要素”说相比较而言，“两要素”说在“外观”上没有“制裁”或“法律后果”要素，对于阐释制定法语境中法律规则的逻辑结构构成似乎丧失了形式上的逻辑自洽性，但在一个广阔的法律多元视角下，“两要素”说却是一个更有解释力的开放性、包容性理论观点。在法律多元视角中，“两要素”说在解释制定法规范的逻辑构成时，其开放性和包容性便得到了极大的彰显，依法律规范的“规范性特质”，其中的“处理”部分可被理解为开放性的“有拘束力之行为要求”[⑤]，即“三要素”说中的“行为模式”和“法律后果”的总括意涵。当用于解释非制定法规范的逻辑构成时，其“处理”部分即可表示为预设的行为指向，也可

---

① 张文显：《法哲学范畴研究》（修订版），中国政法大学出版社 2001 年版，第 48 页。

② 王涌：《民法中权利设定的几个基本问题》，《金陵法律评论》2001 年春季卷。

③ 张文显：《对法律规范的再认识》，《吉林大学社会科学学报》1987 年第 6 期。

④ 刘杨：《法律规范的逻辑结构新论》，《法制与社会发展》2007 年第 1 期。

⑤ ［德］卡尔·拉伦茨：《法学方法论》，陈爱娥译，商务印书馆 2003 年版，第 132 页。

表示为“行为模式”与肯定性或否定性的法律效果的总括。以下两例即可说明。例一，藏族有“禁止人们污染神湖”的规定，很明显，此规定属于环境习惯法规范，但该习惯法规范逻辑构成的“处理”部分只表明了预设的行为指向，即人们“应当”做“禁止污染神湖”的行为；例二，云南丽江地区宁蒗县永宁乡泸沽湖村村规民约规定：“在我村水源区（鼓节得罗至依歪罗）禁止砍伐任何树木，打草积肥，开采石头，取土等，违者处以罚款100元至500元。”① 此规范虽不属于国家制定法规范，但其逻辑构成的“处理”部分实为“行为模式”与否定性法律效果的总括。足以说明，“两要素”说具有更为开放的解释力。

最后，作为非制定法规范的重要形态，环境习惯法规范的规范结构又有何特征呢？综观全貌，由于类型、层次、分布范围非常广泛，环境习惯法规范呈现出多样性、灵活性、分散性的特征。这一特征说明，追求逻辑自洽的“三要素”说由于自身封闭的属性而无力解释环境习惯法这类多样性、灵活性、分散性的非制定法规范。相较之下，具有开放性和包容性的“两要素”说则是环境习惯法规范结构的有力解释工具。同时，“两要素”说的确当解释力也体现了环境习惯法的规范实质。

综合而言，规范结构是环境习惯法不可或缺的内在要素之一；关于环境习惯法规范结构的具体内容界说，“两要素”说比“三要素”说有更为确当的解释力。

第二节　环境习惯法的历史演变

一　环境习惯法的早期权威

在学界较为一致的观点中，法的历史发展经历了从习惯到习惯法，再到成文法的演变过程。② 从时间维度看，这一演变过程几乎是

① 陈金全：《西南少数民族习惯法研究》，法律出版社2008年版，第181—182页。

② 张文显：《法理学》，高等教育出版社，北京大学出版社2002年版，第138页。

无可争议的，然而，如博弈论演化经济学的观点，由于社会进程的非遍历性（non-ergodicity，又称非历态性）特征，法的演变过程往往表现出各异的路径依赖（path dependence）现象。[①] 因此，法的历史演变在遵循从习惯到习惯法，再到成文法这一总体性规律的共性之下，也表现出了不同的个体性演变特征。为方便研究起见，本书将近现代国家制定法兴起并逐渐取代习惯法之前的一段历史时期都被归为习惯法的早期“权威”时代，因为在这一时期，“习惯是一种不仅最古老而且也是最普遍的法律渊源”[②]，习惯法毋庸置疑地处于绝对统治地位。基于这一认识前提，本书无法顾及不同时间和不同地方法的个体性演变，而只依循法的历史演变的一般性规律或趋势对环境习惯法历史早期的“权威”时代[③]进行大致描述。

（一）习惯法的早期景象

在历史早期的习惯法“权威”时代，各种习惯法处于浑然一体的状态中。不管是调处民事纠纷的习惯法，抑或是据以实施刑事制裁的习惯法，均没有相对明晰的界限，导致民事纠纷中的当事人承担刑事责任，本应处以刑事处罚的当事人却以负担民事责任而了事。而且，民事、刑事类习惯法往往与涉及国家行政管理的习惯法交织在一起，形成一个非常复杂的法体系。可见，在“诸法合一，民刑不分”的习惯法“权威”时代，与环境制定法相对应的环境习惯法更被深层

① 在制度经济学中，非遍历性（non-ergodicity，又称非历态性）是指在一个动态的经济系统中，不同的历史事件及其发展次序无法以百分之百的概率实现同一种市场结果；而制度变迁的路径依赖是指一种制度一旦形成，不管其是否有效，都将在一定时期内持续影响其后的制度选择，其实质在于先在的偶然事件对未来制度选择的影响。引申至法律领域，社会过程的非遍历性决定特殊历史因素对其后法律制度选择的持续性影响。参见［美］道格拉斯·C. 诺斯《制度、经济变迁与经济绩效》，杭行译，韦森译审，格致出版社、上海三联书店、上海人民出版社 2008 年版，第 128 页以下；［美］H. 培顿·扬《个人策略与社会结构——制度的演化理论》，王勇译，韦森译审，上海三联书店、上海人民出版社 2004 年版，第 10 页；卢现祥、朱巧玲《新制度经济学》，北京大学出版社 2007 年版，第 476 页。

② ［美］埃尔曼：《比较法律文化》，贺卫方等译，清华大学出版社 2002 年版，第 32 页。

③ 杜宇：《重拾一种被放逐的知识传统——刑法视域中“习惯法”的初步考察》，北京大学出版社 2005 年版，第 13 页。

裹挟在浑然一体的习惯法之大类中。因此，对早期环境习惯法之权威的描述只能借助对“环境”的初始意义，即通俗意义上的自然环境保护的寻找而展开。

早期的习惯法“权威”时代，无论是西方世界还是东方世界，均极其强调对各种习惯法规则的遵从。在英国，“刑法就产生于共同体中根深蒂固的设想，即行为的某些方式不为共同体所接受，因而须受惩罚”。另外，“一夫一妻制是根深蒂固的部落习惯”①。在基督教辐射的区域，“全能之神通过摩西布道，谁要是动了他邻居的施舍物和施舍场所就要受到谴责”② 的威吓总是有效的习惯法。在东方，古代中国以“宗”“礼”为核心的习惯法传统也获得了最高的权威地位，形成了家祖法、家庭法、国家法等具体门类。另外，直至今日，在南太平洋岛国、北美印第安地区、非洲、北欧等地的土著民中，习惯法也获得了权威统治地位。按照卡特的观点，习惯法由习惯演化而来，习惯法的权威性来自四个标志，即古风性、持续性、确定性和合理性。卡特认为，“因为习惯以这种方式为肇端并发展成熟。当一项合理的法令在实施中被证明是适当的并有益于人民时，对它的性质和处理便得到了一致赞同，然后就会周而复始地运用它并付诸实践，如此频繁重复地多次使用这项法令，它便成为一种习惯，而它很久以来便持续不间断地存在，从而便获得了法律的效力”③。

（二）环境习惯法的早期景象

同其他习惯法一样，环境习惯法在历史早期也获得了被严格遵行的权威地位。从现有文献考证，在我国少数民族地区，环境习惯法的权威地位表现得尤为明显。在西南少数民族地区，“游耕”“刀耕火种”、禁止砍伐“神树”等习惯法传统一直是历史上当地少数民族最为权威的习惯法规则。其中，“游耕”和“刀耕火种”习惯法被认为是一项非常有效的“环境规划”制度，对于休养生息，保护环境有

① ［澳］维拉曼特：《法律导引》，张智仁等译，上海人民出版社 2003 年版，第 148 页。

② ［英］爱德华·汤普森：《共有的习惯》，沈汉等译，商务印书馆 2002 年版，第 102 页。

③ 同上书，第 100 页。

重要意义。[①] 在鄂湘西地区，土家族人有严禁砍伐古树的习惯法规定，“认为古树是神树，要保护”[②]。“在彝族习惯法中，有相当一部分是关于自然资源，如土地、森林、动物的保护的。在蒙古地区，蒙民严禁居民在地上乱倒垃圾，或行人不将吃剩的食物随地掩埋；违反这种民族习惯法，将被认为是对大地的不敬和亵渎。”[③] 除了少数民族地区以外，在古代中国的广大汉民族地区，环境习惯法也得到了普遍的遵从。在中国古代的文献中有这样的记载：“草木融化滋硕之时，则斧斤不入山林，不夭其生，不绝其长也。鼋鼍鱼鳖鳅鳣孕别之时，网罟毒药不入泽，不夭其生，不绝其长也……”[④] 古人关于保护自然环境的思想在以“宗”“礼”为核心的中国传统法制社会里被内化为人们所普遍遵循的习惯法规则。另外，在中国古代人们的朴素意识中，灾异（即自然灾祸）“不是自生的自然现象，而是神灵对于人类行为不悦的反应。政事不修是致灾的原因，而政事中刑狱杀人最为不详，其中不免有冤枉不平之狱，其怨毒之气可以上连云霄，激起神的忿怒”[⑤]。故汉建武四年下诏如下：“久旱伤麦，秋种未下，朕甚忧之，将残吏未胜，狱多怨结，元元仇恨，感动天地乎？其令中都官三辅郡国出系囚，罪非犯殊死，一切勿案，见徒免为庶人。”[⑥] 在中国古代历史上，因自然灾害而大赦和免狱的实例还有很多。通过大赦、免狱而欲求顺应自然、减少自然灾祸的朴素信念已在官方法之外形成了一套得以普遍遵循的习惯法传统。

综上可知，在历史早期，环境习惯法往往与其他习惯法交织在一起，并且借助于相伴其间的宗教、迷信等朴素意识的“推动”，共同发挥保护环境、调处环境纠纷的作用。尽管环境习惯法的调整范围极其狭窄，但直至国家制定法兴起，环境习惯法在漫长的习惯法“权

---

① 尹绍亭：《云南山地民族文化生态的变迁》，云南出版集团公司、云南教育出版社2009年版，第141页。

② 冉春桃、蓝寿荣：《土家族习惯法研究》，民族出版社2003年版，第141页。

③ 李可：《论环境习惯法》，载吕忠梅主编《环境资源法论丛》第6卷，法律出版社2006年版，第27—40页。

④ 《荀子·王制》。

⑤ 瞿同祖：《中国法律与中国社会》，中华书局2003年版，第276页。

⑥ 《后汉书》卷一上《光武帝纪上》，中华书局1965年版，第39页。

威”时代的大背景中获得了至高的效力和地位。然而，近代社会以来，社会急剧变革引起了人类价值观的剧变，习惯法的辉煌在这一过程中日趋衰弱，并出现分化的趋势。

二　环境习惯法的近现代式微

（一）理性主义导源的习惯法式微

自18世纪以来，工业革命的突飞猛进催生了思想领域的启蒙运动。自此，已有的社会结构、价值观念遭受重创，在新的社会力量的推动下发生了颠覆性的转向。传统价值体系中的自然“神”、上帝“神”让位于笛卡儿构建的理性之“神”。[①] 用卡西勒的话说，“当18世纪想用一个词来表述这种力量特征时，就称之为‘理性’。‘理性’成了18世纪的汇聚点和中心，它表达了该世纪所追求并为之奋斗的一切，表达了该世纪所取得的一切成就”[②]。理性主义蔑视传统、习俗和历史，认为“人仅凭理性，就能够重构社会”[③]。在理性的驱使下，由人类所创建的法律，尤其是以法典编纂为代表的国家制定法运动在世界各地陆续展开。在这一过程中，国家制定法与传统习惯法之间的关系也在发生着显著的变化。在国家倡导的法典编纂运动初期，由于对理性主义的过度追捧，法典编纂运动一路高歌，势不可挡。这一时期的习惯法遭受重创。逐渐地，随着法典编纂的日渐成熟和自我反思，国家制定法对习惯法表现出了相对接受或暧昧的模糊态度。然而，一个总体的趋势是，随着现代化的进一步推进，因能动特点而步趋于现代化文明的国家制定法代替传统习惯法而呈现出制定法“主治”的长期态势。

19世纪之初，代表资产阶级革命胜利的《法国民法典》是国家制定法兴盛的开端。在国家制定法兴起的初级阶段，由于理性主义正

---

① ［美］罗斯科·庞德：《法律史解释》，邓正来译，中国法制出版社2002年版，第2—3页。

② ［德］E. 卡西勒：《启蒙哲学》，顾伟铭等译，山东人民出版社1996年版，第3—4页。

③ ［英］弗里德利希·冯·哈耶克：《法律、立法与自由》第1卷，邓正来译，中国大百科全书出版社2000年版，第5页。

在兴头，法典编纂一般均排斥“非理性”的习惯法，如1804年制定的《法国民法典》和1817年制定的《奥地利民法典》。另外，被法兰西帝国征服的一些低地国家（比利时、荷兰、卢森堡）、德意志莱茵河左岸地区、意大利和瑞士的一部分地区，均重新适用《法国民法典》的新制，其中，比利时和卢森堡直到现在仍然使用这部法典。[①]在刑法法典化过程中，由于罪刑法定原则的确立，理性主义驱使下的制定法更是获得了绝对的效力，以至于“没有成文的法律就没有刑法”[②]。在这一阶段中，理性主义获得了绝对的主导地位，标榜理性主义纷纷而起的法典化运动淹没了习惯法的应有空间。逐渐地，许多国家新兴的制定法在理性追捧的狂热中摆脱了对习惯法的依赖，而习惯法顷刻间变成了落后、愚昧的代名词。

然而，“就法典来说，因其新颖，因其与此一时代已然接橥的诸多概念间的联系，因其外在的影响，必然将所有注意力引至自身，而使之远离真正的法律权威”[③]。而真正的法律权威，必然存在于民族文化的深厚背景之中，存在于由人民社会生活所写就的习惯法之中。因此，德国历史法学派的代表人物萨维尼及其追随者从民族精神角度出发顽强抵制拿破仑军团横扫欧洲之时随驾的《法国民法典》。“萨维尼坚决主张法律是民族精神的体现，法律的根基在于法与道德的共同母体——习惯。”[④] 随后数十年里，以萨维尼为代表的历史法学派始终潜心于德国民族固有习惯法与罗马法的调和，“力图把法律和习惯看成处于平等地位的两个法源”[⑤]。正是民族习惯法的强大支柱，享誉世界的《德国民法典》诞生了。毫无疑问，《德国民法典》的立法成就代表了人类热捧国家制定法之后的自我反思态度。在这一时

① 转引自张士昌《拿破仑法典与近代欧洲一体化进程》，《安徽师范大学学报》（人文社会科学版）2003年第2期。

② 张明楷：《刑法格言的展开》，法律出版社1999年版，第31页。

③ ［德］F. 卡尔·冯·萨维尼：《论立法与法学的当代使命》，许章润译，中国法制出版社2001年版，第18页。

④ 前南京国民政府司法行政部：《民事习惯调查报告录》，中国政法大学出版社1997年版，第17页。

⑤ ［法］勒内·达维德：《当代法律体系》，漆竹生译，上海译文出版社1984年版，第121页。

期，国家制定法与习惯法之间的关系开始出现缓和甚至暧昧。西方诸国以及我国清末的民事立法和实践都在一定程度上认可或“取材”于内容丰富的习惯或习惯法资源。1911年的《瑞士民法典》首先规定了民事习惯法具有补充法律的效力。之后的《意大利民法典》《泰国民法典》均有类似的规定。在我国，《大清民律草案》第一编“总则”之“法例”章第一条规定：“民事，本律所未规定者，依习惯法；无习惯法者，依条理。”[①] 甚至于刑法在“罪刑法定主义”原则的严格立场中也吸收了习惯法的许多成分，如英国关于刑事惩罚的理论基础就来源于这样一种习惯法知识，即行为人应受惩罚是基于行为的某些方式不为共同体所接受。[②] 总之，不同于前一阶段制定法对习惯法的极力排斥，这一阶段中的制定法与习惯法有了很大程度的调和，以至于在某些方面难以划清其界限。正如澳大利亚法学家维拉曼特所说，“法学家不打算在习惯和法律之间划清界限。习惯神不知鬼不觉地变成了法律。……事实上，当共同体成员承认这一习惯对他们有拘束力时，这一转变就发生了。人们不必等到官方承认把这一习惯叫作法律的那一刻”[③]。然而，由于深刻的现代性及其他诸多因素的影响，制定法“主治”的总体格局仍然没有多大改观。在可以预见的将来，制定法“主治”的态势将会延续，而习惯法在“形式”上的式微仍将持续。

（二）环境习惯法式微的双重历史背景

作为习惯法的特殊类型，环境习惯法的现代式微则有着更为特殊的历史背景。

一方面，包括环境习惯法在内的习惯法都无法逃脱近现代以来的式微命运。在资本主义兴起、现代化推进的征程中，理性主义一路狂飙、高歌猛进，瞬时完成了法律的制定法化，而几乎与此同步发生的是，传统习惯法被认为是法律非理性的代表而被弃置一旁。在这一过

---

① 苗鸣宇：《民事习惯与民法典的互动——近代民事习惯调查研究》，中国人民公安大学出版社2008年版，第30页。

② ［澳］维拉曼特：《法律导引》，张智仁等译，上海人民出版社2003年版，第148页。

③ 同上。

程中，无法“独善其身”的环境习惯法也同样地受到理性主义及其法典化运动的巨大冲击，式微在所难免。

另一方面，与环境习惯法相对应且作为独立法律类型的环境制定法（即现代环境法，如前所述）有着与其他部门法截然不同的法典化路径。现代环境法诞生于工业革命后期，源于对现代文明所引发的生态灾害的关注，因而内容主要集中于现代生态灾害的治理与预防。而显然，环境习惯法在内容上更多是关于前工业文明时期传统农牧业社会自然环境问题应对的规则。相比较而言，表现为法典化的现代环境法与传统的环境习惯法在内容上并无太多的承继关系。传统与现代的决裂必然导致环境习惯法在现代语境之中的式微。就我国的情形而言，现代环境法的产生主要是外源型路径，而环境习惯法却具有天然的本土性或内生性。外源与内生之间的断裂也是环境习惯法式微的一个重要原因。可以说，环境习惯法的现代式微是现代性的必然结果。在制定法所构筑的现代环境法背景中，环境习惯法的生存空间日趋缩小。

三 环境习惯法历史演变的反思与启示

通过对环境习惯法历史演变的动态考察，我们可清晰地看到环境习惯法从早期“权威”到近现代式微的变迁过程。在这一历史变迁过程中，兴起于近代理性主义呼声中的法典化运动之“进”，造成环境习惯法已有“权威”之“退”。诚然，工业革命的兴起使社会分工日趋深化，深刻的社会变革亟须以理性主义为价值导向的法律制度规范。在这一意义上，环境习惯法式微的变迁趋势似乎符合社会历史发展从起源到发展勃兴再到衰退消亡的一般规律。然而，在这一历史变迁的表象背后，真正促使环境习惯法现代式微的原因是什么？环境习惯法现代式微是客观的历史消亡过程？抑或源自现代制定法的主观抑制？对这些问题的反思将会使环境习惯法现代式微的真正原因明晰起来。在此基础上，环境习惯法在现代式微这一表象背后的真实存在样态也将被准确“描绘”。

（一）环境习惯法历史演变的反思

反思一：环境习惯法现代式微是客观的历史消亡过程吗？

唯物主义历史观表明，包括社会制度在内的所有社会存在都无法摆脱从产生到消亡的命运。社会制度的产生基于某种社会需要或历史使命，而当其不再满足社会需要或已经完成历史使命之时，衰退直至消亡便是无法避免的宿命。在法学界，国家制定法的勃兴孕育出了一个专注于注解国家制定法的研究者群体，国家制定法的"话语"和导向直接影响着这一群体的学术研究范围和方向。在这一群体看来，国家制定法已然取得了法治之"大统"地位，国家制定法是现代社会法治的全部，因此，认为国家制定法之外的民间习惯法等传统知识资源大势已去，走向消亡。在环境法范畴中，近现代理性主义深深烙刻在环境制定法规范之中，于解决工业文明所产生的环境污染和破坏问题考虑，环境制定法多为污染控制和预防的技术性规则，环境习惯法因其弱技术性而被国家环境制定法弃置一旁，因而也造成了环境习惯法现代式微的假象。

然而，借助哈耶克的自生自发规则和诺斯的制度演化理论工具，环境习惯法的真实存在被清晰地还原出来。环境习惯法作为一类自生自发的规则，随着社会发展而动态存续，并在社会制度因素的博弈中逐渐变迁、更新。在国家形成之前的历史早期社会中，自生自发的环境习惯法发挥着重要的规范作用，与其他类型的习惯一起构成了早期社会控制和管理的主要工具。国家的出现产生了国家制定的法律规则，在国家制定法之外，环境习惯法等自生自发规则虽然遭受重重阻却，但仍在与国家制定法的相互交错中或外围边缘领域继续生长。而按照唯物主义历史观学说，随着阶级的消亡，国家也将走向消亡，国家制定法等各类国家机器也就丧失了存在的社会基础，因此，真正走向消亡的是国家制定法而非环境习惯法等自生自发规则。可以想象，在未来的社会历史发展中，自生自发的环境习惯法将"获至其繁荣的样态，人类社会的秩序调整将是习惯—习惯法的'天下'"①。早期权威到近现代式微再到下一个繁荣的历史"轮回"表明，环境习惯法步趋于人类社会发展的始末，只要有人类社会历史的延续，就有环境习惯法的永续存在。美国著名法社会学家昂格尔关于"潜在的、活的

① 蒋华林：《习惯法的前世今生》，《检察日报》2010 年 10 月 14 日。

法律”的观点正好是对环境习惯法等自发形成的社会规则的有力诠释。昂格尔认为，“潜在的、活的法律，……是人类相互作用的基本法典”①。“法律，与其说主要由法官和君主制定，不如说是由社会生活自身所提供的。”② 博弈论制度演化经济学的观点也表明，“只要有人们的社会交往，就会不断有新的‘惯例’生成”③。因而，人类社会的延续也决定了由其产生的环境习惯法等自发规则的延续，唯物主义历史观学说显然无法解释社会自生自发规则的发展演变规律。综上，环境习惯法的近现代式微并非历史消亡趋势使然，而是源于环境习惯法之外的某些因素的影响。

反思二：环境习惯法现代式微源自现代制定法的主观抑制吗？

纵观历史，环境习惯法从早期权威到近现代式微再到日趋繁荣的变迁过程恰是国家制定法从无到有，之后再由狂热到反思的历史发展过程。在步调上，环境习惯法与国家制定法总在“你进我退”中相互“较量”、交错发展。在环境习惯法近现代式微的“横断面”上，国家制定法获得了突飞猛进的发展。申言之，在工业文明引发的社会剧变之前，尽管已有国家的存在，但社会共同体仍然存在，环境习惯法等自发的社会规则形式仍发挥着重要的作用。而工业文明引起的社会剧变使国家与社会分离的二元结构更为凸显，愈趋细化的社会分工过程也肢解了维系传统社会发展的社会共同体。国家与社会的二元分立必然导向如下结论：“只有在某种程度上高居于群体冲突之上的一个实体才能够既限制各个群体的权力又做出公正性、集体性和幸运的和谐性姿态，而且该实体还鼓励各个群体对其表示忠诚。”④ 这一实体便是权力日益加强的国家。基于国家加强权力统治的目的，国家制定法“扩土拓疆”、排除异己，妄图统辖既有社会的所有领域。在这

① ［美］R. M. 昂格尔：《现代社会中的法律》，吴玉章、周汉华译，译林出版社 2001 年版，第 233 页。

② Francois Geny，“Science et technique en Droit Prive Positif”，Paris，*Sirey*，Vol. 1，1915，pp. 96 – 97.

③ 韦森：《人类的道德禀赋与社会惯例的自发生成——从萨格登的〈权利、合作与福利的经济学〉谈起》，《学术月刊》2008 年第 6 期。

④ ［美］R. M. 昂格尔：《现代社会中的法律》，吴玉章、周汉华译，译林出版社 2001 年版，第 58 页。

一过程中，维系传统社会秩序的环境习惯法遭受了被排挤的命运。不仅如此，社会共同体的肢解及迅速蔓延开来的理性主义使“人们愈发觉得对公认惯例（以及环境习惯法等自发社会规则，笔者注）的正确性表示怀疑，并且能够触犯它们”[①]。在国家制定法强力挤压和社会公众严重误解的双重作用下，环境习惯法淡出了法治世界，环境习惯法作为法律的权威只在极低的层次上获得了某些法源意义[②]，而且在国家制定法的立场上，环境习惯法的近现代式微貌似符合规律地发生着。

（二）启示：环境习惯法仍是一种真实而有力的存在

通过上述论述可知，环境习惯法并非完成其历史使命而遭受消亡的历史命运。环境习惯法式微的真正原因乃是国家制定法的挤压、排斥，且在一定意义上来讲，式微之势更是国家制定法极度膨胀形成的假象。真实的情况是，环境习惯法依然在广大民间社会茁壮地生长，并且在民间社会秩序的维护中发挥着非常重要的作用，即使在制定法国家中心主义的场景中，环境习惯法仍然是一种真实而有力的存在。笔记拟从下述四个方面列举环境习惯法的真实表达。

第一种情形，在严格的国家制定法立场下，环境习惯法仍被部分地植入环境制定法之中，或被转化为环境制定法规范。工业革命以降，环境制定法渐次在各个国家迅速发展起来。于解决现代社会环境问题之需，环境制定法从其产生之初开始，便在理性主义的旗帜下以构建有效的技术性制度为核心内容，而环境习惯法因无法适时应对现代环境问题而被弃置一旁。尽管国家制定法极度排斥环境习惯法，但在环境制定法的形成和发展过程中，环境习惯法仍然起到了一定的作用，“因为它为这些法律制度的建筑师提供了许多建筑用砖瓦和灰泥”[③]。譬如，《中华人民共和国民族区域自治法》（2001 年 2 月 28

① ［美］R. M. 昂格尔：《现代社会中的法律》，吴玉章、周汉华译，译林出版社 2001 年版，第 58 页。

② Peter Orebech，Fred Bosselman，Jes Bjarup，David Callies，Martin Chanock，*The Role of Customary Law in Sustainable Development*，New York：Cambridge University Press，2005，p. 6.

③ ［澳］维拉曼特：《法律导引》，张智仁等译，上海人民出版社 2003 年版，第 147 页。

日修正）第五章第五十三条规定：“……各民族群众应相互尊重语言文字、风俗习惯和宗教信仰……”《云南省西双版纳傣族自治州环境保护条例》（2005 年 5 月 27 日批准）第一章第七条规定：“各级人民政府应当保护和弘扬各民族保护环境的优良传统习俗和文化。”第三章第十四条规定：“各级人民政府应当加强对热带雨林生态系统的保护。建立生物走廊带、野生珍稀物种繁育基地，实行流域与区域综合治理、封山育林和植树造林。”该条例中通过保护和弘扬民族环境保护习俗以及建立区域综合治理的方式使环境习惯法进入国家制定法之中。以 2006 年 2 月 22 日由国家环保总局发布的《环境影响评价公众参与暂行办法》为标志的公众参与制度的兴起，体现了国家制定法规则对社会公众所信赖的民间习惯法规则的有限认可，是环境习惯法植入或转化为环境制定法的一种有效方式。另外，在环境刑法领域，基于环境习惯法规则的合理行为预期或信赖及特殊的违法性认识[①]等在环境刑事责任条款的实践操作中仍然具有合法性和解释力。

第二种情形，在难以植入环境制定法之中的情况下，环境习惯法仍在影响环境法治的其他领域。在国家制定法的“宏大叙事”中，环境习惯法不仅在一定程度上参与立法创制活动，而且深刻影响制定法运行的其他领域。譬如在环境管理中，环境制定法关于区域自然资源保护管理的规定往往借助环境习惯法的威力而得以具体实施，如在西南民族地区森林资源保护管理中，保护山林的环境习惯法是优于环

① 在刑法理论中，合理预期与信赖是日德刑法理论中期待可能性理论的具体内容。在环境法领域，现代环境制定法所创设的环境刑事责任条款虽然与环境习惯法规范相去甚远，甚至毫无关联，而恰好是环境习惯法规则的“另类”属性，遮蔽了行为人在制定法上的正确法意识，构成了一种缺乏期待可能性的事由。因为在对环境习惯法的信赖和尊崇中，“我们很难再去期待行为人会对另一种规则和知识保持足够的警醒，再去考虑自己的行为在另一种制度和规则之中的意义和性质，更何况此种制度和规则，对他而言又是如此陌生和难以理解”（引自杜宇《重拾一种被放逐的知识传统——刑法视域中“习惯法”的初步考察》，北京大学出版社 2005 年版，第 225 页）。而从违法性认识角度来讲，行为人按照环境习惯法规则所为的行为尽管在客观方面符合制定法所规定的犯罪要件标准，但行为人的行为基于环境习惯法等民众一体遵行的民间规则知识而阻却了主观违法性认识，因而无法入罪。参见［日］大塚仁《刑法概说》（总论），冯军译，中国人民大学出版社 2003 年版，第 403—408 页；［日］大谷实《刑法讲义总论》（第 2 版），黎宏译，中国人民大学出版社 2008 年版，第 321—326 页。

境制定法规范的管理规范和依据，因为砍伐、破坏山林的行为首先被认为是违反“神山”“神树”等习惯法禁忌的行为，其次才是违反国家法的行为。澜沧江上游德钦县卡瓦博格神山的森林和动物正是藏族群众基于对环境习惯法禁忌的崇拜而得到很好的保护。[①] 民族群众依照环境习惯法而保护森林资源，客观上符合环境制定法保护自然资源的立法目的。在环境习惯法的权威中，环境制定法获得了更加有效的执行力。再比如，在环境纠纷解决过程中，环境习惯法也发挥着举足轻重的作用。可见在国家环境制定法的动态运行过程中，无时无刻都有环境习惯法的参与和贡献。

第三种情形，在国家环境制定法出现漏洞时，环境习惯法总是有力的补充。如前文所述，国家环境制定法在理性主义的大旗下沦为现代环境治理的技术与工具，而忽视或割断了与传统法文化之间的联系，缺乏法律所应秉具的人文精神关怀，因而具有先天的功能缺陷。不仅如此，在“自上而下”的运行过程中，国家环境制定法的实效经由不断延展的过程而实现。但毋庸置疑的是，在这一“自上而下”的延展过程中，国家环境制定法的约束力在民间规则的影响下而不断减弱，尤其在地域广阔，管辖层级渐次铺开且非常复杂的中国社会，情况更是如此。在国家环境制定法延展的“末端”区域，其约束力往往是强弩之末，仅有微弱的“气力”。因此，国家环境制定法在运行过程中，因自身的漏洞与不力而无可避免地遭遇诸多困境。在此情形之下，环境习惯法作为自生自发的社会规则和连接传统知识资源与现代法律规则的纽带，在国家环境制定法的漏洞与不力“地带”发挥重要的补足功能。少数民族地区环境保护的实践恰当地说明了这一点。在森林资源保护上，国家制定的《森林法》在效力范围上覆盖了我国的各个区域，然而在广大民族地区，由于民间环境习惯法规则的有力影响，《森林法》规范并未有效付诸实践，真正发挥作用的却是各种有效的民间法律规则。在环境习惯法等民间规则被较好遵行的羌族地区，国家制定的《森林法》还不如“老规矩”“封山令”等习

---

① 郭家骥：《发展的反思——澜沧江流域少数民族变迁的人类学研究》，云南出版集团公司、云南人民出版社 2008 年版，第 177 页。

惯方法有效。[①] 研究表明，环境习惯法在具体的生态环境和自然资源管理实践中富于能动适应性、反馈机制和细致规则，因而是比环境制定法更为有效的管理制度。[②]

第四种情形，在环境制定法难以“辐射”到的特殊区域，环境习惯法发挥着主导作用。现代社会中，尽管国家制定法“是一种必不可少的具有高度助益的社会生活制度，但是，像其他大多数人定制度一样也存在一些弊端。……这些缺陷，部分源于它所具有的守成取向，部分源于其形式结构中所固有的刚性因素，还有一部分则源于与其控制功能相关的限度”[③]。环境制定法从其产生的那一刻起，也不可避免地具有上述弊端。当环境制定法引起弊端而无法“辐射”到环境治理的所有领域时，环境习惯法便发挥着主导作用。巴丹吉林沙漠和腾格里沙漠交会的地带是甘肃省和内蒙古自治区交界的地区，沙漠腹地偶有弹丸绿洲，一般由当地居民开垦耕种。由于地处两省交界的“三不管”地带，国家制定法几乎没有影响到当地居民的生产生活，而真正发挥作用的却是当地自发形成的用水习惯（如农民用水者协会创制的民间规范）等自发规则。同样的情形在世界其他地区也大量存在。以格陵兰地区为例，居住在该地区的因纽特人期望他们的行为方式被“锁定”在由过去习惯法规范所构筑的精致“法典”之中，因为习惯法的约束使他们远离外面的现代世界，而且习惯法会激发他们的灵感以去适应一个剧变的现代世界。[④] 因此，直到今天，现代格陵

① 龙大轩：《乡土秩序与民间法律——羌族习惯法探析》，中国政法大学出版社 2010 年版，第 315 页。

② Peter Orebech, Fred Bosselman, Jes Bjarup, David Callies, Martin Chanock, *The Role of Customary Law in Sustainable Development*, New York: Cambridge University Press, 2005, pp. 255 – 262.

③ ［美］博登海默：《法理学——法律哲学与法律方法》，邓正来译，中国政法大学出版社 2004 年版，第 318—319 页。

④ Peter Orebech, Fred Bosselman, Jes Bjarup, David Callies, Martin Chanock, *The Role of Customary Law in Sustainable Development*, New York: Cambridge University Press, 2005, p. 22.

兰人仍然将习惯法看作一种极具价值的资源而不是限制他们发展的因素。① 正是因为环境习惯法民间规范和传统知识在区域环境保护及可持续发展中的重要贡献，1992 年《里约环境与发展宣言》确立了关于保护并发扬原住民环境保护知识与实践的第 22 项原则，"原住民、他们的社区及其他当地社区，由于他们的知识和传统习惯，在环境管理和发展中起着极其重要的作用。各国应认同并合理支持他们的特性、文化和利益，并使他们能有效参加能实现可持续发展的活动中"②。在具体环境保护领域，1992 年签署的《生物多样性公约》也重申了原住民传统知识和习惯法规则的价值。该公约序言表明了缔约的目标和依据之一是"认识到许多体现传统生活方式的土著民和地方社区同生物资源有着密切和传统的依存关系，应公平分享从利用与保护生物资源及持续利用其组成部分有关的传统知识、创新和实践而产生的惠益"③。

① Peter Orebech, Fred Bosselman, Jes Bjarup, David Callies, Martin Chanock, *The Role of Customary Law in Sustainable Development*, New York: Cambridge University Press, 2005, p. 424.

② Laksbman D. Guruswamy, Sir Geoffrey, W. R. Palmer, Burns H. Weston, Jonathan C. Carlson, *International Environmental Law and World Order*, Second Edition, West Group, 1999, p. 185.

③ Ibid., p. 1174.

第三章　环境习惯法的现实表达：西部民族地区样本

第一节　环境习惯法的表达方式

环境习惯法是一种与国家制定法迥然相异的知识形态，这种差异性不仅体现在内容方面，在外在的表达方式上也有明显的体现。在环境与资源保护的相关领域，国家环境制定法均以成文化的规范形式表现出来，呈现出体系性、规范化、普遍性等特征；而环境习惯法则表现出显著的地域特色，往往以文字的、口头的、历史的、宗教的方式表征自身，因而其松散性、多样性和非抽象性特征非常明显。正是在这个意义上，学者认为，各种习惯法“所蕴含的内容，是不易用语言描述、用概念抽象的”①。具体而言，环境习惯法在历时性和共时性维度中均以多种载体予以呈现。在历时性维度中，环境习惯法通过神话故事、文学作品、典籍文献甚至象形图记②等方式再现出来。通过对这些方式的体系化梳理，环境习惯法以极具生命力的动态发展过程彰之于世。而在共时性维度中，环境习惯法的载体又以村规民约等形式，并借助各地自然与人文环境的特殊“生境”而存在。各具特色、异彩纷呈的环境习惯法同样在述说着其在共时性情境中的勃勃生机。历时性维度和共时性维度中的各种表达方式均是表现环境习惯法核心内容和原则的符号，“由于负载着极大的意义，会占据人们的头脑，

---

① 王新生：《习惯性规范研究》，中国政法大学出版社2010年版，第107页。

② Andree Lajoie, *Introduction: Which Way Out of Colonialism? From Indigenous Legal Traditions*, edited by the Law Commission of Canada, UBC Press, 2007, p. 3.

并将其能量吸引到自己的中心来”①。因此，在展开对环境习惯法内容的探究之前，对其表达方式的归类梳理，并剖析其形式之外所蕴含的意义也是一件极具价值的前提性工作。

本书对环境习惯法表达方式的研究首先从类型化开始。在历时性和共时性维度中，环境习惯法具有繁复多样的表达方式，只有在类型化归纳的基础上，环境习惯法的表达方式才能清晰呈现。结合环境习惯法在历时性和共时性两个维度上的延展，并兼顾表达方式的多样性，本书拟从古文献记述、村规民约和口耳相传三个方面对环境习惯法的表达方式进行理论阐释。

一　文献记述

汉文典籍、古地方志等古文献中有大量的关于环境习惯法的记述。通过对古文献的挖掘和整理，我们能从中提炼出不同历史时期环境习惯法的真实存在形态。然而，人们经常会有疑问：既然是“已逝”的环境习惯法，在环境法治的现代场景中重新提及有何意义？

其实，通过对古文献的挖掘整理而对环境习惯法进行提炼的方法并非因“过时”而无意义。因为历史对于人类社会生活，尤其是环境习惯法发展演变的意义在于相继发生并绵延的传统。德国著名释义学哲学家伽达默尔认为，“传统是不管我们愿不愿意就先于我们，并且是我们不得不接受的东西”②。伽达默尔的观点表明，人类社会不仅处于历史传统之中，而且历史传统也构成了人类社会发展的本身，正是历史传统把作为认识主体的人类与作为认识对象的社会本身不可分割地联系在一起，归根结底，“总是传统决定着我们，在传统属于我们之前，我们已经属于传统，我们始终已经被抛入传统，我们只能在传统中进行理解”③。因而，按照伽达默尔的观点，环境习惯法这种历史对象“是自身与他者的统一，是一种关系。在这关系中，同时存在着历史的真实和历史理解的真实。……我就把所需要的这样一种

① ［美］乔治·桑塔亚纳：《社会中的理性》，张源译，北京大学出版社2008年版，第165页。

② 刘放桐等：《新编现代西方哲学》，人民出版社2000年版，第497页。

③ 同上书，第499页。

历史叫作效果历史。理解本质上是一种效果历史的关系”[①]。“效果历史”的概念恰当地说明了对古文献的历史“考古”之于环境习惯法核心内容把握的意义。“效果历史”的概念对于准确把握环境习惯法的核心内容还有着更为独特的意义，因为环境习惯法的历时性展开不仅是对其一般性“效果历史”的叙述，而且是烙刻有特殊“环境”属性的“效果历史”。在休斯看来，“历史的叙事，要做到均衡而又准确，就要考虑自然环境以及它与人类活动相互影响的各种各样的方式”[②]。其中，环境不再被视为供人类历史上演的舞台布景，而是主体角色的演员。因此，通过对环境的历史研究，“解释自然在人类历史中的作用，分析人类活动所导致的局部和全球范围的环境变化及其影响，对于人类更清晰地认识自己在自然中的位置以及与自然的关系，更好地调整人类社会的生产和生活方式，具有重要的作用”[③]。可见，通过对汉文典籍、古地方志等各种古文献的深入挖掘和整理，对于全面把握环境习惯法的核心内容具有重要的意义。

古文献记述对于环境习惯法核心内容的真实再现不仅有意义，而且是必需的途径和工具。英国著名人类社会学家拉德克利夫—布朗认为，制度史研究和制度理论研究之间有着明显的不同。制度史研究其实质是个案研究的方法，而制度理论研究则是法则研究方法，“个案研究和法则研究的目的是有区别的，前者是希望建立相对于具体和实际情况的可被接受的理论，而后者着眼于范围更广的一般理论”[④]。通过对古文献的挖掘和整理，即对环境习惯法历史个案的逐步展开，真实的环境习惯法通过历史这一“容器”的承载而清晰地浮现出来，也即历史“通过一系列复杂事件所形成的因果关系解释某一制度的存

---

① 洪汉鼎：《理解的真理：解读伽达默尔的〈真理与方法〉》，山东人民出版社 2001 年版，第 249 页以下。

② ［美］J. 唐纳德·休斯：《什么是环境史》，梅雪芹译，北京大学出版社 2008 年版，第 7 页。

③ 同上书，“译者序”，第 3、10 页。

④ ［英］A. R. 拉德克利夫－布朗：《原始社会的结构与功能》，丁国勇译，中国社会科学出版社 2009 年版，第 2—4 页。

在，并把它作为这个因果关系的要素之一”①。另外，由于民族方法学坚持认为的“普通的社会事实、事件、认识和秩序都是复杂的社会发展进程的产物”，美国社会学家詹姆斯·鲁尔也认为，习俗、惯例等“只有同其所在的那个社会环境（即特定的历史——笔者注）整体相联系才有意义”。② 对单个的古文献记述的整理是一种个案研究的方法，其结论是关于环境习惯法历史片段的知识。而要形成关于环境习惯法“范围更广的一般理论”，则需对装有环境习惯法的社会历史过程这一“容器”的发展变迁进行历时性的描述和提炼，因为“一定群体的人们的社会生活方式在一定时期内会具有一定的稳定性，社会生活方式本身的发展与变迁需要经历一个相当长的时期。因此，我们所说的社会生活的过程不仅仅包括社会生活中的各种事件，而且，还包括社会生活方式的演变过程。通过共时性描述，我们刻画了存在于某一特定时期的社会生活方式，并尽可能地排除掉那些对其特征施加影响的变化。相反，历时性描述却主要用来反映一段时间以来发生的社会生活方式的变化”③。因此，古文献之于环境习惯法核心内容的提炼不仅具有史学方法的个案研究意义，而且具有更为广泛的法则研究意义。

上述两方面均体现了古文献记述对于环境习惯法具体理论和一般理论获得的诠释意义。而古文献记述对于环境习惯法还具有未来向度的建构性意义。美国著名法学家伯尔曼认为，“特定民族某一长时间的历史经验将此民族引向某些方向；尤其是在法律方面，特定民族法律制度经由其中发展起来的过往时代，有助于确定其法律应当据以制定和解释的标准，以及其法律制度要努力达成的目标”④。伯尔曼的

---

① ［英］A. R. 拉德克利夫－布朗：《原始社会的结构与功能》，丁国勇译，中国社会科学出版社 2009 年版，第 3 页。

② ［美］詹姆斯·B. 鲁尔：《社会科学理论及其发展进步》，郝名玮、章士嵘译，辽宁教育出版社 2004 年版，第 73 页。

③ ［英］A. R. 拉德克利夫－布朗：《原始社会的结构与功能》，丁国勇译，中国社会科学出版社 2009 年版，第 5 页。

④ Berman, *Faith and Order*: *The Reconciliation of Law and Religion*, Wm. B. Eerdmans Publishing Co. 1993, p. 305，转引自［美］伯尔曼《法律与宗教》，梁治平译，中国政法大学出版社 2003 年版，“增订版译者前言”，第 4—5 页。

经典论述说明，以古文献记述等方式“留存”的历史“不再简单是针对过去的事实陈述，而是一个为人们提供标准和目标的经验宝库。历史指引当下和未来的行动，具有重要的规范和证成意义”①。就本书的论题而言，一方面，环境习惯法借助于古文献记述方式传承的历史过程本身之存在，是对环境习惯法跨越时空仍彰显勃勃生机的最有力回应，这一回应排除了环境习惯法在现代场景中的确当性被质疑的可能。环境习惯法在现代场景中的确当性也说明了其所承载的传统文化和民族精神在现代场景中的确当性。环境习惯法及其所承载的传统文化和民族精神的确当性不仅在现代场景中有意义，而且随着社会历史进程不断发展延续，由传统文化和民族精神之“源”而延展开去的环境习惯法在未来向度上同样具有确当性意义指向。另一方面，如英国社会学大师吉登斯所说，“了解一个规则并不是能够提供一种对它的抽象表述就可以了，而是要知道如何在新环境中运用它，包括知道它应用的情境”②。因此，对古文献的“考古”虽是对“已逝”环境习惯法规则这一“历史重大遗迹作本质的描述”，但这一描述却“不是向起源的回归”，而是一种再创造的过程③，即对环境习惯法的古文献“考古”意在提炼关于环境习惯法的整体性、一般性理论，进而创造环境习惯法新“文本”，建构环境习惯法的新秩序规则，以适应变迁和发展的新情境。

总之，古文献记述不仅是获得环境习惯法具体知识、静态“文本”片段的必需工具，而且也是获得环境习惯法之整体性一般知识，并赋予其建构性意义的必经之途。

二　村规民约

村规民约是指乡村群众在村寨范围内为维护村寨整体利益和村民

① ［美］伯尔曼：《法律与宗教》，梁治平译，中国政法大学出版社2003年版，“增订版译者前言”，第5页。

② ［英］安东尼·吉登斯：《社会学方法的新规则——一种对解释社会学的建设性批判》，田佑中、刘江涛译，文军校，社会科学文献出版社2003年版，第228页。

③ ［法］米歇尔·福柯：《知识考古学》，谢强、马月译，生活·读书·新知三联书店2007年版，第7、115页。

个人利益而在群众公议基础上制定的约束村民行为的民间规约。从发展演变来看，村规民约是关于村寨群众行为规范的现代称谓。随着社会变革尤其是国家制定法的影响，村规民约在早期村寨社会的“窝郎”“头人会议”[①]“埋岩会议”[②]“榔规”“团约”[③]等组织制度或“古代的村规民约”[④]的基础上逐渐被确立、认同的。

不论在早期社会的诸种组织制度中，还是在日渐成熟的村规民约中，调处与自然环境保护和利用相关的各种纠纷的环境习惯法规范均有体现，特别是关于森林和河湖水体保护的环境习惯法规范有更广泛和多样的内容体现。因此，在国家环境制定法影响较微弱的乡村社会，村规民约对地方环境保护具有主导作用。

首先，村规民约是对村民集体基于自然环境变迁而产生的“本体性安全”的维护。“本体性安全”又称为“本体论安全”，是哲学中关于存在的本质问题。就个体而言，“本体性安全”是一种情感而不是一种认知，它植根于个体的无意识之中。[⑤]在英国著名社会学大师吉登斯的社会理论思想中，“本体性安全”是根植于主体原始性需要之上的“基本的安全系统”的适应性调节状态。吉登斯认为，在社会中“维护一种‘本体论安全’框架是普通行动者的一种持续的达成。在互动模式的生成中，共有知识需要保持互动‘不出问题’，并因此在很大程度上能够‘被视为理所当然的’，本体论安全才能常规性地建立起牢固的基础。当常规性基础从根本上被扰乱时，并且随之而来的行动者习惯的建构能力不能再吻合于他们行动的动机成分时，‘危机情境’（critical situations）就出现了。在大多数社会生活的日常形式中，‘存在性安全’（security of being）很大程度上是人们毫不怀

---

① 《民族问题五种丛书》云南省编辑委员会：《佤族社会历史调查》（一），云南人民出版社1983年版，第42、44页。

② 广西壮族自治区编辑组《中国少数民族社会历史调查资料丛刊》修订编辑委员会：《广西苗族社会历史调查》，民族出版社2009年版，第171—173页。

③ 温佐吾、朱军、吴秋林、吴冬生、马宏勋：《少数民族地区的村规民约与森林资源保护——贵州省都匀市三个布依族存在的调研报告》，《林业与社会》2003年第5期。

④ 李可：《论村规民约》，《民俗研究》2005年第4期。

⑤ 曾怀德：《现代风险环境中本体性安全的建立——吉登斯奉献社会理论探索》，《齐齐哈尔大学学报》（哲学社会科学版）2005年第3期。

疑接受的，因而，它有两种相互关联的性质：对一个自我及他人的认知秩序世界的维持和一个对需要进行管理的‘有效’秩序的维护”①。除了吉登斯之外，著名社会学家马克斯·韦伯在《经济与社会》一书中也富有见地地论述了维系邻里共同体和社区的基础。马克斯·韦伯认为，尽管邻里共同体逐渐地弱化了共同体行为，但在发生共同危险时，共同体成员总会采取某种共同的行动。邻里共同体的存在基础就是稳定，在共同体成员看来，他们“绝不希望对他们的食物进行哪怕是最善意的干预”②。如果将具体村规民约所涉及的村民集体视为个体性显著的集合个体或互动关联的有机整体时，村规民约便是这一集合个体或有机整体维护主体自我“本体性安全”或稳定状态的工具。在自然环境变迁加剧的今天，有关自然环境保护和利用的村规民约尽管要适时地作出灵活性调节，以应对激变的自然环境，但其意旨仍在于对自我“本体性安全”的维护或适应性调节。无论如何，有关自然环境保护和利用的村规民约的适时性变动总在“本体性安全”框架下发生。借助吉登斯的理论，村规民约在主体需求角度被合理阐释，其实在一个更为广阔的本体论视角下，吉登斯的理论是对哈耶克自生自发秩序所依赖的“阐明的规则”的不同视角和阐释路径。

其次，村规民约是协调村民个体相互之间以及村民个体与集体之间在自然环境保护和利用中的各类关系最为有效的工具。一方面，乡土社会的静止性特征表明，村民个体相互之间以及村民个体与集体之间的关系是除家族团体关系之外最为紧密的社会连带关系。建立在这社会连带关系基础之上的社会秩序也构成了村民社会的主要秩序。通过调查研究发现，村民之间或村民与集体之间的连带关系在很大程度上源于村民集体对自然环境和自然资源的依赖和共享。尽管这种关系“是非物质性的，但是只要有这种关系，它就会通过可感觉的效应表现其存在。当这种连带十分牢固时，它会强烈地使人们相互吸引，保障他们之间的经常接触，提供各种机会使他们结成互惠的关系。……

① ［英］安东尼·吉登斯：《社会学方法的新规则——一种对解释社会学的建设性批判》，田佑中、刘江涛译，文军校，社会科学文献出版社2003年版，第219—221页。

② ［德］马克斯·韦伯：《经济与社会》（上卷），林荣远译，商务印书馆1997年版，第403—404页。

成员之间的关系越密切，它们就越能保持个人与个人或个人与集体之间的联系”①。而在乡村社会的自然环境保护和利用过程中，由村民集体创制的村规民约无疑是维系个体相互之间以及村民个体与集体之间的连带关系的“最稳定、最准确的因素”②，也是这种连带关系最为重要的规则制度形式。相较于国家环境制定法，村规民约对于协调村民个体相互之间以及村民个体与集体之间在自然环境保护和利用中的各类关系，不仅具有国家环境制定法的恢复性法和压制性法的基本功能，而且具有更为显著的灵活性。另外，从创制和实施过程来看，村规民约体现了村民或村集体在环境资源保护和利用中共治和自主选择的民主愿望和价值，因此是比国家环境制定法更为有效的地方自治规则。相较于表现形式多样且“不成文”的环境习惯法而言，“成文”的村规民约克服了环境习惯法的松散甚至内容之间冲突的缺陷，极大地增强了环境习惯法的确定性和预测性，在协调村民个体相互之间以及村民个体与集体之间在自然环境保护和利用中的各类关系时，不失为一种更为便捷、高效的规则途径。

另一方面，村规民约借助信仰和权威的双重力量维系乡土社会秩序，有效协调村民个体相互之间以及村民个体与集体之间在自然环境保护和利用中的各种关系。在基层乡村社会中，传统文化的传承一直没有中断，因此在持续地影响着乡村秩序的方方面面。究其实质，真正发挥持续影响力的无非是信仰和权威因素，在以村规民约方式表现出来的环境习惯法中，情况也是如此。从渊源上考察，乡村社会的民间信仰是由传统沿袭下来的早于宗教形成前植根于民间社会“尊神崇圣”和“功施于民则礼之”的一种初期形态。③ 在漫长的历史发展过程中，民间信仰的内容和方式逐步扩大，其中最早和最为流行的是自然崇拜的宗教形式，这在民族地区表现得非常普遍，如万物有灵、“神山”崇拜、“神树”崇拜、“神湖”崇拜等观念遍布于绝大多数民

① 张乃根：《西方法哲学史纲》（第四版），中国政法大学出版社 2008 年版，第 196 页。

② Steven Lukes, Andrew Scall, *Durkheim and Law*, Martin Robertson & Company Ltd., 1983, p. 31.

③ 张跃：《中国民族村寨研究》，云南大学出版社 2004 年版，第 212 页。

族地区的乡村社会中，因为民族地区村民的“整个存在、整个本质确乎只有寄托在……他们的自然的特质上面”① 才有意义。即使在现代文化全方位渗入中国社会的今天，各种“旧与新的宗教信仰和实践仍然继续在个人的生活中”存在，“适应策略”否定了宗教及其信仰的“世俗化”。② 同样，自然崇拜这一宗教形式也在适应过程中避开了“世俗化”的命运而“呈现出平稳发展的趋势”③，甚或“表现出一种强劲的发展态势”④。可见，不论在历史早期，抑或现在和未来，以自然崇拜方式体现的民间信仰总是构筑村规民约的核心力量。借助民间信仰的力量，村规民约才得以有效协调村民个体相互之间以及村民个体与集体之间在自然环境保护和利用中的各种关系，这种特殊的规则运行结构远非国家环境制定法所能比拟。除了信仰因素之外，在乡土社会缓慢形成的权威是维系社会秩序，协调村民个体相互之间以及村民个体与集体之间在自然环境保护和利用中的各种关系的又一重要因素。从历时性角度来说，权威在其形成的早期依附于信仰的力量，同时，信仰也倚赖权威而得以持续和加强。但是，随着社会变革的加剧，人类社会对法律的价值和根本意义有了新的认识。中世纪后期，人类开始思索这样的疑问：人应该寻求征服自然还是寻求在充满上帝之爱的另一个世界中得救？这一疑问实乃法律权威是否应与法律信仰分道扬镳的艰难抉择。霍布斯的《利维坦》问世，终于使这一疑问得到了解决。霍布斯认为，“人与宗教关系的核心是权威或对于权力的恐惧。……（而）我们之所以变成了现代的人，仅由于抓住了导致敬畏的权力，并把它转变为自己手中的权力”。循着这一认识，“宇宙被分成世俗主权领域和神圣主权领域”⑤。从此，法律的权威有了信仰和权力两个面向。就村规民约而言，其权威性来源于传承相继

① ［德］费尔巴哈：《宗教的本质》，王太庆译，人民出版社 1999 年版，第 5 页。

② ［美］彼得·伯格等：《世界的非世俗化——复兴的宗教及全球政治》，李骏康译，上海古籍出版社 2005 年版，第 1—22 页。

③ 张跃：《中国民族村寨研究》，云南大学出版社 2004 年版，第 232 页。

④ 方慧：《少数民族地区习俗和法律的调试——以云南省金平苗族瑶族傣族自治县为中心的案例研究》，中国社会科学出版社 2006 年版，第 212 页。

⑤ ［英］韦恩·莫里森：《法理学：从古希腊到后现代》，李桂林等译，武汉大学出版社 2003 年版，第 78—95 页。

的民间信仰和现代社会摄入的权力系统。尽管在法律实证主义的管见中，信仰被认为“无法引领我们走向法治大道”，“法律作为一种权威的存在，从它诞生之日就注定远离信仰之门”①，甚至“以往崇拜林神、牧神、女妖等”被视为“异端邪教”②，但毋庸置疑的是，实证主义视野之外的广大乡村社会依然在由信仰和权力形成的权威力量下有序维系和推动。

最后，村规民约是“非成文”环境习惯法与国家环境制定法之间的对话通道。“非成文”环境习惯法往往以松散的形式散落在民间社会领域，无论在形式的统一性还是内容的严谨性方面，均与国家环境制定法大相径庭，甚至因缺乏形式统一性而“互不搭讪”。在一个允许自由活动和宽容选择的现代社会里，“成文”的村规民约则在“影响个体生活方式的同时，并不会造成个体的生存危机，也不会造成对个体身体、精神上的压制性控制。在（现代）市场条件下，团体规约发挥效力的前提是当事人的自愿选择，同时还要接受各种政治力量的监督和国家法律的末端控制”③。循此，以村规民约表现的环境习惯法兼顾了其与“非成文”环境习惯法之间实质内容的关联，也兼顾了其与国家环境制定法之间的衔接。也正是在这一意义上，范愉教授认为，“自治的习惯规范会随着法律规定的强制性边界不断调整自身的内容，协调与国家法的关系；由于有司法审查和宪法的保障，侵犯人权的私力救济可以得到有效控制；而以自愿和自律为基础的自治与民间秩序，则完全可以通过成员的选择权实现其特定的作用和价值”④。然而，村规民约的“成文”特征并非环境习惯法自发性和自治性的弱化。就本质而言，无论是“非成文”的环境习惯法，还是以村规民约的“成文”样式表现的环境习惯法，抑或国家发布的环

① 张永和：《信仰与权威：诅咒（赌咒）、发誓与法律之比较研究》，法律出版社2006年版，第8、202页。

② ［英］韦恩·莫里森：《法理学：从古希腊到后现代》，李桂林等译，武汉大学出版社2003年版，第93页。

③ 李可：《论村规民约》，《民俗研究》2005年第4期。

④ 范愉：《试论民间社会规范与国家法的统一适用》，载谢晖、陈金钊主编《民间法》第1卷，山东人民出版社2002年版，第115页。

境制定法，在根本价值和目标上仍有关联。但于“外观”形态的不同，“非成文”的环境习惯法与国家环境制定法之间的关联被阻隔了，甚至在某些历史时期里，二者之间出现“老死不相往来”的窘境。因此，村规民约的“成文”化特征仅是从“外观”形态上为“非成文”的环境习惯法与国家环境制定法的沟通搭建可能的通道，而对其作为环境习惯法的本质属性并没有任何改变。

三 口耳相传

与前述的古文献记述、村规民约不同，口耳相传在环境习惯法表现形式中最为松散，常见的有神话、传说、诗歌、谚语甚至“闲话”[①] 等方式。在中国传统乡土社会中，各个不同的民族都有本民族历史的神话、传说、诗歌、谚语，用以“记载”本民族历史发展中的重大事件，或颂扬伟大的民族英雄人物，或描摹本民族群众所特有的行为方式，如被并称为“中国少数民族三大英雄史诗”的藏族英雄史诗《格萨尔》、蒙古族英雄史诗《江格尔》和柯尔克孜族传记性史诗《玛纳斯》，傣族泼水节的历史传说，苗族的“佳”歌等。在漫长的历史岁月中，由于各方面因素的影响，口耳相传的“文本”也有了不同程度的变化，但时至今日，神话、传说、诗歌、谚语等还在不间断地流传着。藏区的民间艺人仍在虔诚地传唱悠远的格萨尔王[②]；苗乡的“佳”歌依然是苗族村民制定村规民约及调处纠纷的“历史文本”。[③] 相较于历史文献记述、村规民约这类环境习惯法的表达方式而言，口耳相传的方式显然具有许多方面的缺陷，如内容的不确定

① “闲话”具有难以捉摸的功能。从工具性价值角度看，“闲话”无疑是包括环境习惯法在内的民间非正式规范的重要载体或“解读中国深层社会结构的脉络”，从集体行动的视角来看，“闲话具有维护熟人社区价值和道德边界的功能，它是熟人世界的一种非正式的控制手段，它对那些违规的个人具有束缚和规范的作用，因此，在一定意义上，‘闲话’也是环境习惯法的表现形式之一”。参见薛亚利《村庄里的闲话——意义、功能和权力》，上海世纪出版集团、上海书店出版社 2009 年版，第 19、210 页。

② 王小峰：《〈格萨尔王传〉：唯一的活形态史诗》，2008 年 7 月 21 日，中国西藏文化网（http：//www. china tibet news. com/wen hua）。

③ 周勇：《初民社会纠纷调处的原则——黔东南苗族“佳”歌的法律分析》，《比较法研究》1993 年第 2 期。

性、普遍适用性不足、规范的不完整性等。但是，口耳相传的特殊表达方式也不失为一种有效和必要的环境习惯法的表达方式，甚或作为人类实践活动过程的“语言”，“以至于在某些基本方面，它大体可以被看作社会过程的例证”①。

从环境习惯法的生成和发展机理来看，口耳相传的方式是环境习惯法生成、发展演化的重要“工具”和路径。按照从习惯到习惯法这一法律发展演进的基本历史规律，大量的环境习惯法均经由环境类习惯演化而来，而环境类习惯又大多源自并反映人类社会生活本身。汤普森在《共有的习惯》中说，“如果老人的回忆、巡视报告以及劝诫被置于指向法律和惯例的分界面的习惯的中心位置，那么习惯在另一个极端就变成了完全模糊不清的领域——变成了从未记录在任何习惯法细则中的不成文信条、社会规范以及在实践中的约定俗成。正因为这一领域只从属于实际行为和口耳相传，所以这个领域极难以复原”②。由于人类社会生活及立基于其上的习惯具有丰富多样的特征，因而由此而演化出的环境习惯法也在内容和形式上表现出极其丰富的多样性和复杂性。从社会秩序规则产生的角度考察，环境习惯法在一定意义上属于自生自发的秩序规则，是与环境相关联的人类社会生活基本秩序的安排和维护。哈耶克认为，“与刻意的人为安排不同，自生自发的秩序有可能达到任何一种复杂程度”③。确凿无疑地说，“任何人都不曾成功地对复杂社会中所展开的所有活动做到全面且刻意的安排”④。因而，建诸这类极其复杂多样的社会秩序之上的环境习惯法规则也必然不能在“固定”的封闭体系中得到完整的表达。另外，根据“公共池塘资源”（common-pool resources）理论的代表人物奥斯特罗姆的观点，对于“公共池塘资源”这类特殊的公共物品来说，

①［英］安东尼·吉登斯：《社会学方法的新规则——一种对解释社会学的建设性批判》，田佑中、刘江涛译，文军校，社会科学文献出版社 2003 年版，第 232 页。

②［英］爱德华·汤普森：《共有的习惯》，沈汉等译，商务印书馆 2002 年版，第 103 页。

③［英］弗里德利希·冯·哈耶克：《法律、立法与自由》第 1 卷，邓正来译，中国大百科全书出版社 2000 年版，第 57—58 页。

④ 同上书，第 71 页。

仅有市场和国家这两种社会科学“药箱”[①]中的药品远不能有效应对其中诸多问题，一种“多中心治理”（polycentric governance）的途径更为有效。“由于这样的‘多中心治理’是各个‘公共池塘资源’的使用者集体各自的自治行为，把所有这些‘公共池塘资源’使用者集体放到一起考察，它们各自的集体行为的‘制度安排’就是多种多样的。”[②]可见，从环境习惯法的实效考虑，其作为民间集体行为的“制度安排”，必然具有复杂多样的内容和表达形式。显然，如古文献记述、村规民约等较为固定的方式无法周延各种环境类习惯，更为松散、因而极具包容性的口耳相传则能周延丰富多样的环境习惯法，无疑是一种更为有效的表达方式。

尽管口耳相传周延了环境习惯法所涉社会生活自身的广大范围，是一种行之有效的“制度安排”方式，但在语言结构和规范逻辑上，以口耳相传的方式“表述”的环境习惯法仍明显区别于环境习惯和国家制定法层面的环境法。首先，就本质属性而言，环境习惯大多属于事实范畴或非规定性规范，不具有法律的普遍性、权利义务性和约束力等特征。而环境习惯法属于规定性规范，属于法的范畴。因而口耳相传作为表达方式时，二者在语言结构与规范逻辑上有着较为显著的差异。就前者而言，环境习惯往往通过通俗性语言对相关社会或自然事实进行描述，在语言结构上经常表现为极其松散和习常的“……是”“是……”“有……”等实然判断的结构特征，仅在技术性习惯的意义上表现为少量以“……应当”“应该……”等非规范效果的应然判断。由于非规定性规范的实质属性，因而也不存在由“行为模式”和“法律后果”等要素构成的内在规范逻辑结构。而后者则不同，尽管环境习惯法在口耳相传的表达方式中也极为松散和多样化，但在语言结构上却通常以“应该……”“应当……”“……，否则……”等应然判断的结构特征或虽以“是”“有”等语词表达，但“实为应然的表见理论语句”[③]表现自身。尽管是松散的口耳相传方

① ［美］V. 奥斯特罗姆、D. 菲尼、H. 皮希特：《制度分析与发展的反思——问题与抉择》，王诚等译，商务印书馆1992年版，第89页。

② 左大培：《这个诺贝尔经济学奖获得者批评了谁?》，http：//www. wyzxsx. com。

③ ［德］魏德士：《法理学》，丁晓春、吴越译，法律出版社2005年版，第56页。

式，但环境习惯法仍不失由“行为模式”和“法律后果”等要素构成法的内在规范逻辑结构。其次，如果说以文献记述、村规民约等“成文”的形式表达的环境习惯法与国家制定法层面的环境法之间尚且具有某些外观相似性的话，那么，环境习惯法的口耳相传形式则在外观上与国家制定法层面的环境法相去甚远。口耳相传的环境习惯法往往表现为分散的规则个体，国家环境制定法却表现出体系严密的规范群。在语言结构上，口耳相传的环境习惯法对实质规范的表述既采取原本主义概念下的语义学和表达主义概念下的语用学表达方式，也采用“不能被表达出来但却实际存在”的方式“表达”。与此不同，国家环境制定法则较为统一地采用原本主义概念下的语义学方式予以表达。[①] 而且，从逻辑法学的角度分析，口耳相传的环境习惯法与国家环境制定法在规则语句和事实语句的表达上均有一致性，但在对象语句与元语句，以及基本语句和复合语句的运用上却存在些许差异。相比较而言，口耳相传的环境习惯法通常以对象语句的方式表达具有法律意义的“个案”，而国家环境制定法通常以元语句的方式表述具有普遍适用性的抽象规范，或者即使口耳相传的环境习惯法也部分

---

① 依据瑞典逻辑学家和规范理论学家布里金的学术观点，原本主义概念下的规范是与表达主义概念（expressive conception）下的规范相对应的。原本主义概念下的规范强调规范的内在意义，也可以理解为语义学下的规范，而表达主义概念下的规范强调规范表达的“语内表现行为力，可以理解为语用学下的规范”。根据原本主义概念，“规范是像实体一样的陈述，也就是，我们称之为规范性句子所表达的意义。一个规范性句子是一个规范的语言表达，而规范是以一个主张被当作一个描述性句子（descriptive sentence）的意思（意义）同样的方式，被说成是一个规范性句子（normative sentence）的意义。但规范性句子与描述性句子不通，它具有规定性意义（prescriptive meaning）”。See Carlos E. Alghourron and Eugenio Bulygin，“The Expressive Conception of Norms”，in Stanley L. Paulson etc. eds.，*Normativity and Norms：Critical Perspectives on Kelsenian Themes*，Oxford：Clarendon Press，1998，p. 384，转引自王新生《习惯性规范研究》，中国政法大学出版社 2010 年版，第 113—114 页。另外，“不能被表达出来但却实际存在”的方式“表达”是指诸如行动等非语言方式表达的规范。冯·赖特认为，规范虽然通常以语言的方式或被称为规范公式的东西表达，但“一些规范可能永远不能被表达出来但却实际‘存在’着，例如，存在于被‘本能’遵守着的习惯和禁忌形式中”。See Georg Henrik Von Wright，“Is and Ought”，in L. Paulson and Litschewski Paulson eds.，*Normativity and Norms：Critical Perspectives on Kelsenian Themes*，Oxford：Clarendon Press，1998，p. 370.

地表现为元语句的方式，但因其多样性和分散性特征，相对于国家环境制定法而言，仍属于个体性的对象语句；在分散和多样性的外观形态下，口耳相传的环境习惯法通常以基本语句形式表达，而国家环境制定法更注重逻辑体系的严密性，在较为单一、体系化的整体性外观下，国家环境制定法往往以复合语句的形式表达出来。① 上述狭义逻辑法学的观点虽然存在一定的弊端，如"倾向于将法律和法律论证的形式结构与内容因素分割开来；它还可能导致，企图在实质上把法律的论证方式降低到形式结构上"②，但从语言结构和规范逻辑角度深入剖析环境习惯法的口耳相传形态和环境法的国家制定法形态，狭义逻辑法学的运用仍是一套有力的解释工具。

综合以言，相较于国家环境制定法，环境习惯法的表达方式可谓"五花八门""形形色色"。以类型化方法归类，环境习惯法的表达方式大致分为古文献记述、村规民约和口耳相传三种。其中古文献记述和村规民约具有"成文"的外观特征，在某些层面与国家环境制定法具有趋同性，口耳相传则较为显著地体现了环境习惯法的分散性和多样性特点。从环境习惯法的价值或特殊功能的角度考察，上述三种表达方式各自具有不可替代的独特性。古文献记述不仅具有历史诠释和规范证成意义，而且还具有环境习惯法内容知识的未来建构意义；村规民约不仅有

① 逻辑法学从法律语句入手，根据以下三组可选择的语句来分析和建构法律体系。这三组语句是指：A.（法律）规则语句和（法律）事实语句；B. 对象语句和元语句（meta sentence）；C. 基本语句和复合语句。法律规则语句是规范性法律语言，通常表现为逻辑严密的内在规范结构；法律事实语句是关于描述某一法律事实的陈述。对象语句一般描述具有义务性质的个案规范；原语句用来描述一个法律语句的本质有效性。基本语句是构成法律语句的最小单位；复合语句则是由基本语句构成的法律规范群。参见唐凌云、张南宁《从纯粹法学到逻辑法学——一种法律理论研究的逻辑进路》，《中南大学学报》（社会科学版）2004 年第 1 期。

② 乌尔弗里德·诺伊曼认为，"法律逻辑学的概念有双重含义，因为逻辑学这个概念被在广义和狭义上使用。在广义上，'逻辑学'更指'方法论'（methodologie），在这个含义中，被用于谈论'社会科学的逻辑学'或'文化科学的逻辑学'。在狭义上，逻辑学的概念仅涉及形式规则，即关涉其有效性不依赖于特殊适用范围之规则"。因此，从逻辑学的广义概念和狭义概念角度可知，法律逻辑学也有相对应的广义概念和狭义概念。参见［德］阿尔图·考夫曼、温弗里德·哈斯默尔《当代法哲学和法律理论导论》，郑永流译，法律出版社 2002 年版，第 315—316 页。

利于村民集体“本体性安全”的维护，也是有效协调基层群体关系，与国家环境制定法沟通的途径；口耳相传既是环境习惯法生成、发展演化的重要“工具”和路径，也具有语言结构和规范逻辑上的独特属性。正是这种独特性，环境习惯法具有国家环境制定法永远无法取代，甚至源源不断地供给国家环境制定法的独特价值和主体品格。

第二节　环境习惯法的规范类型分析

一　环境习惯法规范类型分析的前提：归纳方法

“工欲善其事，必先利其器。”工具与方法的择取对于研究对象的内容把握具有非常重要的意义。因此，在对环境习惯法的内容进行归纳之前，首先必须要对各种归纳方法进行罗列、甄别和选取，以通过最为有效的方法归纳出环境习惯法最有意义的内容诸项。总体而言，环境习惯法内容的归纳方法大致有如下四种：

方法一，按照民族的不同分别进行归纳的方法。

按照民族的不同分别进行归纳的方法主要着眼于不同民族的文化传统，以及建诸其上的独特环境习惯法文化。在我国，少数民族种类繁多，分布广泛，形成了各具特色的文化生境，在长期的历史发展过程中，又不断衍生出异彩纷呈的环境习惯法。按照民族的不同对各种类型的环境习惯法进行归纳整理，是穷尽环境习惯法的不同表现形式以及各民族独特性的重要方式。这一方法蕴含着社会科学宏观领域内“民族方法学”的核心理论意旨。按照“民族方法学”的独特理论观点，“普通的社会事实、事件、认识和秩序都是复杂的社会发展进程的产物。普遍的参与者们实际上以此‘创造’了社会现实。这种‘创造’中适用的语言和其他交际手段是指数式的——也就是说，特定的字眼、示意动作、习俗等只有同其所在的那个社会环境整体相联系才有意义”[①]。这一论述是对按照民族分类方法分别归纳环境习惯

① ［美］詹姆斯·B. 鲁尔：《社会科学理论及其发展进步》，郝名玮、章士嵘译，辽宁教育出版社2004年版，第74页。

法的理论诠释。就目前学界的研究来看，按照民族的不同分别进行归纳的方法大多借助于田野调查、走访、感悟等人类学研究的具体方法而实现；并逐渐成为环境习惯法及更大范围内的习惯法研究的主要方法。曾代伟教授就认为，“少数民族山寨实地考察、调研，搜集民间传承的民族传统文化素材，是完成民族文化研究课题的‘必修课程’”①。

方法二，按照历史演变过程进行历时性归纳的方法。

环境习惯法作为社会发展自身的一种“制度安排”，必然步趋或大致同步于社会发展的历史曲线。在历时性视角下，环境习惯法的鲜活生命力得到了极大的彰显，并且其所深谙的社会历史变迁的客观和真实也被再现出来。因此，按照历史演变过程的历时性归纳方法逐次剖析时间序列中环境习惯法的真实“历史文本”，为把握环境习惯法动态演化规律，并全面认知环境习惯法未来向度的创生和演化趋势提供了重要的方法论指导。然而，这种历时性方法“只是对历史中各要素不断离散与充足的水平域展开”②，忽视了构成历史序列的“时间片断”的结构要素意义，因此在对环境习惯法更为微观化的研究中，历时性归纳的方法往往具有片面性，需要借助于共时性归纳的方法才能更好地发挥方法和工具功能。

方法三，按照区域分布和个体差异进行共时性比较归纳的方法。

不同于历时性归纳方法，按照共时性条件下的区域分布和个体差异归纳环境习惯法的内容是另一重要方法。这一方法主要立基于结构主义的以下观点：“人的认识的目的不是揭示所研究的现象和事物的具体的变化和发展过程，而是从这种过程中揭示隐藏于事物和现象之后并作为它们的本质的结构，而后者是永恒不变的，即非时间性和非历史性的。”③ 结合社会学之父孔德和结构—功能主义代表人物布朗的观点，共时性比较归纳的方法与社会静力学方法相吻合，“强调任

---

① 曾代伟：《巴楚民族文化圈研究——以法律文化的视角》，法律出版社 2008 年版，第 5 页。

② 刘放桐等：《新编现代西方哲学》，人民出版社 2000 年版，第 434 页。

③ 同上书，第 413 页。

何一种社会生活方式内在的某种程度的连贯性或一致性”①。诚然，“在所有的法律联合体中，法律规范构成了内部秩序的支柱；法律规范是它们构造方法的最强有力的支撑”②。因而，对环境习惯法等人类社会生活的内部秩序规则的研究更应从共时性条件下的社会静力学方法入手展开。尽管在皮亚杰的开放结构主义③中，历时性条件下的社会动力学方法对共时性归纳方法有重要的补充功能，但共时性归纳方法无疑是探讨并全面把握环境习惯法之规则本质更为主导的方法。

方法四，按照具体内容的不同进行综合归纳的方法。

如果将前述按照区域分布和个体差异对环境习惯法进行共时性比较归纳理解为一种“宏观”方法的话，按照具体内容的差异性进行综合归纳则是一种较为“微观”意义上的方法。因为按照具体内容的差异性进行综合归纳的方法是从具体内容的划分上对环境习惯法进行归类和梳理，而非对极具地域性和个体差异性的环境习惯法进行“综观”或“鸟瞰”。因而按照具体内容的差异性进行综合归纳的方法更接近环境习惯法的内在构造和规则本质。不仅如此，这一方法的运用能使环境习惯法的价值和功能在与环境制定法相对应的“角色”中得到确当的体现，为环境习惯法与环境制定法之间的沟通协调以及共同发挥应有的功能和作用奠定基础。

上述四种方法对于把握环境习惯法的具体内容均有各自的独特优越性，或均体现为鲁尔所表述的某种“感觉闭合”模式④，但相互之

---

① ［英］A. R. 拉德克利夫—布朗：《原始社会的结构与功能》，丁国勇译，中国社会科学出版社 2009 年版，第 8—9 页。

② ［奥］尤根·艾利希：《法律社会学基本原理》，叶名怡等译，中国社会科学出版社 2009 年版，第 29 页。

③ 刘放桐等：《新编现代西方哲学》，人民出版社 2000 年版，第 424—425 页。

④ “感觉闭合”模式是鲁尔在社会科学方法论研究中的核心概念之一，是指“个人的一些见解如何纳入或为何未纳入内容比较广泛的认识体系的某种感觉”，“即将所分析研究的个别要素与内容比较广泛的认识体系（所分析研究的个别要素必然会有助于这一体系的形成）相联系的假说”。可见，任何一种方法和理论观点的提出都体现着某种“感觉闭合”模式。因此，符合“感觉闭合”模式是本书四种归纳环境习惯法的方法各自均具有的特征或属性，是否符合“感觉闭合”模式也不是比较选择更优方法的标准，而仅表明了四种方法在各自视角下的某种合理性。参见［美］詹姆斯·B. 鲁尔《社会科学理论及其发展进步》，郝名玮、章士嵘译，辽宁教育出版社 2004 年版，第 27—37 页。

间在逻辑关系上存在抵牾关系，无法同时运用于对环境习惯法具体内容的归纳梳理之中，因而需要在综合比较的基础上选择最为有效的方法。那么，在上述四种方法中，哪种方法最为有效呢？

逐一考察上述四种方法，不难发现：

方法一尽管兼顾了环境习惯法在不同民族分布中的个体差异性，是全面再现环境习惯法内容的切实方法，但这一方法在“纵览”环境习惯法之丰富多样性的同时，极少深入环境习惯法在内部秩序规则意义上的理论内核和本质属性。在已有的运用民族分类方法研究环境习惯法或更大范围的习惯法的学术成果中，环境习惯法或习惯法的内容大多在统计学的意义上被一一陈列在长篇宏论中，很少触及更为“微观”的理论研究。因而，按照民族的不同分别进行归纳的方法具有片面性，对环境习惯法的内容进行深入剖析显然力不从心。

方法二和方法三实乃归纳环境习惯法内容的两个不同出发点或立场。方法二是“纵向”地对环境习惯法进行历时性归类的方法，方法三则是“横向”地对环境习惯法进行共时性归类的方法；方法二着眼于环境习惯法在时间序列中的动态演化过程及其规律性，方法三强调环境习惯法在特定时间“切面”上的静态表现；方法二旨在通过对历史演化规律的考察达到对环境习惯法功能的全方位把握，而方法三的主要研究目的却是对环境习惯法的规范结构和本质属性的深度剖析。可见，方法二和方法三与其说是归纳环境习惯法内容的两种方法，倒不如说是透析环境习惯法之真实存在的两种视角。在各自的视角之下，环境习惯法均呈现出了“部分”或“片段化”的真实，缺乏整体性。因此，虽方法二和方法三均具有自己独特的“感觉闭合”模式，但从达到对环境习惯法内容全面、真实再现的目的来说，仍有失偏颇。

相比较而言，方法四则从体系的角度综合考察环境习惯法的诸项内容，直接“瞄准”环境习惯法的规范结构和内在本质，且在现代语境中为环境习惯法与环境制定法的协调与沟通奠定了基础，是最为可取的归纳方法。然而，任何归纳方法都具有局限性，诚如韦伯所言，任何“归纳最终仍然是‘假设’而已”①。在这一意义上，本书仅仅意在结合环境法治的现代语境，依循“意向适当”② 的方向，选择相对更为“正确”的归纳方法。因此，本书认为：以方法四，即按照具体内容的不同进行综合归纳的方法为主导，并辅之以其他三种方法“查缺补漏”，以显现环境习惯法内容的真实与全面，是最符合“意向适当”的归纳方法。

二　以西部民族地区为主要“场景”的环境习惯法规范类型分析

基于对上述归纳方法的甄别和选择可知，按照具体内容的不同进行综合归纳的方法，同时辅助以其他方法，既符合归纳的内在方法论要旨，也符合现代环境法理性建构的层次和范围要求。因而按此归纳方法整理的环境习惯法能够在现代环境法治实践中合理、充分地实现应有的价值机能。按此方法，环境习惯法的内容可归纳为环境习惯法的主要保护对象、环境习惯法的价值基础、环境习惯法的创制、环境习惯法的特殊规范方式以及环境习惯法的特殊适用规则五个方面。

（一）环境习惯法的主要保护对象：森林、树木和水等自然要素

1. 典型立法例/案例

[规约] 1：《南岗排习惯法（寨规）》③

粤北连南县《南岗排习惯法（寨规）》全文共八条，其中涉及环境保护的是第六条。该条规定：“不准在禁山（风水山林）上砍柴，违者罚二十斤酒，请全排人饮食。不准偷卖祖公山和公众山，违者除把所卖款项收回外，加罚白银八十元。”

---

① [德] 马克斯·韦伯：《经济与社会》（上），林荣远译，商务印书馆2006年版，第45页。

② 韦伯认为，“意向适当”就是一种相互关联地进行着的举止，其程度是它的各种组成部分的关系被我们根据的思维和感情习惯作为一种类型的（即正确的）意向相互关系加以肯定。只有在意向上易于理解的行为的这种合乎理性的构想，才是符合现实生活的实际的。可见“意向适当”即对象的具体情景意义。在本书中，“意向适当”即环境习惯法的现代语境意义，符合环境习惯法现代语境意义这一“意向适当”的归纳方法无疑是更为“正确的”。参见[德] 马克斯·韦伯《经济与社会》（上），林荣远译，商务印书馆2006年版，第45—46页。

③ 王新生：《习惯性规范研究》，中国政法大学出版社2010年版，第254页。

［规约］2：基诺山自治组织习惯法①

在云南省基诺山巴亚寨，在长老之下设有由14岁以上未婚青年组成的青年组织，名为“若科聂”。该组织承担的社会职责中有一项就是关于“保护公共环境和资源”的，具体规定为，“公物、道路、桥梁、栅栏、神林、风景林、水源林、护道林等，皆由‘若科聂’成员巡视保护。‘若科聂’成员每晚必须向队长汇报有无违法事件发生，对于违法事件，经‘若科聂’头目裁判，视情节予以处罚。如无缘无故砍路面一刀要罚3支烟，砍保护林的一棵树罚3碗酒和3个半开（银元），砍保护林的一枝树枝也要罚酒0.5千克，砍竹子亦然”。基诺山的其他村寨也有类似的青年组织，如司土寨的“尼戈左”，亚诺寨的“若可给”等。云南山地民族传统的环境保护意识之所以值得推崇，就在于它是一种自觉的保护，而非受外界行政等压力的被动行为。另一方面，环境保护的习惯法由青少年组织负责执行，又具有十分深远的意义，由于青少年从小懂法、执法，其社会爱护环境蔚然成风也就不足为奇了，这一点大概也是值得现代社会学习和借鉴的。

［规约］3：《土司对百姓的训条》②

西双版纳傣文典籍《土司对百姓的训条》规定：“山上的树木不能砍。森林中间不能砍树在里面盖房子；树被别寨人砍掉，砍者需负担该寨全部的祭费；若该寨死了人，按每人1500元赔偿。”

［规约］4：《万古昭垂》碑③

云南省江川县后已乡云平村于1761年立《万古昭垂》碑载：“吾后所有靠山一座，上宪明文播种松株，禁止野火，力为保护，牛羊不得从而牧之，斧斤更不得入而伐之。凡村中老幼绅官不得倚势擅砍，以致散漫人心，若有此情罚松种贰斗。”

---

① 尹绍亭：《云南山地民族文化生态的变迁》，云南出版集团公司、云南教育出版社2009年版，第143—145页。

② 於德江：《中国少数民族队社会林业发展的贡献》，载何丕坤、於德江、李维长编著《森林树木与少数民族》，云南民族出版社2000年版，第27页。

③ 同上。

［规约］5：石桥万年青村山林管理通知[①]

云南省楚雄彝族自治州姚安县前场镇石桥万年青村山林管理通知

为强化我村山林管理，维护生态平衡，因此必须坚持以管造为主，合理采伐，达到青山常在，永续利用，特作如下规定：

● 我村定于每年采伐一次，平时任何人不得擅自乱砍滥伐，若发现者，每棵栎木赔损失费0.5—50元，松树每棵赔50—1000元，挖着疙瘩每坑赔20—30元。

● 抓叶子不准任何人抽活稍头叶，若抽者每次罚2—5元。

● 本山的封山育林区内任何人不得放牧，若放牧者每次罚1元。

● 除本社社员外，外社社员不得进入本村山林里抓叶子，扭松果，若不听者，每次交损失费5元。

● 以上规定自1994年12月6日起生效，外村照章处理，本村加倍处罚。

1994年12月6日

［规约］6：腊冬村村规民约[②]

云南省墨江县新安乡腊冬村村规民约：

①农户新盖房子，生产队无偿给农户45棵木料，50棵小料。砍伐地点由护林员安排，砍完后由护林员检查现场，不准拿烧柴。

②农户修补房子，木料数量由护林员批准，并按树木的大小核价卖给农户。

③农户新盖草房，生产队给大料10棵，小料64棵，但农户必须出钱买。

④农户新盖厨房，所需木料由护林员定，村民委员会批准，农户出钱购买。

⑤农户盖草厩，生产队给料2棵，杂树6棵。

⑥对偷砍树木的罚款规定。偷砍成材林（10×13厘米以上）每棵罚款20元，未成材林每棵罚款10元，杂树每棵罚款5元。砍细小的烧柴在非允许砍柴时间，10岁以上者罚款30元，10岁以下者予以

① 何丕坤：《中国少数民族与生态保护》，载何丕坤、於德江、李维长编著《森林树木与少数民族》，云南民族出版社2000年版，第45页。

② 同上书，第53页。

教育，如果顽固不听的加倍处罚。

⑦护林人员的报酬每人每月补助15元，超生孩子的农户不能做护林员，护林人员的工作情况由村民委员会和社员共同监督。

⑧该民约从1982年12月7日开始执行。

腊冬村村民委员会

1982年12月6日

［规约］7：泰国Ponchai村村规民约

在泰国的Ponchai村，设有7人组成的社会林业管理委员会，负责在乡和村一级制定有社区森林保护的规章制度，其中一项规定如下：禁止非法采伐木材，如有人违反，则每棵树处以500—5000泰铢的罚款。

［规约］8：公议断坡碑①

清咸丰五年（1855）河南巩县桃乡立《公议断坡碑》云，“平定寺官坡，林麓荟蔚，昔日固尝美矣，但剪伐不以时，则山虽犹是，而今与昔异焉。何也，根宜养也，而人偏斩其根，木宜植也，而今辄拔其本”。

［规约］9：奉宪禁碑②

清乾隆三十二年（1767），福建永安县《奉宪禁》碑载，“坂尾地方人烟甚多，所有龙脉风峡俱有松杉等木遮荫风水，无如各处邻乡俱潜山内盗砍，不惟伐以斧干，载以船只，甚且烈火焚化，根株悉拔。而不法之徒，不顾人生理，徒知砍伐肥己，如茶桐棕竹均恣残害，若不给示严禁，终莫杜奸，况坂尾山场所蓄有限，本地尚且难供，何堪别处资求，若不恳天示禁，将来此侵彼越，恐地方山场生理必至尽成荒山，且有关屯脉，为害非小”。

---

① 《公议断坡碑》，中国林业生态文化网（http://www.lystwh.com.cn/showwenhua.asp?news_id=52）。

② 《〈奉宪禁〉碑》，中国林业生态文化网（http://www.lystwh.com.cn/showwenhua.asp?news_id=48）。

［规约］10：傣族的“禁猎鸟”禁约[①]

新中国成立前，西双版纳傣族禁约规定禁止射猎飞入村寨的鸟类，文中明确规定：“用枪去打停在别人谷堆上的鸟，罚银四两八钱四分；用枪去打停落在已割的稻谷上的鸟，罚银三两六钱三分；用枪去打停落在别人屋顶上的鸟，罚银三两六钱三分。”

［规约］11：同治碑禁[②]

黔江区正阳乡境内，遗存一块清同治年间保护环境的碑文，记载了40多名土家族乡绅和村民联名要求保护环境的事迹。碑文如下：“该乡鲤鱼池一带，时有人炸鱼毒鱼，毁坏庄稼，砍伐湖边及周围树林作建房和烧炭之用，长期不止，造成风雨不调，洪涝灾害连年发生。为避免此类事情再次发生，立下此碑以示警告，若有违者，将诉之隶州，判其刑。”

［规约］12：乾隆碑禁和光绪碑禁[③]

湖北巴东税家乡发现有两块古碑，其中，清乾隆二十二年（1757年）所立的石碑记载如下：

来龙禁地，东抵岭顶漕边，直上南抵坎，西抵坟岭漕边，北抵山顶。□有罗围，内外树木百余株，永不许砍伐。倘有无知砍伐者，伐（罚）百斤猪羊祭扫。

……

盖闻四、幺两房租应大小树木数百余朱（株），风吹滚大树四朱（株），启考、祥茂二人议论卖与启容、永升，猪首、雄鸡祭妇（扫）。考、茂二人无之（知），私宋（送）茔为（内）枯树式（贰）拾余朱（株）。众不衣（依），亲族理论：容、升伐（罚）钱五串。勒刊禁碑一块，永戒后患。

而光绪四年（1878年）的一块石碑则是对乾隆碑禁内容的重申和强化（碑文残缺）：

① 何丕坤：《中国少数民族与生态保护》，载何丕坤、於德江、李维长编著《森林树木与少数民族》，云南民族出版社2000年版，第45页。

② 曾代伟：《巴楚民族文化圈研究——以法律文化的视角》，法律出版社2008年版，第359页。

③ 同上书，第366页。

其有坟茔来龙禁地……

前坎西抵坟岭漕边……

大小树木难以言数，永不……

砍伐者伐（罚）百斤猪羊祭……

世守之成规耳……

［禁忌/崇拜］1：昆罕大寨的自然崇拜①

云南省西双版纳傣族自治州景洪市大渡岗乡昆罕大寨的布朗族供奉神灵，祭祀龙山（埋葬死者和祭祀祖先的地方），认为万物有灵，动物中有野牛鬼、野象鬼、鸟鬼等，龙山上的大树也有鬼。

［禁忌/崇拜］2：云南省彝族祭山的自然崇拜形式②

富源彝族有主祭黑牛山，神山四周村寨轮流做东的规矩。墨江梁子彝族多以村寨为单位，各寨自由固定祭山地点，祭祀的山头自古封山蓄养，现在都树木参天。山上树木皆被认为是神圣，无人触弄一枝一叶，这些地方成为祭山林。

［禁忌/崇拜］3：普米族山林崇拜③

云南省宁蒗县普米族主要信仰汗归教，这是普米族的原始宗教。其主要形态为信仰万物有灵，崇拜多神，如山、水、风、火等自然现象和自然物，均被视为神灵而加以膜拜，形成了神山崇拜、龙潭崇拜等保护林木与水源的传统。

［禁忌/崇拜］4：伊斯兰“大净”与“小净”④

伊斯兰教规对水做出了洁净的水与不洁净的水的区分，并以此决定是否能用于做“大净”“小净”。对此，古兰经规定，“要珍惜水，节约水，保持水的清洁”。

2. 环境习惯法典型案例/立法例评析

尽管环境习惯法规范表现出极其丰富的多样性，但从保护对象来

---

① 张晓辉、王启梁：《人与自然的冲突与协调——西双版纳保护自然的自治立法及其实践》，载《中国民族区域自治法研究文集》，云南大学出版社2003年版，第170页。

② 何丕坤：《中国少数民族与生态保护》，载何丕坤、於德江、李维长编著《森林树木与少数民族》，云南民族出版社2000年版，第44—45页。

③ 同上书，第52—53页。

④ 杨淑玲、李文治：《回族的习俗》，宗教文化出版社2002年版，第16—19页。

看，环境习惯法规范主要以保护森林、树木、水等自然要素为主要内容。环境习惯法保护对象的特殊性是其区别于现代环境制定法的典型标志：环境习惯法规范大多体现了前工业文明时期人与自然环境相互协调和冲突的主要领域，而现代环境制定法规范的主要领域则是工业文明推动的新型社会领域的环境保护问题。在工业文明之前漫长的农牧业社会时期，人与自然的关系主要体现在森林树木、水、草原等自然环境要素的利用和管理中，因而传统环境习惯法主要表现为对森林树木、水、草原等自然环境要素的保护。而工业文明肇始的现代环境问题在影响范围和后果上都远远超出了传统环境习惯法所规范的领域。在此基础上兴起的现代环境制定法也将关注焦点投向了日益严重的现代环境问题。可见，分布极其广泛的环境习惯法虽然在现代语境中似有滞后性等不足，但环境习惯法仍然在自己的统治领域中有力地凸显着特有的“问题意识”和价值贡献。

（二）环境习惯法的价值基础：恪守、遵循自然生态法则

1. 典型案例/立法例

［规约］13：果洛旧部环境习惯法①

果洛旧部的习惯法“四数”包括征服外敌法、治理内部法、帐营迁布法、护田苗穗法。其中，帐营迁布法和护田苗穗法包含大量的环境习惯法规范。

1. 帐营迁布法内容如下：

部落之草场水流为公有，四季草水居地由长官召集各佐及什长商议，妥善划分。季迁之先汇合帐营，起迁与终结时间决为统一，且行探圈划地，贫富相配，组成分部，违时或错居则罚之。

夏季各分部马匹合群，以户轮流牧放，禁封冬季草场，入用则罚之。迁入冬季居地后，草场分先后主次，牧马之沟或牧母羊之沟被占用亦罚之。

分部之间草水纠纷由长官调解，皆须服从。越界违禁之处罚，重则罚牛羊，轻则割剪马牛之尾。

① 张济民：《渊源流近——藏族部落习惯法法规及案例辑录》，青海人民出版社 2002 年版，第 24、33—34 页。

2. 护田苗穗法内容如下：

农田为其主所有，买卖、交换、赠送、租托可自行操办。凡劳作种类，依时令成制，又有应税、换工及劳酬之规。

岁首鸟月起，垦地施烧灰，熟地施家肥。

实行轮作：一岁为小麦、青稞，复岁为豌豆、蔓菁，以利养地护土。

若非闰月，即于猪月轮值之月定吉日开犁耕种，继之平田土，碎僵块，下种籽，锄松两次之后，鼠月齐苗，牛月见穗，虎月焚霜，兔月实熟，兔月尽时选黄道开镰。

犁镰超前迟后则罚。未至收割时期，耕畜、乳牛轮户值牧，践食农田，或于田边渠旁割草砍柴则罚粮。

官田之耕畜、耕种、收割、脱粒一应具须依轮值方式分户承担税差。

彼此换工依人次日工相抵，并有逢歉收之秋彼此自愿作哀友帮工之俗。非换工之付酬，一人日耕种或脱粒之酬为六“普尔”，可相等于六小碗，一人日割田之酬为“二邦巴”，每“邦巴”约七升余。

[规约] 14：玉树藏族部落环境习惯法①

其草山使用法规定如下：

1. 草山牧场由千百户长支配。可任其买卖、出租、赠送、抵偿，并有优先使用权。

2. 搬迁四季草场，更换放牧场所，由部落首领择定良辰吉日统一搬迁。如迟搬、早搬或随意落账，则要受到处罚。处罚方式为罚打、罚款或没收财产。

3. 各部落之前草场地界明确，不得逾界放牧，有他处千户错界驻牧，罚犏牛7头，百户等罚犏牛3头，平民户各罚牛1头。

[规约] 15：甘加思柔、仁青藏族部落环境习惯法②

甘肃省甘南藏族自治州境内的甘加思柔、仁青藏族部落草山轮牧法有如下规定：

---

① 张济民：《渊源流近——藏族部落习惯法法规及案例辑录》，青海人民出版社2002年版，第42页。

② 同上书，第145—146页。

1. 草原归部落所有，凡是本部落的属民都有放牧权；部落头人有优先使用草场的权利。

2. 甘加地区草山由各部落统一轮流放牧，每个部落放牧的地点及时间，由“郭哇”会同“格尔岗吾”组织研究划定，然后由“求德合”组织通知各户执行。

3. 草场按气候季节划开固定放牧地界后，部落属民只能在划定的地界内放牧，不得逾界。越界后的处罚方式如下：

（1）如羊群越界放牧，则不论羊群的大小，由“求德合”捉羊一只，即行宰杀，将羊的胸部肉及皮张送献“郭哇”，羊肉由部落头人和“求德合”享用。

（2）如牛群、马群越界，则不论群之大小、牲畜多少，将1头牛或1匹马抓回，然后让畜主出1至2块银元赎回。

4. 搬迁牧场，重新落账，都要统一行动，不允许早搬或迟搬。甘加部落每年迁居六次；第一次是农历四月底由日桑哇搬色庆；第二次农历六月剪毛后搬大力加山；第三次在农历七月底搬当可卡；第四次八月底搬尼麻浪；第五次九月底搬日桑哇；第六次十月至十一月底搬甘加滩，正月初一至初四中旬，各部落自行寻找有草避风的处所，无规矩限制。

另外，该部落的生产生活习惯法中也有如下环境习惯法的规定：

1. 禁止在甘加草原上捕捉旱獭，如发现外部落成员捕捉旱獭，罚钱10至30元；部落内部，郭哇到年终挨家查问，是否捉了旱獭，如果说没捉则让他吃咒发誓，不敢吃咒即罚青稞30小升（每斤5市斤）。

2. 在树林里拾烧柴，如果被管理森林者发现，没收斧头、绳子等砍柴工具。经调节后，拾柴者要拿出2—3元钱赎回被没收的斧头和绳子。

［规约］16：武威用水村规民约①

清末民初，甘肃武威地区的村规民约规定：武威水利分为元渠、泉水坝不一，每泉之末不过数沟，每沟各有泉脑、沟道，“定以昼夜日时循环灌溉，但潦则水溢，旱则水弱，借力于山水者民多”。具体

① 转引自民国《甘肃通志稿》卷34《民政四·水利二》，参见赵珍《清代西北生态变迁研究》，人民出版社2005年版，第295—297页。

用水规则为:

一、对于有沙患差别的沟坝,限定时刻浇灌。

二、夏秋时节,浇灌时刻整齐划一,部分昼夜时刻,以各坝粮数分摊。

三、上下游之间,按先上游后下游的原则引灌。

[调查] 1:"轮歇制"调查①

青海省和甘肃省的保安族仍尊崇"轮歇制"农业生产习惯。"轮歇制"主要适用于山区旱地,具体是指今年种这山,让那山休息;明年种那山,让这山休息。

[调查] 2:"禁春"习惯法调查②

藏民族有"禁春"的习俗,即每值春暖花开之时,藏族群众和僧侣众人足不出户、"闭关静修"。在他们看来,春天是生长的季节,嫩草吐绿,幼虫蠕动,是它们生命最柔弱的时候,应该得到很好的保护,以利于它们繁衍生息。因此,在这个时候禁止"踏青",对动植物的生长起到很好的保护作用。

[禁忌/崇拜] 5:过年忌用刀③

云南省保山阿石寨村民长期墨守这一禁忌:过年时忌用刀。平时人们所使用的砍柴刀,也要择一个好日子敬山神,待"开山"后才能使用。

[禁忌/崇拜] 6:德格藏区禁忌④

四川省甘孜藏族自治州的德格藏区,在农牧业生产中流行许多有关自然环境保护的禁忌,大致如下:

1. 每年春耕季节,各村由寺庙卜卦决定春耕具体日期,张贴于庙门,使民众周知。任何人都不得推迟或提前开犁播种。否则,将受

---

① 《中国少数民族社会历史调查资料丛刊》编辑委员会:《裕固族东乡族保安族社会历史调查》,甘肃民族出版社1987年版,第161页。

② 郭武:《藏族环境习惯法文化与环境保护》,《甘肃政法学院学报》2005年第5期。

③ 《民族问题五种丛书》云南省编辑委员会:《白族社会历史调查》,云南人民出版社1983年版,第204页。

④ 张济民:《渊源流近——藏族部落习惯法法规及案例辑录》,青海人民出版社2002年版,第127页。

到严厉处罚。

2. 每年秋收日期亦由寺庙卜卦确定。若没有寺庙卜卦通知，即使粮食烂在农田里，也不能开镰收割。秋收前禁止使用镰刀。

3. 寺院借口不伤生害命，禁止捕杀田里的虫豸；不准向田里灌水。

4. 不准开垦“神山”，不准在“神山”打猎、采药等。

2. 典型案例/立法例评析

上述列举的环境习惯法，均体现了对自然生态法则的恪守与遵循。在与自然相处的过程中，人类逐渐形成了顺应自然生态规律的意识自觉和行动本能。在此基础上形成的环境习惯法也极其广泛地反映出了人类社会对自然生态法则的尊重。

综合考察上述各类环境习惯法，其中所蕴含的自然生态法则体现在如下两个方面：

首先，“协调稳定”律被普遍反映在环境习惯法之中。根据《中国自然保护纲要》的归纳，“协调稳定”律是指只有在结构和功能相对协调时，生态系统才是稳定的。因此，为了使生态系统的结构和功能维持相互协调的状态，必须要保持生物物种的多样性，并尽量减少外来因素的干扰。在上述所列的环境习惯法之中，［规约］13 中的“轮流牧放，禁封冬季草场”“轮作”，［规约］14 中的“搬迁四季草场，更换放牧场所”，［规约］15 中的“禁止在甘加草原上捕捉旱獭”，［规约］16 中的“限定时刻浇灌”，［调查］1 中的“轮歇制”，以及［禁忌/崇拜］6 中“不伤生害命，禁止捕杀田里的虫豸；不准向田里灌水”的规定，均反映了人们在生产生活过程中对“协调稳定”律的遵循，即使这种遵循在某些情形之下是本能的。

其次，“负载定额”律也被广泛地反映在上述环境习惯法之中。在《中国自然保护纲要》中，“负载定额”律也有准确的归纳：“任何生态系统都有一个大致的负载（承受）能力上限，包括一定的生物生产能力、吸收消化污染物的能力、忍受一定程度的外部冲击的能力。”① 可见，在［规约］13 中，“禁封冬季草场”的规定不

① 转引自金瑞林《环境法学》，北京大学出版社 2002 年版，第 63—64 页。

仅体现了对“协调稳定”律的遵循，也体现出对“负载定额”律的遵循，因为在寒冷的冬季，牧草生长处在最为脆弱的时期，为了维持草场的基本生产能力，并使放牧被限制在草场自身忍受外部冲击能力的限度之内，“禁封冬季草场”是一项极为有效的方法。同样，在［调查］2中，“‘禁春’的习俗深刻地反映了这样一条生态规律：外部物质或行为对生态系统的冲击短于该生态系统的恢复周期时，该生态系统因不能自行恢复而被破坏。时值春天，万物萌动，如不加禁止，人们肆意地破坏环境，必将对尚未恢复或功能尚未完备的生态环境造成毁灭性的破坏。这是‘负载定额’律的当然内容。因此，有必要做出‘禁止春天砍树、除草、夏时捉鱼鳖’的规定。类似的藏族谚语还有关于禁伐神树的禁制、干旱时忌人上山挖药材的禁制等，这些谚语逐渐演化成被藏族群众普遍遵守的习惯法规范，在藏区环境保护中起到了重要的作用”①。另外，［禁忌/崇拜］5中“过年时忌用刀”的习惯法，以及［规约］14中“搬迁牧场”的习惯法均体现出了人们在生产生活中对“负载定额”律的恪守。

然而，在我国现代环境制定法中，有关自然生态系统保护管理的规定却存在“头痛医头、脚痛医脚”的弊端，如在多种自然环境要素组成的湿地生态系统中，关于自然资源保护管理大多只从某一环境要素入手进行“条块分割”式的规定，要么仅是关于保护湿地生态系统内森林资源的规定，要么是关于保护湿地生态系统内水体的规定，而从湿地生态系统的综合协调以及系统循环角度进行保护的法律规定极为缺失。因此，湿地生态系统的保护管理必须尊重其所依赖的基本生态规律而循序进行。在此，以自然生态法则为价值基础的环境习惯法规范为我们提供了极大帮助。

（三）环境习惯法的创制：体现公众参与等民主元素

1. 典型案例/立法例

［规约］17：鹿城西紫溪封山护持龙泉碑序②

楚雄市紫溪乡《鹿城西紫溪封山护持龙泉碑序》记载如下：

---

① 郭武：《藏族环境习惯法文化与环境保护》，《甘肃政法学院学报》2005年第5期。

② 白庚亮：《少数民族地区宗教与森林管理》，载何丕坤、於德江、李维长编著《森林树木与少数民族》，云南民族出版社2000年版，第94—95页。

在昔周礼，土木水草之资，必深为谋之而不惜，委屈护持之力者，盖谓一年种谷，所以养生济物也（保养生命，救助别人，对世事有益）；十年栽松，所以为栋梁；古圣之厥，有成规矣。“所谓紫溪山，乃楚境之发脉，所以护持者，已培风水尤为扼要；若山若水，系关国赋，永如公山大龙箐水所从出，属在田亩，无不有资于灌溉。是所需者在水，而所以保水之兴旺而不竭者，则在林木之荫翳（指树木枝叶繁茂成荫）树木之茂盛，然后龙脉旺相（风水旺盛），泉水汪洋（地下流出来的水浩大无边貌）。”其次记述近来森林遭砍伐残伤，“近因砍伐不时，挖掘罔必恤（无忧虑），以至树木伤残，龙水细涸（泉水枯干）矣。俟后来合郡丛林、寺院，栋梁难已采办；上下各村无数田亩（亟待）救护”。最后僧众乡民公议，立石“共相扶持”，“凡龙箐公山，勿容妄为砍伐。”“自立石之后，如有违犯（约）砍伐者，众（重）处银五两，米壹石，罚入公，以栽培风水。合境龙脉之山，永远为记。”

寂光寺　紫云寺　紫溪庵　源绿楼　福星庵　等雨庵　峻卓庵　普贤寺　中华庵　朝阳寺　中锋庵　法云寺　云台庵　真宁庵　显法林　松霞林　法藏寺　大紫溪　九族河　日乐村　阿坡良　朵基村　木兰村　彭家村　千家箐

上下各村

乾隆四十六年（1781）辛丑·孟夏月二十四日

僧俗人等同立

［规约］18：南营护林会规条①

民国三十八年嵩明县《南营护林会规条》全文如下：

一、本会以护林造林、完成森林建设为宗旨。

二、本会设理、监事各一人，助理若干人。

三、本会各职员为义务，无给职。

四、本会会员如有放弃职责、隐情受贿、紊乱会规者，由会呈请主管机关处分之。

---

① 何丕坤：《少数民族地区乡规民约与森林管理》，载何丕坤、於德江、李维长编著《森林树木与少数民族》，云南民族出版社2000年版，第128—129页。

五、如有纵放野火延烧山林者，查获处罚籽种或树苗栽植，论其情节轻重而酌定数之。

六、如查获有纵放牲畜或践踏林苗者，酌其情节大小而处罚树苗。

七、如拿获有盗伐树株或滥行砍枝者，酌其情节轻重罚植树若干株。

八、不得任意砍伐材薪售卖，违者酌其轻重罚籽种若干。

九、凡有不正当营业之木柴商采购树木为材薪行销者，事先须向理事会报明地点、数量，经会议斟酌认可并转报建设局登记，领有许可证通行证者，方准开始营业。

十、不得于各林场内铲草皮烧灰，违者斟酌情节轻重，科罚籽种若干。

以上各规条如有依权势违抗不服解决者，由会员呈请层蜂提。

其录转呈人：滇源乡南营区林场管理员　汤启

民国三十八年3月10日

［规约］19：一碗水自然村山林管理规定①

为了管好一碗水自然村的山林（自留山、责任山、保护区），达到青山常在，永续利用的目的，经全体村民讨论、研究，决定制定本规定：

一、各家各户要负责管好自家的山林（在砍伐时不能成片砍光），要有计划合理地间伐，做到“砍弯留直，砍一棵栽一棵”的原则。

二、村民之间不能互相偷砍，要相互监督，自觉履行，每偷砍一棵，除赔偿损失外，按胸径来算每寸罚款10元，抓到外村人偷砍，翻二倍罚款处理，数量较大的及时移交林业部门按《森林法》从严惩处。

三、干冬季节容易引起山火，各家各户要小心用火，不给小孩玩火，不乱扔烟头，清明上坟期间更要小心用火，做到人走火灭，不留一个火星，故意或过失引发山火都要追究责任，每引发一次山火除赔

① 何丕坤：《少数民族地区乡规民约与森林管理》，载何丕坤、於德江、李维长编著《森林树木与少数民族》，云南民族出版社2000年版，第127—128页。

偿损失外，按面积每亩罚款200元，烧毁面积较大的要及时移交林业部门处理，发现山林起火，要马上扑灭或通知全体村民及时扑灭，山火较大不能及时扑灭的要立即报告云山办事处增加外援。

四、各家各户要看好自家牛、马牲畜，做到专人看管，不践踏和损坏别家的山林、庄稼、茶园、竹子草果等，若有发生除赔偿损失外，每头每次罚款10元。

五、以上规定，由一碗水自然村三个社的社长组成执行小组，负责施行本规定。

六、本规定自1999年7月7日生效。

[规约] 20：大蒿坪自然村村规民约①

大蒿坪自然村山林管理的规定：

为了管好大蒿坪自然村的所有山林（自留山、责任山、保护区），达到青山常在，永续利用的目的，经全体村民集体讨论通过，制定本规定：

一、各家各户要管好自家的山林，要有计划地合理使用，只能间伐而不准成片砍伐，间伐时要主动办理《采伐许可证》，坚持“砍弯留直、砍一棵栽一棵”的原则。

二、村民之间不能互相偷砍，要相互监督，自觉遵守有关法律法规，每偷砍一棵，除赔偿损失外，偷砍树木的直径每寸罚款10元，抓到外村人偷砍，翻两倍处理。数量较大的移交林业部门按《森林法》从严惩处。

三、干冬季节容易引起山火，各家各户要小心用火，不准小孩玩火，不准乱扔烟头。清明上坟期间更要小心用火，做到人走火灭，不留一个火星，无论故意或过失引发山火者都要追究责任，每引发一次山火除赔偿损失外，按过火面积每亩罚款200元，情节严重的及时移交林业部门处理，发现山林起火，要马上扑灭或及时通知全体村民扑救，并立即报告有关部门。

四、为使全村的种植、养殖业协调发展，各家各户要做好以下两

① 何丕坤：《少数民族地区乡规民约与森林管理》，载何丕坤、於德江、李维长编著《森林树木与少数民族》，云南民族出版社2000年版，第131—133页。

方面的工作：

①种植业：属小面积的植树造林和其他各种种植业，要采取挖壕沟或建围栏等方法避免牲畜践踏，各户造林地壕沟，围栏由村民共管委员会查看后验收，如有人畜损坏，必须立即修复。

②养殖业：各家各户要看好自家牛、马、羊、猪等牲畜，做到专人看管，不能践踏山林、茶园及庄稼，特别是新造林地，若有发生，损坏一尺一下的树苗，除赔偿损失外，每株罚款 5 元；损坏一尺以上的树苗，除赔偿损坏外，每株罚款 15 元。

五、积极协助搞好高黎贡山自然资源的保护，禁止任何人到保护区伐竹木，捕猎野生动物，如有发现，要立即报告保护区管理部门。

六、本规定由村民委员会监督执行。

七、本规定自 1999 年 7 月 10 日执行。

［规约］21：云南省红河州金县十里村乡平村村民委员会村规民约①

第一章 总则

第一条 ……

第二条 村规民约是群众性自我约束、自我管理的行为规范准则。适用范围限于本村辖区内。

第三条 ……

第四条 本村规民约以事实为依据，根据有关法律法规和政策，坚持教育与处罚相结合的原则。由本村村民自觉遵守，故乡监督和共同管理。

［调查］3：高黎贡山自然保护区周边社区农民保护协会一览表②

① 方慧：《少数民族地区习俗与法律的调试——以云南省金平苗族瑶族傣族自治县为中心的案例研究》，中国社会科学出版社 2006 年版，第 18—23 页。

② 参见高黎贡山自然保护区网站（http：//www. glgs. gov. cn/index. asp）。

高黎贡山自然保护区周边社区农民保护协会

序号	县（区）	乡	村委会	自然村	协会名	成立年份
1	隆阳	芒宽	百花岭		高黎贡山农民生物多样性保护协会	1995
2	隆阳	芒宽	西亚	山坡田	共管委员会	1999
3	隆阳	芒宽	百花岭	芒岗	共管委员会	1999
4	隆阳	芒宽	吾来	楼子田	共管委员会	2000
5	隆阳	芒宽	敢顶	傈族队	共管委员会	2000
6	隆阳	芒宽	芒合	王家洼	共管委员会	2000
7	隆阳	芒宽	芒龙	下丙老	共管委员会	2000
8	隆阳	芒宽	空广	田头寨	共管委员会	2000
9	隆阳	潞江	芒柳	赛岭	共管委员会	1999
10	隆阳	潞江	丛岗	孟乃	共管委员会	2000
11	隆阳	潞江	丙闷	潘家沟	共管委员会	2000
12	隆阳	潞江	丙闷	龙井	共管委员会	2000
13	隆阳	潞江	新寨	芒掌	共管委员会	2000
14	隆阳	潞江	坝湾	杨家田	共管委员会	2000
15	隆阳	潞江	赧亢	寺门前	共管委员会	2000
16	腾冲	五合	整顶	荒田坝	共管委员会	1999
17	腾冲	五合	腾朗	小地方	共管委员会	2000
18	腾冲	上营	大田坡	大蒿坪	共管委员会	1999
19	腾冲	上营	桥街	横河	共管委员会	1999
20	腾冲	上营	窜龙	澡塘	共管委员会	2000
21	腾冲	上营	坪田	张家岭	共管委员会	2000
22	腾冲	曲石	大坝	山脚	共管委员会	2000
23	腾冲	曲石	大坝	民族社	共管委员会	2000
24	腾冲	界头	东华	寺山	共管委员会	2000
25	腾冲	界头	大塘	大河头	共管委员会	2000
26	腾冲	界头	大塘	单龙河	共管委员会	2000
27	腾冲	界头	沙坝地	李大寨	共管委员会	2000
28	腾冲	界头	黄家寨	黄土坎	共管委员会	2000
29	腾冲	明光	自治	空树河	共管委员会	2000
30	腾冲	界头	新庄		新庄村传统资源共管会	2005
31	隆阳	潞江	赧亢		白眉长臂猿共管委员会	2005

2. 典型案例/立法例评析

环境习惯法是本土法文化传承的重要载体和内容。因而一般认为，环境习惯法的运行比环境制定法更为顺畅和高效的原因乃是环境习惯法与本土性法文化之间的一脉相承或同质性“对接”。然而，除这一原因外，民主参与也是极其重要的原因。在上述规约中，表现为碑记和村规民约的环境习惯法无不体现了民主参与的因素。在［规约］17 中，《鹿城西紫溪封山护持龙泉碑序》就树木和水源保护作了诸多习惯法规定。而诸多规定的创制体现了极为广泛的公众参与。不仅寂光寺、紫云寺、紫溪庵、源绿楼、日乐村等各类集体组织，僧人、各村村民等自然人个体也积极参与其中。广泛体现公众意志的《鹿城西紫溪封山护持龙泉碑序》必然也是公众意志实现的有力制度工具。在［规约］18、［规约］19、［规约］20、［规约］21 中，《南营护林会规条》《一碗水自然村山林管理规定》以及《大蒿坪自然村山林管理的规定》等村规民约均在“全体村民集体讨论”的基础上创制而成，体现出显著的民主立法元素。另外，在［调查］3 中，高黎贡山自然保护区周边社区农民保护协会也体现了自然生态区域保护中公众参与的民主因素。民主因素在环境习惯法创制过程中的积极体现，首先使公众的利益诉求和权力意志被广泛地反映在具体规范之中。而在其后的实施过程中，符合公众的基本愿望和事先认同的此类环境习惯法规范运行效率和规范实效也将得到极大的提高。反观现代环境制定法，则是一幅迥然相异的景象：现代环境制定法肇始于国家决策层面对经济发展过程中危害自然环境行为的逐步觉醒。可以说，国家“自上而下”的主导是现代环境制定法发展演变的基本路径。而在非常广泛的民间领域，对环境保护产生主要推动力的公众力量却在现代环境制定法“自上而下”的一意孤行中被排挤于一边。因此无论在现代环境制定法的立法过程中，还是在法律实施过程中，公众参与的民主元素均没有得到充分体现。近年来，环境保护领域的公众参与逐渐被提及，但从广度和深度来看，公众参与基本流于形式，因此通过加强公众参与进而提升现代环境制定法的民主水平仍然是“一项未竟的事业”。民主因素的阙如，使现代环境制定法在运行过程中阻力重重，实效大减，也正是在这一意义上，环境习惯法为现代环境制定法的完善提供了极具价值的“文本”。

（四）环境习惯法的特殊规范方式：“罚则”属性、交叉性以及发展性

1. 典型案例/立法例

［规约］22：云南金平十里村公社亚拉寨大队村规民约（1982年）①

该村规民约关于护林的规定有六条，分别如下：

1. 凡乱砍集体和社员的林木，一背柴火罚10元，直径一尺以上的林木罚50元，砍树打断的小林木打断一棵罚3元，砍直径一尺一下树木按柴火论处。

2. 砍一根大竹罚5元，一棵竹笋罚5元，其他小竹一棵罚1元，一棵棕树罚10元。

3. 砍经济林（杉树、棕树、茶果树、油桐等树木）每棵罚10元。

4. 失火烧毁一亩森林罚100元。

5. 砍着集体的和私人的林木都罚成一样。

6. 外大队人和干部家属跟社员罚成一样。

除护林规定外，另外四条关于环境保护的规定如下：

1. 任何人不得霸占和破坏国有林、集体林和草皮。

2. 在水源周围30公尺以内（部分集体林或私有林）开田开地、砍林罚30元。

3. 往水里面丢石头、木棍、脏东西，在水里面洗澡、洗衣服，罚10元。同时还要把水井冲洗干净。（14岁以下的小孩除外，但家长必须负责修理水井、冲洗水井）

4. 往水管里塞石头、木棍，把水管龙头整断罚10元。还要将水管龙头修好，冲洗干净。把水管偷走罚10元，还要赔水管。

［规约］23：莫坝部落环境刑罚制度（青海省果洛藏族自治州）②

① 方慧：《少数民族地区习俗与法律的调试——以云南省金平苗族瑶族傣族自治县为中心的案例研究》，中国社会科学出版社2006年版，第161—163页。

② 张济民：《渊源流近——藏族部落习惯法法规及案例辑录》，青海人民出版社2002年版，第17页。

其中违反草山管理的处罚如下：

1. 引起草山失火者，罚其全部财产的二分之一；

2. 超过草山界限放牧者，罚牛1头；

3. 在头人帐房周围能看见的地方放牛羊者罚牛1头，放马者，割掉尾巴；

4. 牛群闯入头人草场者，没收牛群的三分之一。

［规约］24：金岙村山林制度①

为了管好山林，特制定以下罚款条例：

1. 偷笋每株罚20元。

2. 偷柴每次罚20元。

3. 偷杉树椽每株罚30元，偷松树椽、野柴椽每株罚20元。

4. 偷松树、杂木、毛竹每斤罚2元。

5. 偷柏树、杉树、柈杉每斤罚10元。

6. 偷各种水果每只罚10元。

7. 砍死树、死竹、燥树枝按上述同类价格进行处罚。

8. 处理时视其性质轻重，是否贯偷，分别给予1—10倍进行处罚。

山林果园虽然各户自管，联产［经］营，若抓到或查处偷盗的，本村按上述处罚条例一定给予处理。

金岙村委会

（加盖）宁溪乡金岙村民委员会（章）

［规约］25：土家族习惯法②

土家族习惯法这样规定，在封山禁林期间，若有违反禁令而擅自砍伐山林，管山员将当场抓获，抢去斧头等工具，并接受村寨主持人的处理。处理方法一般是：鸣锣认错，犯者在村寨边走边敲锣高声喊："为人莫学我，快刀砍禁山"，另外还有其他财产性处罚。鸣锣认错涉及土家人的面子观，俗话说"树要皮，人要脸"，如果丢了面子，在村寨里遭唾弃，比死还难受。

---

① 田涛：《被冷落的真实——新山村调查手记》，法律出版社2005年版，第118页。

② 陈金全：《西南少数民族习惯法研究》，法律出版社2008年版，第150页。

［规约］26：斯农大队山林村规民约（澜沧江上游德钦县明永村斯农行政村）①

为了制止乱砍滥伐，防治毁林开荒和山林火灾，加强对现有山林的保护和管理，开发利用荒山，加速荒山绿化，有利于农林牧全面发展，现根据上级政策，结合我大队实际情况，特作如下制度：

一、护林委员的职责：

1. 检查整个社有无林中乱砍滥伐、毁林开荒、山林火灾的情况；

2. 山林火灾扑火组织；

3. 验收砍伐手续；

4. 收齐本队山本费；

5. 每次检查山林后，向大队和家长会汇报一次情况。

二、护林委员一年检查山林天数安排：布村 12 天，其他小队 6 天。

三、护林委员的报酬，能够在本队山本费中解决的，按每天 2.5 元计算，山本费不够的，应按投工解决。

四、在责任山中农户需要砍伐，必须先办好砍伐手续，如有违者一根罚款 5 元。

五、在砍伐时，不管任何承包山林，凡是损坏幼林的，两根折为一根计算，扣去该户的砍伐根数。

六、在责任山、牧场中任何人不准下扣子，如下扣子扣着猎物，谁见着归谁，扣着牲畜的按村规民约规定执行。

七、在责任山、封山、牧场中不准开荒，如在牧场中需要开荒，要由小队统一安排，大队审批后才能进行。

八、封山林、水源林、防护林、风景林、漆树及柏树，一律不准砍伐，违者一根罚 5 元。

九、农户需要自用锯木板，先要向大队订合同，由大队统一安排。如有不通过大队办理手续的，板子一律没收，并一丈罚 20 元。

十、各户承包的山林，在 100 年内应各负其责，不准随意更改。

---

① 郭家骥：《发展的反思——澜沧江流域少数民族变迁的人类学研究》，云南出版集团公司、云南人民出版社 2008 年版。

十一、发生山林火灾时人人有责，应积极投入。参加扑火年限：男16—55岁，女16—45岁，在此年限内不参与扑火工作者，扑火期用几天，就按每天5元计算罚款，并且，今后不办理该户的砍伐手续。

十二、除了自留山，在四旁中，要求共青团、学校、其他社员植树造林，如果成活，一棵奖励0.5元，果木受益归个人，所有权归集体。

各小队在执行以上规定的前提下，根据自己的具体情况再做补充规定。各户要坚决执行大队和小队所制定的山林村规民约。

斯农大队

一九八三年十二月九日

［规约］27：云南省丽江地区宁蒗县永宁乡泸沽湖村村规民约①

云南省丽江地区宁蒗县永宁乡泸沽湖村村民委员会于1999年5月25日制定的村规民约共22条，其中7条规定针对该村的自然环境保护，具体内容如下：

第八条：划船人员和游客禁止向泸沽湖内乱扔垃圾和废弃物；严禁在沿湖一带洗车，违者处以罚款10元至50元。

第九条：门前实行三包。每天早上接待户必须打扫和清理门前的垃圾和湖面的漂浮物，并集中堆放，在规定的时间、地点内清运与处理；公共场所由划船组负责，违者处以罚款10元至50元。

第十条：为保护泸沽湖的水质和自然植被不受污染和破坏，在我村地界内（从司那至红岩子），我村一律实行特级保护。在此范围内严禁乱倒垃圾，严禁向湖中直接排放污水，严禁炸鱼、打野鸭，捕杀野生动物，并协助有关部门搞好护林防火工作，严禁乱砍滥伐，违者处以罚款50元至500元。

第十一条：在我村水源区（鼓节得罗至依歪罗）禁止砍伐任何树木，打草积肥，开采石头，取土等，违者处以罚款100元至500元。

第十二条：除本村民自用外，在大鱼坝泥石流区取沙采石每立方收取6元的土地损补费。

① 陈金全：《西南少数民族习惯法研究》，法律出版社2008年版，第181—182页。

第十三条：为合理利用和珍惜土地资源，禁止一切非法占用公共场所、人行马道、破坏水利设施等行为。

第十五条：凡在我村从事经营旅社、饭食的外商，每月收取环境资源管理费70元，咖啡屋、茶馆50元，美容美发厅、歌舞厅70元，小卖部40元，烧烤店40元。

［规约］28：象山封山护林植树碑①

该碑为清道光二十八年（1848）季春丽江合郡绅士耆民同立，内容抄录如下：

晓谕封护主山，永禁采挖放牧，以陪风脉事案。

据丽江阁郡绅耆公词呈称：缘丽江象山，风脉凝聚，所有文、武庙、府治、县治县自此山发脉。为因工食力之流，希图近便，任意扮石挖土，采樵放牧，年深日久，每遇水潦，时有倾圮，以至山骨暴露，形势枯槁。土民等窃思：四乡各村主山，尚知保护，况属城府主山，为本郡风脉所关，尤宜爱惜。兹当同公议……东至阿卢罗大阱上，西至黄山，南至大路止，北至此山顶，四至开明，周围五六里内，永禁扮石挖土以及樵牧等事。情愿设立看山二人，每日轮流查看，且各认地界种植松柏。庶几十年间，蔚然深秀，为一郡之观瞻。伏乞天恩出示晓谕，土民等谨遵勒石，以垂永久，则风脉凝聚，人物兹丰，洵为利益地方，培植将来之盛意，当顶祝鸿慈涯矣！等情。据此，象山为丽郡主山，自应保护，以陪风脉。除公呈明晰批示扎饬丽江县知照外，合行出示晓谕。为此，示仰阁郡军民等人知悉：自示之后，尔等遵公议，自东南西北四至——阿卢罗大阱、黄山、大路、山顶等处五六里内，永禁挖石取土，采樵放牧。以免山骨暴露，山势凋残。又于各地界种植松柏，殊足培形势而壮观瞻。唯栽植之始尤当护惜培养，尔等居民牲畜各宜他处放牧，不许践踏禁山。倘敢不遵约束，妄于禁约界内攻凿土石，砍伐树木，纵放牲畜，任意践踏，确有证据者，许看山人役通知绅耆，指名赴地方官衙门禀报究治，决不姑贷。各宜禀遵勿违，特示。

（一）东至阿卢罗大阱，严禁采挖放牧。纵有卖石度日者，只许

① 陈金全：《西南少数民族习惯法研究》，法律出版社2008年版，第171—172页。

于瓦窑村护山外，捡寻碎石，不得大开大挖，以破山脉。违者禀官究治。

（二）设立看山二人，每人给麦子三石。议定：通学公项拨出贰石，武庙出壹石，大佛寺壹石，礼拜寺出壹石，城内四甲出壹石。成熟时，历年如数量，不致参差。

（三）山岗一带公种松柏成树之日，仍公行管理，勿得争竞。各家坟茔自行培植。凡近坟山或水阱，即经公处种植，不得认为己有，擅自砍伐。

（四）于公山四至内，无论公私起建，不得挖石取土，即有丧茔而无力买石者，听其于自己坟内拾石垒坟，亦不得借故开挖，图利兹弊。违者罚倍充公，禀官惩治。

（五）于禁界内纵放牲畜，践踏树木者，重罚禀官。

（六）于坟头偷石伐木者应治罪。

（七）看山二人务宜仔细严查，倘有怠玩、徇情、贿纵等弊，禀官惩治，即行黜出退。

［禁忌/崇拜］7：摩梭人的山林崇拜①

云南省宁蒗县摩梭人崇拜多神，认为日月星辰、风雨雷电、山川草木均有神灵。山有山神，水有水神，而这些神的安逸与否，与当地自然环境的安宁及人畜繁衍有极大关系，故每个村落皆不准任何人砍伐“神林”“神山”。每个村落附近都有公共的“神林”“神山”和“龙潭”。每年的封山季节任何人不得砍伐山间林木，否则会触犯山神与龙潭神，并导致当地发生冰雹、天旱等。若谁犯忌，全村人可处罚肇事者。

［禁忌/崇拜］8：东巴经禁忌②

东巴经的《大祭风·开坛经》有如下内容：“不到利美署许汝的泉水里去洗衣服和其他破烂东西，不到白色的高原上采摘山花和野花。到了雪山上，不随便去攀折长斑纹的古老的树木；走到九座大山

① 何丕坤：《中国少数民族与生态保护》，载何丕坤、於德江、李维长编著《森林树木与少数民族》，云南民族出版社2000年版，第52页。

② 和开详：《纳西东巴古籍译注全集》，和宝林译，习煜华校，云南人民出版社2000年版，转引自陈金全《西南少数民族习惯法研究》，法律出版社2008年版，第169页。

上，不随便去砍伐大树，砍削白色的木板瓦；到了大山箐里，不随便去砍绿色的竹子；到了森林里，不去毁坏大片小片的森林，不去砍伐大大小小的树木。”

［禁忌/崇拜］9：哀牢山区日盛的自然崇拜①

云南省哀牢山区少数民族村寨均有祭山祭树的传统，然而“文化大革命”浩劫使这些保护和管理森林的民间做法被迫取消，代之而起的是人们对村寨周围树木的大肆砍伐，致使一些村寨由于森林失去涵养水源的能力而引起人畜饮水困难。在日益恶化的生态环境面前，村民愈发坚信森林是他们的保护神。现如今，“越来越多的村寨为管理和保护森林，又开始‘祭神树’‘祭神山’的活动”。根据目前的调查，墨江西县新安乡龙凯村公所男困自然村等村寨在1980年前后已恢复这种行之有效的自然崇拜，保存了大片的风水林。

2. 典型案例/立法例评析

综合考察上述规约和禁忌崇拜，不难发现，环境习惯法的规范方式具有以下显著特征：

首先，环境习惯法规范具有明显的“罚则”特色。在上述［规约］22、［规约］23、［规约］24中，环境习惯法条款几乎无一例外由“罚则”组成，在法的规范结构意义上，均体现出“行为模式+否定性法律后果”的单一逻辑结构特点。相较于现代环境制定法的规范特点，环境习惯法规范虽然较为单一，但具有更为鲜明的惩罚性。

通过细微考察可发现，环境习惯法所体现的“罚则”属性秉持更深层次的价值功能。一方面，环境习惯法仅以“成文”的“罚则”条款表征自身职以调处环境纠纷的范围。“罚则”条款表明，环境习惯法只在自己的调整范围内以最为有效的手段——“罚则”来调处特定的纠纷，而非采取其他调整工具，如道德、宗教、技术性习惯等所运用的意识引导、自律约束、墨守成规等手段，从而为传统社会中的“他治”留下应有的空间。迥然相异的是，现代环境制定法以奖、惩、教育、宣传等“综合”“多元”的调整手段共同应对各种环境问

---

① 何丕坤：《中国少数民族与生态保护》，载何丕坤、於德江、李维长编著《森林树木与少数民族》，云南民族出版社2000年版，第52页。

题、调处各类环境纠纷，貌似更为科学、有效，但究其实质，这种“综合”“多元”的调整手段无疑是对“法外空间”的肆意侵噬。如此一来，“法外空间”中其他调整工具的应有功能在现代环境制定法“综合”“多元”的扩展趋势下日趋式微，现代环境制定法又因其调整属性的“先天性”制约而无法达致自身“综合”“多元”调整的预期，引致各种调整手段在应对环境问题、调处环境纠纷时的调整不能或不力。可见，环境习惯法的“罚则”属性对现代环境法治具有重要的启示意义。借用康德之言，“给知识划定范围，以便给信仰让出地盘”①，我们应尝试给法律调整手段划定范围，以给其他工具让出地盘，环境问题的解决、环境纠纷的调处绝非法律的一厢情愿，必须要借助于其他调整手段的补给。另一方面，环境习惯法的“罚则”创设以公平、公正理念为基本尺度。在［规约］22 中，第 5 条规定，“砍着集体的和私人的林木都罚成一样”；第 6 条规定，“外大队人和干部家属跟社员罚成一样”。第 5 条和第 6 条规定的“罚成一样”体现了环境习惯法在调处环境纠纷时所遵循的公平、公正理念。“罚成一样”不仅体现了环境习惯法在维护集体、个人利益中遵循的公平、公正理念，而且反映出环境利益的维护之于各类主体的同等重要性。因此，环境习惯法尽管较为单一，但因对公平、公正理念精神的依循和对共同性环境利益的积极维护而成为一套行之有效的规则体系。

其次，环境习惯法与其他规范形式相互交叉。在传统社会，相互交叉、共生共存是各种社会规范较为普遍的存在形态。环境习惯法规范也往往与其他规范形式如道德规范、宗教规范交互交叉，或者在自身规范中融入其他规范，或者将自身栖居于其他规范之中。在［规约］25 所举的土家族习惯法中，犯者喊叫的“为人莫学我，快刀砍禁山”实为一种道德规范形式，该条规定体现了道德规范与习惯法规范共生共存的特点。同样，［规约］28 也将道德规范与法律规范集于一身，纵览全文，《象山封山护林植树碑》更似一篇夹杂有法律条款的道德文章。而［禁忌/崇拜］7 和［禁忌/崇拜］8 又表明，环境习

① ［英］休谟：《自然宗教对话录》，陈修斋、曹棉之译，郑之骧校，商务印书馆 2001 年版，第 11 页。

惯法与“神林”“神山”崇拜等宗教崇拜和教规相交织而存在。道德规范和宗教规范的渗入，大大提高了环境习惯法的意义蕴含和规范效果。正是在这个意义上，［规约］25 中的“鸣锣认错”获得了更为全面和确当的意义和效果，“鸣锣认错涉及土家人的面子观，俗话说‘树要皮，人要脸’，如果丢了面子，在村寨里遭唾弃，比死还难受”；［禁忌/崇拜］7 中的摩梭人对“神林”“神山”的顶礼膜拜也极大程度地补强了环境习惯法的实效。

最后，环境习惯法规范体现出较为鲜明的发展性特征。一般而言，在现代主流法学“叙事”中，环境习惯法经常与传统、历史等表征“过去时态”的词语相联系，是代表过去某一历史时期法形态存在的符号。然而，从制度规则动态演化的视角看，环境习惯法并非一个表征历史的概念和范畴，而是随着社会历史的变迁而逐渐演化发展，体现出较为鲜明的发展性特征，抑或可以说，环境习惯法具有与时俱进的内在品格。因此，在制度发展演化的较早时期，环境习惯法是一套行之有效的规范体系，在现代环境制定法日趋繁荣的今天，环境习惯法仍在动态演化的历史序列中岿然屹立，适时的修正与调整不失现代性特征。上述［规约］26 中，“承包山林”“封山林”“水源林”“防护林”“风景林”等现代森林管理的元素无不体现在斯农大队的山林村规民约中；在［规约］27 中，旅游业等现代商事经营领域也被纳入环境习惯法调整的对象范围之中；甚至在［禁忌/崇拜］9 中，环境习惯法中的自然崇拜因素即使在今日也不是陈旧的糟粕，而是呈现出一番日盛的繁荣景象——“越来越多的村寨为管理和保护森林，又开始‘祭神树’‘祭神山’的活动”。足以显见，环境习惯法并非丧失了发挥作用的历史条件，而是在新的历史条件下焕发出勃勃生机。

（五）环境习惯法的特殊适用规则：严厉性与灵活性的统一、单一性与多元性的统一、规范性与任意性的统一

1. 典型案例/立法例

［规约］29：禁砍树木合同碑记[①]

① 《禁砍树木合同碑记》，2008 年 9 月，中国林业生态文化网（http://www.lystwh.com.cn/showwenhua.asp?news_ id = 35）。

云南楚雄市富民区吉乐乡磨刀菁村嘉庆二十三年（1818）立的《禁砍树木合同碑记》如下：

立保护山场禁砍树木合同碑记，有祖遗上下各村□□山场，田地钱粮巨大，国赋攸关，若不急为保护，则山林渐空，田地日以干寡，钱粮何由上纳？今兄弟叔侄同佃产公同酌议，齐心儆戒，保护东接蒲性地界，以大尖山分山倒水为界；南自石丫口山顶，分山倒水为界；西自北丫口利摩蚱山顶分山倒水为界；北自母澳郎冲山顶所、李姓山场之内一切树木自封山之后，不得混行砍伐，倘有盗砍盗伐者，博齐公同理论，照规处罚，不得隐恶。若见而不报者，亦照规处罚，倘不遵条规者，执约鸣官，加倍处罚。自此各宜敬戒保护，恐后无凭，立此合同碑记，永垂不朽。

——盗砍青松壹棵者罚银壹两伍钱；

——巡山不力者罚松种五升；

——盗砍沙松壹棵者罚银伍钱；

——见而不报者罚银伍钱；

——盗砍明子歪□者罚松种伍升；

——盗砍杂木一枝者罚松种伍升。

嘉庆二十三年十二月初九黄姓同佃户公同立石

［案例］1：砍竹案①

2006年的一项案例调研如下：吉首市几略乡民办教师石某某砍了下寨村的一根竹子私扛回家用来晒衣，被察觉后，乡政府罚了他10元钱，但石某某拒不接受，不交罚款。下寨村村民说，我们有乡规民约，让我们按规定处理。结果由寨老主持，对照乡规民约，罚了他200元钱。石某某面对乡规民约，不得不服，只得如数交出罚款。

［案例］2：村委会调解②

1999年4月，云南省金平县勐腊乡新勐村普洱下寨农户王保国伙

① 曾代伟：《巴楚民族文化圈研究——以法律文化的视角》，法律出版社2008年版，第208页。

② 方慧：《少数民族地区习俗与法律的调试——以云南省金平苗族瑶族傣族自治县为中心的案例研究》，中国社会科学出版社2006年版，第174—175页。

同金河镇大老塘农户普学文，违反村护林公约将由村集体所有的林木砍伐近千株。事后，村委会护林小组决定由主要当事人王保国负责赔偿全部林木损失。但王保国连责任田都未耕种，根本没有赔偿能力。于是，新勐村村委会找到了王保国的哥哥王金国。开始，王金国并不愿意为弟弟承担责任，经过村委会反复宣讲本村的护林公约和国家相关法规，王金国的态度发生了转变，并自愿写下保证书如下：

保证书：

我系新勐村普洱下寨农户王金国，因我二弟王保国指使普学文毁林开荒，致使普洱下寨村集体林被砍毁大小共约千株，经新勐村委会干部调查处理，决定由我弟弟负责全部林木损失费900元。因为我弟弟无赔偿能力，经我与村委会干部商议，决定同意由我帮助弟弟王保国支付赔偿费。因我现也无现金，特立下此保证书：

（1）我保证于1999年5月20日前将林木损失付给新勐村村委会。

（2）如我到时间还不支付赔偿费，我同意将我家的一头耕牛作抵押。

此保证

保证人：王金国（手印）

1999年4月25日

［案例］3：金岙村黄天才、黄林友因放水争执调解书①

金岙村村民黄天才、黄林友二人在1995年8月□□在台湖垟为放水发生争执后发生打架，经金岙村委会调解，双方自愿和解：

一、双方在8月3号到8月25号止的医药费一律自负。

二、黄林友手伤8月29号以后的医药费，由黄天才付给黄林友贰佰元人民币，当场付清。

三、双方自愿和解后，医药费一次性结断，双方永不反悔，今后必须和好。

① 田涛：《被冷落的真实——新山村调查手记》，法律出版社2005年版，第78页以下。

此调解书一式三份，双方各执一份，村留一份。

调解单位：金岙村

代笔：黄国友

调解人：水发

大江

当事人：林友（指纹）

天才（指纹）

（加盖：宁溪镇金岙村民委员会章）

1995.8.25夜

［案例］4：贵峰村民护林案①

云南丽江贵峰一带村民护林爱山的意识是很强的。过去有个在方圆几十里很有势力、手下“弟兄”众多、一呼百应的人称“和大哥”的帮会头目，有一次在山上不小心引发了一场小火灾，烧毁了一些树木。他在扑灭了火之后，惶恐愧疚地从山上回家，一路上见到每一个村民都下跪磕头，一直磕到村里，表示他对造成火灾的负疚悔罪心情。由此不仅可见环境保护习惯法对保护山林的作用，而且还可以看出纳西人心中自发的自律约束和对破坏林木自觉的内疚。

［案例］5：金平县黄草岭乡山林权属纠纷案②

金平县的老集寨乡与元阳县的黄草岭乡相邻，两个乡的村民经常为白乐寨等五村寨与哈马寨等四村寨之间山林的权属问题发生纠纷，双方领导本着民族团结、有利于发展农业生产和发展林业的原则，经过充分的协商，最终达成了和解协议，解决了纠纷。

［调查］4：苗族村寨调查③

1939年大夏大学社会历史研究部学者的民族调查：苗人村寨，定有“乡规”，但较严格，全寨的人没有一个敢加以冒犯，寨中的牛马常放在野外栏圈，谷米稻草等都储在寨外，偷窃的现象从未发生。

① 陈金全：《西南少数民族习惯法研究》，法律出版社2008年版，第173—174页。

② 方慧：《少数民族地区习俗与法律的调试——以云南省金平苗族瑶族傣族自治县为中心的案例研究》，中国社会科学出版社2006年版，第113页。

③ 徐晓光、吴大华等：《苗族习惯法研究》，香港华夏文化艺术出版社2000年版，第186页。

就是耕耘播种的植物，若有偷窃一枝一苗的人，察觉后严惩不贷，大有“路不拾遗，夜不闭户”的遗风。

［调查］5：湖南湘西花垣麻栗场尖岩村调查①

湖南湘西花垣麻栗场尖岩村是个纯苗族村，由于地处国道209、319交通要道，为花垣和吉首两县市相邻地段，地理和社会环境比较复杂。但由于坚持“款约”（村规民约的一种类型）多年，社会秩序一直比较安定，偷盗、吵架、打架等民事纠纷也很少见。

［调查］6：苗族理老解决纠纷方式②

理老，即讲理的老人。理老是苗族地区专门职司调解纠纷的人，由精通风俗习惯和古理，又能言善辩、办事公正之人充任，他们有如智者和师长，举凡天文地理、历史文化和风土人情，他们都能对答如流，无论大小纠纷，他们也力求公道调解，所以极受尊重。在理老的职能中，调解关于山林、田土利用和管理的争执是其中重要的一项。理老解决纠纷的具体方式如下：

1. 理老作为“代理人”。纠纷双方都不出面，而由所请的理老面对面辩论，谁辩论不过就算理输，相当于一种全权委托代理。

2. 理老作为“仲裁人”或“法官”。

理老作为“仲裁人”或“法官”解决纠纷的具体程序如下：

第一步：双方请来理老。

第二步：理老定规则。主要关于纠纷各方如何遵守规则的约束规定。

第三步：陈述事实。先由提出论理方（相当于申请人或原告）阐述事实，然后由另一方回应。

第四步：双方辩论，出示证据，理老评议。这一阶段是调解的关键。理老对每一条罪状质询证据，评议输赢。

第五步：总结陈词。

第六步：理老判决。具体确定责任承担等。

---

① 曾代伟：《巴楚民族文化圈研究——以法律文化的视角》，法律出版社2008年版，第208页。

② 同上书，第388—394页。

2. 典型案例/立法例评析

上述规范及案例、调查，体现了环境习惯法在适用过程中的显著特征：

第一，严厉性与灵活性的统一。

环境习惯法在适用过程中的严厉性体现在各类“罚则”规范条款之中。如前所述，环境习惯法在规范方式上具有明显的“罚则”条款属性，如［规约］29和前文述及的［规约］18。“罚则”属性体现了环境习惯法强大的法律威慑力。也正是基于“罚则”条款的强大威慑力，环境习惯法一直是维护特定社会秩序的重要工具。在［案例］1、［案例］4、［调查］4以及［调查］5中，作为环境习惯法的乡规民约在纠纷处理中的作用显然比国家规则更为有效，环境习惯法的强大威慑力在国家环境制定法日盛的今天仍然不失为一套极其有效的法律规则体系。

在严厉性之外，环境习惯法也具有显著的灵活性特征。类似于现代法治实践中对特定案件“酌定情节”的掌握一样，对环境习惯法灵活性的把握体现了规则对具体案件适用的灵活性，以使规则在关联性中对多元价值有所回应。环境习惯法在个案中的灵活性正是对当事人责任承担能力的合理回应，从根本上体现出法律公平与正义的价值追求。由此可知，环境习惯法的灵活性并非随意胡乱适用，而是立基于一定的价值基础之上，而这一价值基础即法律所追求的公平、正义、秩序等理念。

第二，适用程序的规范性与任意性。

从适用程序来看，环境习惯法具有规范性和任意性的特征。其中，规范性表明环境习惯法的适用程序已被预先创设，进而在个案中被一体遵行适用的特征。在［调查］6中，苗族理老作为“仲裁人”或“法官”解决纠纷的具体程序分为六个步骤，即第一步先由双方请来理老，第二步由理老定规则，第三步由双方当事人陈述事实，第四步双方辩论，出示证据，理老评议，第五步双方总结陈词，第六步理老判决。苗族理老“审理”案件的规范体现了环境习惯法适用程序的预设性，不仅如此，该规范在程序设计上非常完备，与我国现行诉讼法的相关规定极其接近。再譬如，前述［规约］13中，甘肃省甘南藏族自治州境内的甘加思柔、仁青藏族部落处罚属民放牧越界的两种方式也体现了环境习惯法适用程序的法定性。

任意性则是指环境习惯法适用程序的灵活多样性特征。与环境制定法相比，环境习惯法具有明显的分散性特征。因而在一般情形之下，环境习惯法表现出较强的灵活多样性，在具体适用程序中亦然。可以说，环境习惯法适用程序的任意性是常态表现，而规范性则是非常态表现。在［案例］1、［案例］2、［案例］3、［案例］5 中，环境习惯法的适用程序较之［调查］6 和［规约］13 而言，均表现出了明显的任意性特征。综合而言，环境习惯法的适用程序是规范性与任意性的统一。

第三，法律责任的单一性与多元性。

在对环境习惯法的归纳中，法律责任形式既表现出来单一性特征，又现出了多元性特征。就前者而言，环境习惯法规范中的法律责任形式以“罚款”“罚物”等“罚则”形式表现出来，体现了较为普遍的单一性特征。前述［规约］23 中莫坝部落环境刑罚制度，［规约］24 中金岙村山林制度，以及［规约］28 中的诸项规定均以“罚则”形式构成主要内容，体现了法律责任形式的单一性特征。然而，除了单一性特征之外，多元性也是环境习惯法规范中法律责任的又一特征。具体而言，多元性是指环境习惯法中法律责任承担方式的非唯一性，主要有多种责任的并列适用和多种责任的选择适用。前述［规约］1《南岗排习惯法（寨规)》所规定的“不准在禁山（风水山林）上砍柴，违者罚二十斤酒，请全排人饮食。不准偷卖祖公山和公众山，违者除把所卖款项收回外，加罚白银八十元”，属于多种法律责任并列适用的情形。而在前述［规约］14 中，搬迁四季牧场时，“迟搬、早搬或随意落账，则要受到处罚。处罚方式为罚打、罚款或没收财产”。此处所规定的法律责任形式即具有多元性特征，对具体违法行为的处罚可在罚打、罚款和没收财产三种责任形式之中选择适用。再如，在前述［规约］5 中，石桥万年青村山林习惯法中乱砍滥伐“每棵栎木赔损失费 0. 5—50 元，松树每棵赔 50—1000 元，挖着疙瘩每坑赔 20—30 元”的规定也属此种情形。总之，从法律责任的承担来看，环境习惯法的适用既体现出了单一性特征，同时也体现出了多元性特征。

第四章　环境习惯法现代价值的证成

第一节　环境制定法的现代困境

一　法律一元与现实多元之间的矛盾

工业革命肇始的环境制定法从其形成发展之始，便走上了以“法律国家中心主义”为主导的现代法治之路。究其原因，一方面，从现代法治发展的全貌来看，其基本逻辑是对以“法律国家中心主义”为导向的法律一元构想的企及。在“法律国家中心主义”的去多元化过程中，作为现代法治之重要组成部分的环境制定法也无法置身事外于这一窠臼而步趋一元化之浪潮。于是，“法律国家中心主义”驱逐了环境资源管理领域曾一度行之有效的地方自治或民间规则。[①] 另一方面，从权力配置和法律运行层面观察，环境制定法堪与传统行政法相媲美。隶属性权利义务关系以及法律运行中的基本结构是二者相似性的重要表征。因此，环境制定法被多数学者冠以“公法”的美誉。如此一来，作为“公法”之重要类型，环境制定法在部门法体系中的“高位”特征与诸多民间习惯规则的“低位”特征之间形成了鲜明的对比，这一分野恰好阻隔了其与民间习惯规则之间进行深入对话的可能，从而使其所遵循的“法律国家中心主义”的一元模式构想得以巩固和延续。

在现实社会中，作为调整社会关系的重要工具之一，现代环境法

① Anderson, “The New World Disorder”, 24 *Hours Supplement*, 1992, February.

律规则并没有在"法律国家中心主义"的主导下以一元化的制定法姿态存续和发展，更为真实的情形是：在国家主导的制定法一元模式之外，并存有大量真实的环境习惯法规范等非制定法形态。从各自的调整领域来看，国家主导的环境法一元模式固然在应对现代环境问题中有非常重要的作用，但大量的环境习惯法、环境民间法的功能依然不可小觑。在地方自然环境区域的管理与保护中，环境习惯法等规范的作用同样非常重要，甚至在某些领域远远超越了国家环境制定法的作用。另外，从相互关系来看，国家主导的环境法一元模式不但不是法律的唯一样态，而且在很大程度上只有在依循大量真实的环境习惯法等民间规范的基础上发展演化才能并获得自身规则的独立性。在哈耶克看来，制定法一元模式下的环境法仅是一种"相对简单的"人造秩序，"只有该秩序的创造者能够审视且把握的那种较低的复杂程度"①，而现代环境法之"大成"必然是符合于或遵循更为复杂的自生自发秩序所依赖的规则。自生自发秩序所依赖的规则中，存在于民间的环境习惯法是最为重要的部分。因此，只有在依循环境习惯法这一自生自发秩序所依赖的内部规则的基础上，现代环境法方可成为现代环境法治最为有效的规则基础。在我国民族地方环境法治中，民族环境习惯法等内部规则的重要价值和强大生命力便是环境法现实多元的有力写照。除此之外，即使环境习惯法等民间环境法规则与国家环境制定法之间的源流关系在多元化的现代社会被日渐遮蔽起来，但在对一个"公共池塘"式的环境资源的有效管理中，环境习惯法等民间环境法规则仍然是国家环境制定法之外异常重要且真实存在的制度工具。环境资源的管理虽然具有较强的国家政策特征，但因地制宜的方法仍不可或缺甚至更为重要。戈德温和萨帕德认为，"政策学家在没有考虑现实世界的变量与理论模型是否一致的情况下适用……模型，实际上做着与强行把正方形、三角形和椭圆形都裁剪成一个圆形相同的事情"②。这一隐喻恰如其分地印证了国家环境制定法这一统

① ［英］弗里德利希·冯·哈耶克：《法律、立法与自由》第1卷，邓正来译，中国大百科全书出版社2000年版，第57页。

② 转引自［美］埃莉诺·奥斯特罗姆《公共事物的治理之道》，余逊达、陈旭东译，上海三联书店2000年版，第45页。

一化规则之于“公共池塘”式的环境资源管理的制度局限性，即“试图把一套规则强加于整个辖区，而不是制定适合辖区内各地情况的特殊规则”①。显然，“人们为了生存和发展通常而制定的相应‘非正式法律’的内部行为规范，即一种‘非正式定义’的集体产权与集体行动制度，在许多领域中……具有较低的执行成本和较高的灵活性”②。而且，建立在社会经济系统实际运行基础之上的具体“非正式法律”极具活力，并对“具体情势的改变提供持续和便捷的反馈机制”③。可见，环境习惯法这类“非正式法律”因在“公共池塘”式的环境资源管理中具有的优越制度功能而成为现代环境法真实而重要的组成部分。

通过上述论述可知，法律一元的构想和现实中法律多元之间的矛盾构成了现代环境法发展的重要困境之一，这一困境的存续也必将对现代环境法产生诸多不利影响。

首先，法律一元的构想置法律多元的现实于不顾，其结果即使在形式上具有一元的“法律国家中心主义”之外观，但在实效上仍存在力不从心的弊端，尤其在环境习惯法盛行的民间领域，更是面临名存实亡的窘境。在法律多元的现实中，发挥实际作用的规范并非仅限于表征“国家中心主义”的制定法，而是由制定法和非制定的其他习惯法共同构筑的法律规范系统。在这个系统中，习惯法构成了现实规范的重要力量来源。而环境制定法受命于“法律国家中心主义”，意欲取代环境习惯法等非制定法规范而成唯环境制定法独尊之大统。很显然，在实现“国家中心主义”愿景的过程中，环境制定法不时受到来自现实法律规范系统，尤其是环境习惯法等非制定法规范的冲撞，不仅不能实现“国家中心主义”一统的理想，而且因疲于奔命而顾此失彼，使其规范实效大为降低。

---

① ［美］埃莉诺·奥斯特罗姆：《公共事物的治理之道》，余逊达、陈旭东译，上海三联书店 2000 年版，第 19 页。

② 常江：《奥斯特罗姆教授与草原资源管理》，《中国发展简报》2010 年 4 月 22 日。

③ Eduardo S. Brondizio，Elinor Ostrom，and Oran R. Young，“Connectivity and the Governance of Multilevel Social-Ecological Systems：The Role of Social Capital”，*Annual. Rev. Environ. Resour*，2009（34）：53－78.

其次，尽管环境习惯法的现代式微是法制现代化的总体趋势，但由于环境习惯法历史传承的路径依赖特征，法律一元的构想只有在尊重环境习惯法的必要价值并得到源自环境习惯法持续供给的前提下才能实现，因此，拒斥环境习惯法的价值补给而一味追求法律一元仅是环境制定法的一厢情愿，且将严重影响到现代环境法治的实效。制度经济学的研究表明，“正式制度作用的发挥离不开非正式制度的支撑。非正式制度由于是历史的延续，是人们长期重复博弈的结果，因而对于经济发展的作用是更持久的”①。据此，环境习惯法作为社会发展赖以维系的非正式制度，因其路径依赖的根本性特征而不断持续且重要影响到现代环境法治的实践。因此，环境制定法只有在充分认识到环境习惯法的价值功能和制度演化规律并积极汲取环境习惯法的独特优势的基础上，才能更好地发挥规范功能。而拒斥环境习惯法特有价值功能、一味追求法律一元，只能使环境制定法日渐远离其预设的目的，并极大地降低了其实际规范作用。

最后，在规则发展演变的角度，环境习惯法这一内部规则是环境制定法这一外部规则发展演变的重要渊源，即从二者形成的基本逻辑来看，环境习惯法是“源”，而环境制定法则是“流”。按照源流关系的一般理解，环境制定法只有在不断吸取环境习惯法之“源”的基础上才能完善自身、提高规范实效。现实情况却是，环境制定法欲远离其得以形成发展的环境习惯法之“源”而自我发展并实现“国家中心主义”的一元构想。显然，隔断了与环境习惯法的内在联系，环境制定法便是“无源之水，无本之木”，“国家中心主义”的一元化之路只能渐行渐远。

二　外生性规则与本土性供给之间的断裂

任何法律规则的形成是历史的渐进过程。其间，文化、传统、地理环境等均为重要的影响因素。环境法规则与其他法律规则一样，在历史的渐进过程中也深受文化、传统以及地理环境等因素的浸透。由

① 王立宏：《内在秩序的生成机制与社会经济结构的路径依赖》，《社会科学辑刊》2006年第3期。

此，在西方世界的地理环境和文化土壤中孕育而生的现代环境法规则必然体现着“西方问题”① 的导向和特征。在中国，一套行之有效的现代环境法规则也必然与“亿万中国人的价值、观念、心态以及行为相联系”②，并深刻体现中国的自然环境特色与具体环境法治实践的特殊性。但现实情况毋宁是，在中国外援型法治现代化过程中，现代环境法被大量地“拿来”，且基本未进行中国化改造与适应，在外生性的现代环境法规则与本土性知识资源供给之间形成了巨大的断裂。

环境法律文化的断裂是外生性规则与本土性供给之间断裂的深层次表现。在西方社会里，法治传统或部分法律制度是在长期积淀的法文化基础上“自然”形成的。18 世纪法国思想家孟德斯鸠的代表作《论法的精神》提出了名言式的论断：“法应该与国家的自然状态有关系；和寒、热、温的气候有关系；和土地的质量、形势和面积有关系；和农、猎、牧各种人民的生活方式有关系。”③ 该论断即西方社会法律文化与法律制度之间关系的写照。工业革命以来，环境问题的凸现促使西方世界重新思考人与自然关系。在西方传统法律文化中，为了解决工业革命以来环境问题的需要，“自然”形成了西方现代环境法律制度体系。而在中国，鲜有与现代法律制度相匹配的文化土壤，独有的与传统文化丝丝关联的民间习惯性规则却在中国近代“强制性”法制现代化过程中被抛置一旁。在此大背景下被“强制”移植而来的现代环境法已完全脱离了中国传统文化的土壤，在一定意义上成为被束之高阁的“空文”。正如张冠梓教授所言，“原生的法律技术总是和各个民族群体的方式文化和意识形态有机地结合在一起，但与法律技术手段的易于转让相比，不同民族群体的传统法律心理则

① 邓正来教授在谈到中国法学向何处去的问题时，提到了从“中国问题”入手构建“中国自己的法学理想图景”的观点。在与法学的“中国问题”相对比的意义上，本书使用“西方问题”这一概念，以较明确地界定现代环境法规则在形成上的“西方问题”导向，进而对现代环境法规则所依赖和建构的“世界结构”进行批判。

② 苏力：《法治及其本土资源》（修订版），中国政法大学出版社 2004 年版，第 20 页。

③ ［法］孟德斯鸠：《论法的精神》（上），张雁泽译，商务印书馆 1961 年版，第 7 页。

很难沟通与移植”①，因而，现代环境法这一外生性规则与中国本土性知识资源供给，如环境保护习惯性规则等之间不可避免地存在着法律文化上的巨大断裂。环境法律文化的断裂同样“说明了要在我国建立一个运行有效力并有效率的社会主义法治，依据、借助和利用本土的传统和惯例的重要性”②。

环境法律制度的断裂及由此引发的不适应性是外生性规则与本土性供给之间断裂的直接表现。环境法律文化的断裂尽管是外生性规则与本土性供给之间张力的深层表现，没有直接体现为现代环境法实施层面的种种利弊，但从长远来讲，环境法律文化的断裂将持续影响环境法律制度的实效。我国当代环境法的主要制度大多源自西方国家成熟的环境立法。制度移植的表象俨然是我国已初步建立了完备的环境法律制度体系。然而，同样是某一环境法律制度，由于环境法律文化的巨大断裂，造成在西方国家和我国该制度运行不同甚至相互背离。以现代环境法最重要的制度之一——环境影响评价制度为例，不管是1969年美国《国家环境政策法》确立的环境影响评价制度，还是俄罗斯《联邦生态鉴定法》所确立的生态鉴定制度，均明确体现出公众参与这一现代环境民主管理机制在环境影响评价制度中的核心作用与意义。因此，环境影响评价制度（或生态鉴定制度）在西方国家立法中确立的重要作用在于通过公众参与的方式制约决策者（一般为政府或政府部门）所作出的有关影响环境的行为。该制度引入我国现代环境法之后，其制度内核和实践操作却与西方国家完全不同。总体而言，我国环境影响评价制度不但无益于制约决策者的不良行为，而且成为被决策者所掌控的政策性工具。从运行机制来看，政府作为具有信息比较优势的义务主体能够通过对难以被外界证实的环评信息的裁剪、曲解，使公众参与制度的基础性机制“空心化”，从而成功地隐瞒于拟议对象不利的“私人信息”（private information），规避公众参与制度的后续义务，引致严重减损公众参与制度绩效的信息异化现

① 张冠梓：《法律人类学：名家与名著》，山东人民出版社2011年版，第4页。

② 苏力：《法治及其本土资源》（修订版），中国政法大学出版社2004年版，第14页。

象。[①] 足以显见，外生性规则与本土性供给之间的断裂在制度运行层面产生了分崩离析的后果，制度运行的结果与制度设计的预期之间发生了严重的背离现象。澳大利亚学者 Richard Howiit 也认为，“外生性制度的主导以及与之相伴的本土资源管理制度的边缘化与祛权力化显然是导致不正义、不可持续、不公平以及生态多样性欠缺等问题的重要原因”[②]。可见，只相信环境法律制度的技术理性，不顾各不同国家、民族的具体文化情况及差异，无疑是一种“幻想”[③] 式的法律发展。在我国，只有植根于传统文化的深厚土壤之中，并不断从中汲取营养成分，现代环境法律制度的发展完善才会具有意义。用萨维尼的话说，“法律堪比语言”，法律的发展演进“并无绝然断裂的时刻”[④]，法律受特定民族、国家的“共同信念和内在的意识”[⑤] 等文化因素的制约。

三　公力强势推进与民间微弱运行之间的失衡

在法律一元化的大背景下，中国现代环境法发展逐渐走向并陷入这样一种困顿之中，即一元背景下国家公权力对现代环境法强势推进的同时，现代环境法的民间运行却呈现出极其微弱甚至无效率的窘境。公力强势推进与民间微弱运行之间的严重失衡主要源于中国现代环境法发展无法涤除的外生性、环境法治和治理实践中的不同推动力以及文化传统的“路径依赖”对于法律制度选择的“锁入”效应。

---

① 吴元元：《环境影响评价公众参与制度中的信息异化》，《学海》2007 年第 3 期。

② Richard Howitt, *Rethinking Resource Management*: *Justice*, *Sustainability and Indigenous Peoples*, Routledge, 2001, p. 314.

③ 德国历史法学派代表人物萨维尼认为，“只相信普遍适用的自然理性，不顾各民族具体历史情况及其差异”，无疑是一种法律的“幻想”，而唯有“民族的共同意识乃是法律的特定居所”。参见［德］F. 卡尔·冯·萨维尼《论立法与法学的当代使命》，许章润译，中国法制出版社 2001 年版，第 9 页；张冠梓：《法律人类学：名家与名著》，山东人民出版社 2011 年版，第 7 页。

④ ［德］F. 卡尔·冯·萨维尼：《论立法与法学的当代使命》，许章润译，中国法制出版社 2001 年版，第 9 页。

⑤ 张乃根：《西方法哲学史纲》（第四版），中国政法大学出版社 2008 年版，第 162 页。

如前所述，外生性是中国环境法制现代化无法回避的历史命运。我们不难发现，中国环境法制现代化的外生性源于国家权力的主动推动，并非发端于中国民间社会的强烈需求。故国家公力的强势推进仅产生了环境立法文本庞杂而繁荣的表象，至于这些环境立法文本的民间实践却因民间社会需求以及文化、传统等诸多因素的差异而差强“公”意。国外学者海斯对川西森林和草场使用中的民间规则进行了实地调查，其结果显示：尽管中国关于森林和草场使用管理的法律制度已较为完备地建立起来了，但“大多的当地使用者都是在用一种更加传统的方式管理土地”。调查采访中，藏族和回族的牧民认为“他们的土地使用是按照轮流放牧的公共安排确定的，而不是国家的命令性政策。在返回城镇附近的冬季牧区时都有精心的安排，与当地的寺院达成协议（寺院可以重新安排），并且认真进行个别管理，轮流使用乡村和城镇所有的草场”①。在国家公力对环境制定法强势推进的呼声中，真正发生在民间的景象却是环境制定法极其微弱地运行，代之而行的却是更为有效的环境习惯法规则。在现有文化和传统路径中，中国环境法制面临的这种窘境似乎很难在短时期内得到克服。

从环境法治和治理实践中的不同推动力及其效果来考察，我们不难发现，国家仅在较高的层面上以“单个场景”② 思维推动环境制定法的实施以在全国范围内得到“一体遵行”的效果，对于环境法治实践中具体领域的特殊性往往视而不见。而事实毋宁是，在环境法治和治理的具体实践中，表现为个体的各种“公共池塘资源”却具有鲜明的个体性，“继时关系或共时关系的多重场景构成”③ 是其显著特征，因而也存在相互迥异的管理“公共池塘资源”的规则，或多中心治理的规则。也就是说，在环境法治和治理的实践领域中，制度实效往往借助于除国家推动力之外的诸多民间力量，甚至在有些情况下，民间层面上根本不存在来自国家层面的推动力，“‘草根’的现

① 杰克·帕特里克·海斯：《有关荒地的法律基础与管理依据——中国西北部地区环境与习惯法讨论》，张韬译，《山东大学学报》（哲学社会科学版）2006 年第 4 期。

② ［美］埃莉诺·奥斯特罗姆、罗伊·加德纳、詹姆斯·沃克：《规则、博弈与公共池塘资源》，王巧玲、任睿译，毛寿龙审校，陕西人民出版社 2010 年版，第 47 页。

③ 同上。

实情况可能几乎完全与上级行政部门‘所看到’的相反”①。奥斯特罗姆的案例研究同样可以证明这一点，“政府管理的某些大型灌溉系统中，灌溉者既要遵守由政府机构制定的操作规则，他们同时也会组成农民协会，以在自己的灌区内自行制定并执行自己的操作规则”②。可见，国家层面来自环境制定法的推动力与实践层面形成的多元推动力之间的“交集”只是“公共池塘资源”多层次（多元）制度安排中的一小部分。公力强势推进的环境制定法必然因实践层面“用武之地”的有限而招致微弱运行的命运。

文化传统的“路径依赖”对于法律制度选择所产生的“锁入”效应也能有力解释环境制定法面临的公力强势推进与民间微弱运行之间的失衡现象。历史制度分析理论认为，文化在社会制度规则形成和制度“路径依赖”方面具有重要意义，其代表人物阿弗纳·格雷夫（Avner Greif）指出：“出现何种博弈均衡状态（即某一特定制度稳定形成），在很大程度上取决于博弈者的预期，这种预期主要受到其文化信仰的影响，而其文化信念又是在以前的制度选择中，即历史上存在的制度均衡中逐渐形成的。当博弈者根据当前的环境对未来的结果做出预期和相关决策时，他在以前（历史上）的博弈中所形成的文化信仰就会深刻地影响其当前的预期和决策。”③ 这样，“文化信仰作为链条和纽带，就在历史上不同的博弈和制度均衡之间建立了内在联系和继承关系”④。按此，环境习惯法作为长时期文化传统的产物，深深影响博弈者的选择，形成一种不易被打破的环境习惯法制度“锁入”效应（“锁入，lock-in——一种解决方案一旦达成，就很难从中

① 杰克·帕特里克·海斯：《有关荒地的法律基础与管理依据——中国西北部地区环境与习惯法讨论》，张韬译，《山东大学学报》（哲学社会科学版）2006年第4期。

② ［美］埃莉诺·奥斯特罗姆、罗伊·加德纳、詹姆斯·沃克：《规则、博弈与公共池塘资源》，王巧玲、任睿译，毛寿龙审校，陕西人民出版社2010年版，第267页。

③ 赵晓男、刘霄：《制度路径依赖理论的发展、逻辑基础和分析框架》，《当代财经》2007年第7期。

④ 转引自韩毅《历史的制度分析——西方制度经济史学的新发展》，辽宁大学出版社2002年版，第163页。

走出来"[①])。而且，由于环境习惯法规则的低成本治理、"适应性期望"[②] 的持续实现以及"总能带给我们那种知道自己正在做什么以及正在往哪里去的舒适感觉"[③]，其所产生的"自我强化机制"（self-reinforcing）或正反馈机制（positive feedback）[④] 使这种"锁入"效应更为明显和不断强化。因此，作为民间社会治理的主要渊源，环境习惯法获得了更为有效的规则适用意义。在环境习惯法发挥功能的"路径依赖"系统中，国家环境制定法似乎很难实现预想的功能，虽得到国家权力的强力推行，但其在民间社会的运行因环境习惯法规则的文化适应性而异常微弱。

第二节 环境习惯法的功能补给

一 本土法文化汲取与重建

在中国，外源型法制现代化进程使现有法律制度体系与中国本土文化几乎完全决裂。建立在中国传统文化基础之上的中国古代法或各类民间习惯法虽自成体系且在历史舞台上发挥过重大的作用，但近代工业文明在西方社会的兴起及引发的社会结构的深刻变革促成了西方法律制度在中国的产生和发展，同时也迫使中国固有文化传统在社会治理权威和效果上的大面积"倒戈"。虽然以"形式的

① ［美］道格拉斯·C. 诺斯：《制度、制度变迁与经济绩效》，杭行译，韦森译审，格致出版社、上海三联书店、上海人民出版社 2008 年版，第 129 页。

② Authur, W. Brian, "Self-Reinforcing Mechanisms in Economics", In Philip W. Anderson, Kenneth J. Arrow, and David Pines (eds.), *The Economy as an Evolving Complex System*. Reading, MA.: Addison-Wesley, 1997, p. 10.

③ ［美］道格拉斯·C. 诺斯：《制度、制度变迁与经济绩效》，杭行译，韦森译审，格致出版社、上海三联书店、上海人民出版社 2008 年版，第 115 页。

④ "自我强化机制"或正反馈机制是指，当某一制度的"变迁一旦走上某条路径时，它的既定方向就会在以后的发展中得到自我强化，从而形成对制度变迁轨迹的依赖"。参见［美］道格拉斯·C. 诺斯《制度、制度变迁与经济绩效》，杭行译，韦森译审，格致出版社、上海三联书店、上海人民出版社 2008 年版，第 129 页；赵晓男、刘霄：《制度路径依赖理论的发展、逻辑基础和分析框架》，《当代财经》2007 年第 7 期。

或者经济的‘期待’来衡量西方法律实证主义在中国的实效是不尽合理的”[①]，而且“更重要的是，一向决定着中国法律发展的文化和社会因素，以及中国古代法发展趋向本身，都是与形式法律的发展背道而驰的”[②]，但是，受以形式、自足为特征的法律实证主义的直接影响，通过国家立法产生并标榜经济、科技、效率等价值的西方法律制度在中国现代社会发展中获得了绝对权威，而中国古代法因其无法承受助益工业文明之大任而只能被迫退居幕后，直至销声匿迹。结果，悲剧的发生在所难免。经济偏好和科学技术癖嗜上演了人与自然、社会道德伦理冲突的中国版本：环境污染和破坏日益加剧、功用主义盛行、技术统治主导社会生活的方方面面、利益主体之间的摩擦与对抗有增无减等。实证主义自身弊端暴露无遗。要克服中国版本的实证主义在法制领域里的先天不足，共有两种途径可循：要么全盘摒弃，重拾作为自然秩序和谐手段的中国法文化传统；要么通过发掘中国法文化的合理部分来抵制、消弭其漏弊，达到中西法文化在“世界结构背景”下的良性互动与协调，以最终构建具有“主体性”的中国法律制度体系。[③] 第一种途径无论从中国现今所处的社会历史条件还是从全球社会所共同面对的深刻现代性考察，显然都是行不通的，因为这种全盘性解构必然面临解构之后政治、经济、社会等领域制度依赖的瞬间缺失以及随之而来的社会结构的崩塌，且为现代市场经济模式下的政治意识形态及法律的精致性要求所不许。这样，只有第二条途径可供选择。虽然选择第二条途径会在短时期内带来中国文化与西方法律制度之间的抵牾，但从长远来讲，却是现代法律制度汲取传统文化养分、重建中国法律文化和制度“主体性”的必由之路。在这一意义上，梁治平也说，“法律改革的命运在根本上取决于文化建设的成败。法律问题最终

① Max Weber, *On Law in Economy and Society*, Touchstone, 1967, pp. 264 - 265.

② 梁治平：《寻求自然秩序中的和谐》，中国政法大学出版社 2002 年版，第 380 页。

③ 邓正来：《谁之全球化？何种法哲学？——开放性全球化观与中国法律哲学建构论纲》，商务印书馆 2009 年版，第 251—252 页。

变成为文化问题”①。“主体性”法律制度重建的当务之急无疑是法律文化的识别和重建，无论这种识别和重建的进程如何艰难，扼杀法律实证主义的梦魇而重释社会历史、文化生活的本质及借以指导我们当如何行为的机制的本质显然是十分必要和紧迫的。

在识别和重建中，中西文化形态的轮廓逐渐清晰起来。就中国传统法文化而言，悠长的历史勾勒出了一幅以人与人、人与自然秩序和睦为轴心的画卷。中国文化关于社会、人生、自然、宇宙等事物都有自己的独到认知。这种认知的核心就是“和”。“和”是“中国历史文化的特征向量、古代先哲的生命信仰和思维基础”。② 如，老子提出“知和曰常，知常曰明”的思想；孔子提出“礼之用，和为贵”的思想；荀子提出“万物各得其和以生”思想；管子提出“畜之以道，则民和”的思想；等等。“和”的思想与西方文化旨趣迥异，构成了中国文化的基本范式和立场，也直接影响并形成中国法文化的基本价值取向和精神——自然秩序的和谐。就西方法文化来说，一方面主客二分的主导范式导致人与自然关系的极度紧张，另一方面，强调利益分配、形式正义以及资本主义之后对经济和技术的热衷“追随”使法律飘摇游离，迷失了方向。显而易见，抵制西方法文化的弊端，回归以维护自然秩序的和谐为目标的中国法文化传统是中国法律发展和变革的主要方向。只有如此，才可实现中西法文化的良性互动与协调。然而，传统法文化的回归需要我们置身传统法文化生长的田地之中。曾在中国古代社会借以生长传统法文化的两块沃土——历代国家制定法和民间习惯法中，历代国家制定法已全然让位于西方法文化主导下的现代制定法，因而丧失了传统法文化生长的空间。找寻官方颁布的法律中的法文化传统只能寄希望于“死去”的古文本典籍。但令我们欣慰的是，存在于民间的习惯法依然是中国传统法文化再生、延续的沃土。尽管国家制定法极力压制习惯法的生存空间，但习惯

① 梁治平：《寻求自然秩序中的和谐》，中国政法大学出版社 2002 年版，第 382 页。

② 叶小文：《中国文化“和”的内涵与民族复兴的“文明依托”》，《理论前沿》2005 年第 6 期。

法，尤其是民族地区习惯法（包括民族环境习惯法[①]）在现代制定法疯长和蔓延的缝隙中顽强生存了下来，为我们找寻传统法文化提供了极大的方便。

作为中国本土文化的载体与符号，环境习惯法承载着方法论解释和社会规范的重要功能，因而极大地补给和拓展了环境制定法的功能局限。就方法论解释而言，环境习惯法的功能主要体现在对文化的符号意义和文化衍生规范的现实意义作出确当性解释与回答。就社会规范层面而言，环境习惯法的功能是基于本土文化的传承性而所发挥的可被中国社会“认同”的社会关系调整意义。

由文化开始，一切问题均可以得到解释和解决。钱穆先生曾指出，“一切问题，由文化问题产生。一切问题，由文化问题解决”[②]。而环境习惯法正是基于文化的方法论解释功能而获得文化传承的意义。人类学家的研究也表明，文化概念实质上是一种符号学的概念，“文化就是这样一些由人自己编制的意义之网，因此对文化的分析不是一种寻求规律的实验科学，而是一种探求意义的解释科学”[③]。具体而言，文化的解释意义体现在中西法文化的个体性特质上。“西方社会伊始便选择了以‘法’治作为主要的秩序手段，以外发外求的宗教作为基本的意义工具。”[④] 无论是《圣经》教义，还是中世纪神学的大繁荣，均标榜了“法”作为社会秩序手段的重要性。而且在西方宗教所构筑的上帝、人与自然三位一体的世界结构中，人与自然

---

① 一般认为，民间习惯法包含民族习惯法，包括行业习惯法、团体和社群习惯法、宗教习惯法和地缘习惯法等一切与官方法律相对的民间法律文化现象，而民族习惯法更接近于其中的地缘习惯法，具有中国乡土社会的地域性和封闭性特点，所以民族环境习惯法仅仅是民间习惯法的一种表现形态。民族环境习惯法是挖掘、整理环境习惯法并实现其现代价值的主要“素材”。参见梁治平《清代习惯法——社会和国家》，中国政法大学出版社1996年版；于语和《民间法》，复旦大学出版社2008年版。

② 钱穆：《文化学大义》，台湾中正书局1981年版，第3页。

③ ［美］克利福德·格尔茨：《文化的解释》，韩莉译，译林出版社2002年版，第5页。

④ 厉尽国：《法治视野中的习惯法：理论与实践》，博士学位论文，山东大学，2007年，第42页。

之间始终处于对立与冲突之中。囿于对“自然之魔”[①]的恐惧和“法”之于社会秩序手段的工具性，西方社会形成了一套独立于人的“外在化”法律机制。而在中国，礼法主治的法文化是社会规制的主要手段，且以“自发内求的天道和谐理念”[②]为基本内核。与宗教衍生的西方“外在化”法律机制不同，中国社会的规范机制是宗族关系、人伦道德所形成的内在道德强制，因而没有西方社会的“外在化”调控机制及其赖以运行的法文化背景。中西法文化的对比解释使文化的符号意义获得了自洽性，也使环境习惯法作为“和谐”“内在”法文化所衍生的社会规范的中国意义得到进一步证立。

在方法论意义之外，环境习惯法还承载着法文化的秩序功能。从历史角度考察，法文化是社会秩序的主要维护者或社会结构稳定的“调整器”。法文化的持续传承往往伴随着社会结构的稳定，而法文化的激变却总是导致原社会结构的覆灭与新结构的重建。在中国历史上，本土法文化孕育了一个超稳定的社会结构系统，尽管在王朝的更替中上演着社会结构的周期性循环，但从长期来看，中国社会结构在漫长的历史中仍然保持着动态平衡，形成了独有的中国“文化生态系统”。直至近代西方法律植入之前，中国社会结构的这种动态平衡一直没有被打破。在法文化所主导的社会结构系统中，由于长时期的文化“内在”渗透，整个系统已成为由文化所牵绊的自足体。在这一自足结构中，环境习惯法等传统法文化的工具性符号完全满足维系结构稳定与动态平衡的需要。然而自近代以来，西方法律的植入置换了原有的规则系统，却因“文化启蒙”的滞后，形成了社会结构系统的文化牵绊与规则系统之间的巨大悖反。在环境法治领域，出现了国家环境法治的高预期与实践中低效率的尴尬。而环境习惯法虽独居一隅，但其对本土法文化的传承以及与中国社会结构的内在契合性必将

---

① 在西方，由上帝、人和自然构成的三位一体结构中，自然一般被看作魔鬼、猛兽的化身，人与自然总是处于对抗性关系之中。也正是基于对自然的恐惧，西方社会衍生出一套预防和对抗“恐惧”的“外在性”规范系统。而在中国本土文化所构筑的天、地、人的三位一体结构中（或神、人、自然），三者相互之间可以相互“进入”，也可和谐共生。

② 厉尽国：《法治视野中的习惯法：理论与实践》，博士学位论文，山东大学，2007年，第42页。

是发挥本土法文化的秩序功能，弥补环境制定法由于文化断裂所造成的规制缺陷，进而实现环境法治预期效果的重要规则。

二　信仰重塑

“法律必须被信仰，否则它将形同虚设。”人类步入法制文明社会之后，信仰曾在很长一段历史时期内支撑人类对精神和价值王国的虔诚追奉。在西方，两千多年前的希腊人就已开始了对伫立于人类社会生活之上的真理王国的发现之旅。在柏拉图那里，法律的合法性正是建立于对终极真理矢志不渝的信仰基础之上。亚里士多德认为，人类社会生活的全部是对宇宙万物的目的性和终极性——善的渴望，因而，法律作为一种工具，应将人类引向普遍的善，即法律的目的必须服从对善的道德性选择，否则将是不正义的恶法。自奥古斯丁开始，神学与世俗权力的结盟引导法律忘我于对彼岸世界的朝圣之途，“信仰启示我们，帮助我们在不同的目标中进行正确的选择，用崇高神圣的目标取代世俗的目标”①，因而世俗法律必须符合源自上帝理性的自然法。在托马斯·阿奎那的学说中，真正的法律是上帝给人类的恩典，必须是铭刻在人的心灵和意愿之中。这样，上帝洒向人性的神光指引人类战胜痛苦和恐惧，并达到最终的完满。自托马斯·霍布斯始，上帝之爱因法律的世俗化而被消解，对产生宇宙的能力的敬畏和困惑的情感——自然主义宗教又是利维坦世界中信仰的目标。信仰的自然主义倾向瓦解了上帝的本体论，人类对上帝的敬畏和崇拜进而转变为一种对自然功能的认识和态度，但这种权威的转变丝毫没有影响到利维坦世界中世俗法律信仰自然法则、理性力量的信心。因此，法律尽管是主权者的命令，但必须在符合自然法则——生命、自由和平等的前提下才是可靠的。在康德那里，法律作为人类实践理性的一种方式或工具，必须要服从于自然界普遍的道德法则这一“绝对命令”。只有对道德法则的信仰，人类才能走出“他治”而达到自由的最高境界；也只有对道

① ［英］韦恩·莫里森：《法理学：从古希腊到后现代》，李桂林等译，武汉大学出版社2003年版，第63页。

德法则的信仰，人类才能从强制性法律中解放出来，并最终走向世界范围的人类伦理共同体。[①] 黑格尔也同样论述了信仰和理想之于法律合理性的绝对意义。在黑格尔看来，法律发展的推动力量是信仰理性存在与认识的原则，这是法律的“伦理生命之所在”。只有法律拒绝成为单纯的意义浅显的事实问题，拒绝成为展示强者混乱而武断的意志的空洞工具时，它才能成为合理的法律。[②] 在法律发展的这一历史脉络中，信仰始终伴随左右。虽然信仰的内容在不同历史时期各不相同，但不管是纯粹理性、善，还是上帝、自然理性，抑或道德法则、法之伦理，都为人类生活的终极意义的关切指明了皈依和献身的目标。因此，法律不仅仅是工具理性的产物，而且被深深烙上了有关终极意义的各种价值印迹。不乏信仰的法律不仅能凸显其解决纷争、分配权利的工具性价值，也能确保其工具理性不会逾越人类终极关怀所设定的实质理性的边界。

然而，法律功利主义、法律实证主义以及实用主义等思想的盛行不仅宣告了尼采之后上帝在法律王国的彻底“死亡”，而且使实质理性、道德法则等上帝之子被绞杀于须臾之间。代之而兴盛的“现代法律纯是世俗的、合理（即合功利性目标之理——笔者注）的，是用以贯彻特定政治、经济和社会政策的工具，而与生活终极意义一类观念无涉”[③]。法律只关心自己的工具、程序性事务，而上帝、道德、理性均为虚无之物，因而统统不予关注。法律没了信仰，唯“利”是图。主体与客体、实然与应然对立的二元模式随之产生并主导西方社会人们的认知世界，法律的神圣性丧失殆尽。如此一来，仅凭工具理性的“推导与功利的计算，怎能唤起人们满怀激情的献身？不具有神圣意味的法律又如何赢得民众的衷心爱戴？”[④] 于是，缺乏灵魂的纯粹功利性法律在社会治理中的无能日渐凸现。各种严重犯罪行为屡禁

① ［英］韦恩·莫里森：《法理学：从古希腊到后现代》，李桂林等译，武汉大学出版社 2003 年版，第 159 页。

② 同上书，第 182—183 页。

③ 梁治平：《法辨——中国法的过去、现在与未来》，中国政法大学出版社 2003 年版，第 286—287 页。

④ 同上书，第 288 页。

不止、愈演愈烈，人们大多急功近利、忽视人性，人与自然的关系更是面临前所未有的挑战。面对法律的这般“修为”，我们怎有勇气说人类社会尚处于不断超越和进步的过程之中呢？

在中国古代社会，儒学对人们心灵的洗涤和行为的引导使儒家思想的伦理精神沉淀为华夏民族社会生活所遵循的普遍性道德律令。中国古代社会的法律也离不开儒家精神的包裹，儒家精神就是道德化的法律，而法律就是儒家精神的道德律令，二者在很广泛的意义上共生共存。就社会个体而言，对法律的道德信仰和对道德的律令服从也同样融为一体。信仰儒家道德精神的中国古代法律在王朝更迭的历史沧桑中始终没有迷失方向，因为它在解决纠纷、分配利益的同时始终没有忘记自己的终极目标追求。儒家思想培养了中国人较为持久的信仰品格。直到今天，我们仍在反思信仰。可是，不久前西方法文化的植入割断了我们赖以信仰的一切基础。在我们今天的法律体系中，没有多少我们的传统体现出来，“这里不但没有融入我们的历史、我们的经验，反倒常常与我们固有的文化价值相悖。于是，当我们最后不得不接受这套法律制度的时候，立即就陷入无可解脱的精神困境里面。一种本质上是西方文化产物的原则、制度，如何能够唤起我们对于终极目的和神圣事物的意识，又怎么能够激发我们乐于为之献身的信仰与激情？”① 于是，我们必须穷自己之力以获取本土信仰的重生，并以重生的信仰潜移默化舶来的法律，使法律始终面向信仰所指的方向。而如何才能获取信仰的重生呢？我们发现，在现有法律体系的边缘，若隐若现的各类民间习惯法依然承载着我们对传统伦理精神的信仰。首先，习惯法是中国古代法律生活和法文化思想的现代延伸，是重获基于我们固有文化价值信仰的“活化石”。其次，习惯法本身即人类社会文化生活的动态过程，这一过程发生在国家制定法辐射不到的广大乡土社会之中。由于乡土社会是一个生于斯、长于斯的社会②，乡土居民的世代定居和不变是其主要特点，因此，生长于乡土社会中的习惯法历经世代沧桑，仍保有其最原初的文化价值和信仰意蕴。再

---

① 梁治平：《法辨——中国法的过去、现在与未来》，中国政法大学出版社 2003 年版，第 295 页。

② 费孝通：《乡土中国》，北京出版社 2005 年版，第 2 页。

次，习惯法作为“活法”，比历史上的法律文本典籍更具有追求意义。已被抛入历史尘嚣之中的各代法律文本典籍尽管最为逼真地承载了传统文化价值，也在一定程度为本土信仰的重生提供了真实资料，但与习惯法这一本土信仰的“活”的承载体相比较，过分依赖法律文本典籍来追寻本土法文化信仰，往往极易转移追寻者的视线而变为对典籍中法律制度本身的狂热，这势必引起中西法律制度在中国现有法律制度语境下的巨大冲突，从而，对本土法文化信仰的追寻被遗忘或遮挡在狂热和冲突之外。最后，没有中断的习惯法在历史生活中始终承载本土法文化信仰并获得永生，足以见证习惯法在西方法文化已经植入的现代社会仍具有顽强的生命力，而沉寂多年的文本典籍曾经承载的本土价值信仰能否在法律范式西化的今天复活则是一件未知之事。毋庸置疑，对习惯法的挖掘和整理是我们孜孜以求的本土法文化信仰得以重建的最重要的渊源。结合环境习惯法来考察，生长于中国民间社会，尤其是广大民族地区的环境习惯法凝结着历代人民对自然环境、宇宙万物的顶礼膜拜和对自然力量的虔诚信仰，这种信仰的力量无疑是现代环境法治中重要而鲜活的“制度”依赖或有力辅佐。另外，就环境习惯法规范自身的特殊性而言，其所包含的信仰元素远远超出了其他习惯法规范，不但深刻体现了保护自然环境、实现人与自然和谐共生的环境保护意识和理念，而更为重要的是，这种由信仰而生的环境保护意识和理念在环境习惯法规范中的深深植入将在环境法治实践中，尤其是环境管理中发挥“双管齐下”“名实相符”的实效。相比较而言，信仰参与的环境法治远远超越了环境制定法的意义范围。因此，基于信仰重塑的追求而对环境习惯法的深掘和梳理过程必将是一次意义深远的发现和重建之旅。

三　技术理性祛魅

与18世纪英国爆发的工业革命相伴，科学技术在过去的几个世纪里获得了迅猛发展，为人类社会生产力水平的发展和经济生活水平的提高作出了巨大贡献。20世纪以来，科学技术更是以前所未有的发展速度和规模逐渐变身为社会历史舞台的主角，并受到人们狂热的追随。科学技术以战胜自然、聚集财富，甚至解构传统、无所不为的勇气和能力捍卫了作为第一生产力和当今时代全球统治力量的地位。毋庸置疑，技术癖嗜取代了人文精神，并标榜工具理性，成为人类社会压倒性的价值评判标准。时至今日，“统治不仅通过技术而且作为技术而使自身永久化并不断扩大，技术为不断扩大的、同化所有文化领域的政治权利提供了很大的合法性”[1]。科学技术作为社会第一生产力的地位已使其完全意识形态化。科学技术的意识形态化明显具有掩盖意识形态本质、影响更为深远而难以抗拒以及替换政治手段为纯技术操作规则等特征，并且更加凸显出宰制大众意识、诱导大众行为的操纵功能和抹杀目的行为合理性、压制人性的压抑功能。[2] 同时，韦伯还有独到的见解，认为现代社会因拒绝宗教，拒绝对世界的形而上学或者迷信的解释（即缺乏信仰），而唯独偏爱经验的解释，即对实证主义的痴狂，由此把世界简约为“因果机器”。因此，社会就变成了以“机器生产技术和经济条件”驱动着的现代世界。理性过程的继续前行，不断助长了“铁笼”的建造。生活本身变得并不比运动更为严肃，在整个技术运动的过程中找不到真正的目标，即生命的意义和价值。[3] 工具理性颠覆了人类传承至今的人文精神。伦理、道德、法律、宗教等在工具理性的横眉冷对中遭受彻底性的现代祛魅，继而要么被划为神秘的形而上学范畴（如伦理、道德和宗教）而被束之高阁，要么在发挥有限作用之时（如法律）皈依科学技术门下，并假工具理性之名而大行其道。

毋庸讳言，法律最普遍、最直接的功能体现在对社会关系的调整上，因此工具理性理当为法律所推崇。但同时，法律应当在解决纠纷、分配权利的同时关切人类生活的终极目的，并以对这一终极目的的持久信仰而铸就自己的伦理、道德和宗教生命，即法律的工具理性

① ［德］马尔库塞：《单向度的人》，刘继译，上海译文出版社 1989 年版，第 134—135 页。

② 崔永杰：《“科学技术即意识形态”——从霍克海默到马尔库塞再到哈贝马斯》，《山东师范大学学报》（人文社会科学版）2007 年第 6 期。

③ 周书俊：《技术理性的鬼魅：评施米特的经济技术理性》，《新视野》2007 年第 6 期。

不应代替、侵噬法律的价值理性。① 考察工具理性和价值理性之间的关系，虽然在把社会生活中的人看作沟通二者的桥梁的时候，工具理性和价值理性之间事实和价值的张力在逐渐消退并呈相互包容和交叉之势，故二者之间的分野更似理论视域的"理想类型"②，但工具理性和价值理性各自的侧重点却相去甚远。工具理性和价值理性在既定的法律制度中仍然清晰可辨。因此，当代社会"理想"的法律应当是体现科学精神和人文精神相结合，"既顺应技术发展潮流，吸纳技术发展成果，适时对技术进步带来的社会关系的变化进行调整，同时又高度重视对人的存在价值的关怀，关注人的发展的长远利益的法律"③。然而，现代法律却以机器般的精妙设计在与其他时代法律文明的比较中独领风骚，人工智能和专家系统的现实化等"推论自动化"系统的发展已"为法律领域卓有成效地开辟了一个非常吸引人的和收效显著的研究方向"④。显然，我们已被技术唯理性驱使得太远，我们这个社会的法律化是技术唯理性的一部分，因此"以至于忘记了人类和人类的基本关怀"⑤。法律不再具有人文精神的气息，更不用说是人文精神的使者。

将环境习惯法和环境制定法放置在工具理性和价值理性的思辨中，我们将有更为清晰的认识。追本溯源，在国家制定法意义上，现代环境法的兴起与工业革命和科学技术引起的环境迅速恶化不无关系。也正是这一独特的社会历史背景，决定了现代环境制定法自诞生

---

① 工具理性和价值理性是一种相关意义上的概念。工具理性又称为技术理性，或形式理性，是关于事实的判断，表现为手段和秩序的可计算性，强调客观合理性；价值理性又称为实质理性，是关于抽象价值和因果关系的判断，表现为目的和后果的终极性，因而强调主观合理性。

② ［德］马克斯·韦伯：《经济与社会》（下），林荣远译，商务印书馆1997年版，第461页。

③ 范在峰、李辉凤：《论技术理性与当代中国科技立法》，《政法论坛》（中国政法大学学报）2002年第6期。

④ ［德］阿图尔·考夫曼、温弗里德·哈斯默尔：《当代法哲学和法律理论导论》，郑永流译，法律出版社2002年版，第556页。

⑤ 转引自［德］阿图尔·考夫曼、温弗里德·哈斯默尔《当代法哲学和法律理论导论》，郑永流译，法律出版社2002年版，第23页。

之日起就已经具有先天的适应科技并适时反钳科技的技术性本能。这一技术性本能要求现代环境制定法优先彰显工具理性，成本效益方法、经济模型的指导和套用、环境保护的技术手段、环境科学技术支持环境修复等构成了现代环境法律制度的绝大部分内容。工具理性导向使现代环境法在价值关切方面与传统法律部门严重决裂，现代环境法的灵魂也被形形色色的科学技术手段和五颜六色的经济策略模型所填充，而应当倡导的人文精神和价值关怀却被排挤于千里之外。不仅如此，环境制定法的技术本能以无所不为的勇气拓展技术统治的疆域，唯一存在的彰显自然主义宗教精神和人与自然和谐共生思想的环境习惯法在环境制定法的浩大声势下几无容身之处，只在环境制定法的边缘地带——遥远的民间乡土社会顽强地存活了下来。就像环境习惯法自身被排挤和驱逐的命运一样，环境习惯法所尊崇和传承的价值理性同样受到排挤和驱逐，而无法传播到环境制定法的工具理性所辐射的范围之内。在环境制定法的强势话语下，散落在民间的环境习惯法只有在很少有人问津的角落默默“品鉴”孤芳自赏的凄美。今天，在一个热衷法律工具理性、压抑法律价值理性的技术王国里，我们不得不考虑矫正二者之间严重的失衡关系，还工具理性和价值理性兼备并更加凸显价值理性的环境法之原貌。

于此情景，工具理性和价值理性思辨的启示是：首先，环境习惯法本身即人们社会生产生活过程的高度提炼，是人们对自然万物情感最真实的表达，也是人与自然关系的真实写照。环境习惯法不但真实存在，而且其所传递出的自然主义宗教思想和对人与自然和谐共生的道德认知是人们行为的最高价值准则。因此，环境制定法的工具理性不应也不能侵扰和试探环境习惯法的价值理性，否则，环境制定法的工具理性将在环境习惯法生存的有限范围内招致被彻底驱逐的命运。其次，环境习惯法崇尚自然、对自然道德关怀以及调和人与自然关系的价值理性能在环境制定法的工具理性所不能及的范围内发挥重要的替代作用。因此，环境制定法没有理由忽视环境习惯法的功能和价值。再次，环境制定法不仅要正视环境习惯法的功能和价值，而且应当主动为释放环境习惯法的许多功能和价值提供必要的条件，并广泛吸纳环境习惯法的价值理性和多种功能以补充和完善自身工具性价值与功能的诸多不足。最后，通过环境习惯法和环境制定法之间的充分沟通和选择，消解环境制定法工具理性之魅，拓展环境习惯法价值理性的功能空间，从而达到现代环境法的“进化性理性”和“建构性理性”[①]的最佳平衡。

四　路径拓展

西方法律发展至今，逐渐获得权威地位的法律实证主义忠贞不渝于这样一个信条：虽然任何一个社会的法律都可能反映道德、文化和政治选择，但在法律和道德等因素之间并没有必然的或者概念上的联系，因而认为“有效的法律并不需要具有道德性”[②]。在法律实证主义创始人奥斯丁那里，“法律的存在是一回事；其优缺点是另一回事”；而哈特有更为极致的认识：“对法律概念或含义的研究不同于对法律产生的原因或起源的历史研究，不同于对法律和其他社会现象的关系的社会学研究，不同于用道德、社会目标、功能或其他标准对法律所作的评判或评价。”[③]显然在法律实证主义的方法视野中，法律体系更似一个“封闭的逻辑体系”，其自足性无须摄取源自体系之外其他因素的养分。不仅如此，在这一自足法律制度体系的“权威”下，习惯被认为从属于立法，因而习惯法可能被法规剥夺其法的资格。[④]缺乏社会道德考量的法律实证主义乐此不疲于其自足的王国，但在面对工业革命迅猛发展中的诸多问题时，却日渐力不从心。法律实证主义只关注经济立法与规制的自足而无视经济立法与规则的外在因素，只关注技术入法的自足性而无视技术的负面之害。在倡导逻辑和科学的实证主义那里，“人变成了哑巴，只有科学在讲话”[⑤]，经济

---

① 在哈耶克的《自由秩序原理》一书中，“进化性理性”侧重于对各种传统价值的解释，而“建构性理性”侧重于对唯理性的建构和追求。参见杜宇《重拾一种被放逐的知识传统——刑法视域中“习惯法”的初步考察》，北京大学出版社2005年版，第166页。

② ［英］韦恩·莫里森：《法理学：从古希腊到后现代》，李桂林等译，武汉大学出版社2003年版，第6页。

③ 同上书，第5页。

④ ［英］赫伯特·哈特：《法律的概念》，张文显译，中国大百科全书出版社1996年版，第102页。

⑤ 陈振明：《法兰克福学派的“批判的科学哲学”》，《学术月刊》1991年第5期。

偏好和科学技术癖嗜继而成为现代文明辉煌的统治与核心。而事实却是，法律实证主义的“功利”性自足规则已在一定程度上将人类引入与自然、社会伦理相决裂的冰火时期。对道德和传统的忽视注定实证主义“是天真而狭隘的”①。“实证主义单纯重视认识对象而无视认识主体、单纯强调逻辑和科学方法的作用而抹杀人的情感和欲望的功能、单纯推崇事实而忽视价值”，必“将带来灾难性的后果”。② 在环境法治领域，科学与技术的统治已然形成并有愈演愈烈之势。标榜实证主义的环境制定法无视环境法治中文化道德、习惯规则等其他规范的价值，缺乏与传统和文化之间的关联，因而形成环境制定法规范与环境法治实践的巨大抵牾，使环境法治的实效极为低下。

在西方后现代话语中，人们开始怀疑并逐渐反思：“为什么在我们时代给出一种有关社会进步以及我们制度意义的连贯叙事变得如此艰难?”③ 这种怀疑和反思的结论是，在社会历史生活中，法律不是也不能作为独立自足之物而置身于相互关联的体系之外，而应当从制定法体系之外获取足够的补给，以使其成为真正具有意义的规则。而从环境法治视角对这一问题的怀疑和反思是：环境制定法必须要注重与诸多制约因素之间的联系，并在借鉴和摄取体系之外的其他知识供给的基础上逐渐自我完善。惟其如此，环境法治的实效才能全方位实现。在其他知识供给中，环境习惯法的价值尤为显著。总体而言，环境习惯法的价值贡献主要体现为环境法治所依赖的规范系统在生成和运行上的路径拓展。由于国家立法的属性，环境制定法是国家统一性环境法治意志的体现，因而环境制定法在生成和运行的路径上主要体现为一种“自上而下”的逻辑路径。而环境习惯法则是产生于民间社会领域的规则系统，因而它对环境法治的参与必然是一种“自下而上”的逻辑路径展开。因此，从环境制定法立场来考察，环境习惯法的价值贡献主要在于通过另外一套逻辑路径“自下而上”地将文化、

① 刘放桐等编著：《新编现代西方哲学》，人民出版社2000年版，第465页。

② 陈学明、罗富尊：《评“西方马克思主义”对科学技术社会功能的批判》，《西南师范大学学报》（社会科学版）2005年第5期。

③ ［英］韦恩·莫里森：《法理学：从古希腊到后现代》，李桂林等译，武汉大学出版社2003年版，第14页。

传统、习惯等因素引入环境制定法体系之中，以达到自我完善的目的；从环境习惯法作为独立规则体系的立场分析，环境习惯法的价值贡献则是在环境法治的地方实践中，持续发挥环境习惯法作为自生自发规则的“路径依赖”优势。

具体而言，环境习惯法的路径拓展功能及对环境法治的影响体现在如下方面：首先，在环境制定法“自上而下”路径模式运行的基础上开拓环境习惯法“自下而上”的路径模式，是实现环境法治实践的特殊性与一般性相互统一的重要途径。作为国家立法之一，环境习惯法不可避免地具有大一统的特点，因而在很大程度上难以应对适用区域和适用对象的特殊性需要。环境习惯法则不同，当我们谈及作为规范的环境习惯法时，它们总是以个体性表现出来。因为环境习惯法产生于不同的自然区域，体现了各地方社会与自然条件的独特组合，因而不同的自然区域，往往形成各具特色的环境习惯法规范。因此，“自下而上”模式的拓展无疑使现代环境法治在体现国家法平等、统一适用的同时，不失特殊区域环境法治的有效性。其次，“自下而上”路径的拓展实现了环境习惯法的适应性与环境制定法的强执行力的统一。除了形式上环境习惯法和环境制定法存在特殊性与一般性的区别以外，二者在规范属性和功能上也体现出较大的差异。在环境法治实践中，尤其是在环境管理领域，环境习惯法规范具有极强的自反馈和自增强机制。这种机制使环境习惯法能及时对环境变迁作出有效回应，这就是环境习惯法的适应性。[①] 相比之下，环境制定法规范则由于创制程序的烦琐和适用范围的宽泛，往往无法对规范对象的变化作出瞬时性的立法应对，表现出更多的刚性特征。但同时，环境习惯法规范的执行力由文化、道德等因素决定，缺乏国家权威作为执行力的后盾，因而实践中往往表现出弱执行力的特点。而环境制定法规范却具有以国家强制力为后盾的强执行力特点。结合两者的优越性，通过“自下而上”路径将环境习惯法引入现代环境法治之中，必然会使现代环境法治所依据的规范在适应性和执行力上都有提高。

---

① Peter Orebech, Fred Bosselman, Jes Bjarup, David Callies, Martin Chanock, *The Role of Customary Law in Sustainable Development*, New York: Cambridge University Press, 2005, p. 246.

最后，“自下而上”路径的持续拓展使环境习惯法对环境制定法的持续性知识供给成为可能。“自上而下”的路径模式“以国家制定法的主导性”和“最优法律制度的唯一性”[①]为立足点，而“自下而上”的路径模式却注重环境习惯法作为规范体系的独立性。可见，两种路径模式分别代表了环境制定法和环境习惯法的不同价值立场。因此，“自下而上”路径模式的拓展将会使环境习惯法的特殊价值供给于环境制定法的完善之中。而且，在比较意义上，环境习惯法更接近于自生自发的内部规则，体现了人类社会规则系统的历史演化与持续发展的属性，所以“自下而上”路径的持续拓展将使大量的内部规则以环境习惯法的形式源源不断地供给于现代环境立法，使现代环境法成为以内部规则为基础而建立的外部规则系统。

① William Easterly, “Institutions: Top Down or Bottom Up? ” *American Economic Review: Papers & Proceedings*, 2008 (98).

第五章　环境习惯法现代价值实现的条件

第一节　环境习惯法价值实现的“场域”和导向

一　环境习惯法现代价值实现的“场域”

如前所述，环境习惯法极其重要的现代价值已逐步显现，而且在理论层面上，环境法习惯法与环境制定法之间足以搭建起一座通达的逻辑之“桥”。然而，搭建这座逻辑之“桥”的场所如何确定？或者说其立足点何在呢？接下来，“场域”问题的探讨将解决这一问题。

在社会结构的意义上，“场域”一词主要与黄宗智、杨仁忠等学者笔下的“社会领域”① 相对应，如“国家—社会”二元结构下的“社会领域”的划分和“国家—公共领域（‘第三领域’）—（市民）社会”三元结构下的新型“社会领域”的划分。在环境习惯法现代价值实现这一论题上，“场域”则更为具体地表征制度权威“运作的场域”②，或不同类型规范的“作用领域”。③

---

① 参见黄宗智《中国的“公共领域”与“市民社会”？——国家与社会间的第三领域》，载黄宗智主编《中国研究的范式问题讨论》，社会科学文献出版社 2003 年版；梁治平：《清代习惯法：社会与国家》，中国政法大学出版社 1996 年版；杨仁忠《公共领域论》，人民出版社 2009 年版。

② 赵旭东：《习俗、权威与纠纷解决的场域——河北一村落的法律人类学考察》，《社会学研究》2001 年第 2 期。

③ 赵天宝：《少数民族习惯规范与国家法的冲突及互动——以景颇族为例》，《中央民族大学学报》（哲学社会科学版）2009 年第 5 期。

从不同的立场出发，环境习惯法现代价值实现有不同的“场域”。站在国家法律一元化的立场上，环境习惯法只具有有限补足环境制定法的功能抑或处于无价值的境地，故其价值独立性被搁置一边。因此，在国家法律一元化的立场上，环境习惯法现代价值实现便被放置在环境制定法的“场域”之中。在环境制定法“场域”中，环境习惯法的应有价值因受制于制定法的主导而无法充分体现出来。若从国家制定法一元化的对立面来看，环境习惯法具有极其重要的价值独立性，因而其现代价值的实现也在很大程度上依托于其自身的功能“场域”，从而环境制定法并不对其功能空间造成压制和剥噬。可见，“场域”的确定不仅是环境习惯法现代价值能否获得确当性的分水岭，而且还是环境习惯法现代价值得以拓展的基本逻辑前提。那么，如何确定环境习惯法现代价值得以实现的“场域”呢？

本书将分别对环境习惯法现代价值实现的几种可能的“场域”进行分析和辨别，进而在比较的基础上作出较为确当的选择。

（一）对国家环境制定法作为“场域”的评析

作为现代法治的典型代表之一，国家环境制定法是对传统法治或秩序的某种替代或完善，是社会发展的现代性不可避免的表征。从法律发展演进的历史逻辑来看，国家环境制定法的发展与勃兴也是法律演进的必然历史阶段。因此在现代社会，国家环境制定法的价值合理性和历史必然性是不言而喻的。与传统社会相比，制定法在诸多方面体现出了超越传统法治的优越性，如对规范行为的预知、法律实施的高效与保障以及工艺般的技术性设计。

然而，以国家制定法为表征的“现代法治的出现和发展，以及它对传统社会的‘法治’或秩序的替代，并不是如传统的政治法律哲学思想家所描述的那样，是一种一以贯之的正确的道德哲学之展开，也不是所谓的人类的道德理想或理性的实现”①。恰恰相反，现代法治在标榜道德与理性的同时急剧膨胀，无视人类尊崇已久的道德理想与价值理性，将自身塑造为一尊唯我独尊的“利维坦”之神。在

① 朱苏力：《乡土社会的秩序、现代化和中国法治》，2011年9月，中国评论网（http：//www.china-review.com/lat.asp？id=25567）。

"法律国家中心主义"的王国里，环境制定法奉行国家意志、尊崇法律一元，因此将大量"异己的"环境习惯法排除在自己的意义范围之外，从而在很大程度上切断了相互之间的内在关联。显而易见，在国家环境制定法的"场域"中考察环境习惯法的现代价值，将会得出这样两种可能结局：一种结局是国家环境制定法并未完全否定环境习惯法，只是在非常有限的范围内对其或者借鉴，或者放任。如学者从规范法学的角度将制定法与习惯法置于同一方法范畴体系下的研究，以及为习惯（法）进入国家司法而探讨的检验标准问题的研究①，似乎在一定意义上为习惯法进入制定法开辟了可能性。② 另一种结局则是在国家环境制定法的挤压下，环境习惯法的现代价值被完全遮蔽。无论是第一种结局下环境习惯法现代价值的有限实现，还是第二种结局下环境习惯法现代价值被完全遮蔽，均无益于环境习惯法现代价值的应有彰显。因此，国家环境制定法不能成为搭建环境习惯法与现代环境法之间逻辑之"桥"的"场域"。

（二）对环境习惯法作为"场域"的评析

与前述情形正好相反，将环境习惯法自身作为其现代价值实现的"场域"则完全摈弃了"国家法律中心主义"的假说，使其回归到一个更为真实的社会场景之中。法治现代化在促成国家制定法一元格局的同时，也激发了大量习惯法等"活法"的方法论自觉和"主体性皈依"③。

方法论自觉和"主体性皈依"在近些年来学界的研究中主要围绕国家制定法与习惯法或民间法之间冲突与协调等关系而纷纷展开。其间，形成了两种不同的方法论视角，一种是回归中国传统法文化中的"和合"观念，意在形成一套相互和谐融洽的"三大行为规范体系：国家制定法运行于国家有效控制区；家族习惯法运行于农村；民族习

---

① 王林敏：《论习惯的合法性检验标准》，《山东大学学报》（哲学社会科学版）2009年第5期。

② 陈文华、孙日华：《规范法学视野下的民间法》，《广西社会科学》2010年第7期。

③ 许章润：《"习惯法"的当下中国意义》，《读书》2009年第10期。

惯法运行于少数民族地区，其间又有交叉依赖的情形”①，或形成国家法与习惯法之间良性互动的和谐局面。② 另一种被学者们广为提及的方法论视角则是更具“主体性”法学建构预设的习惯法/民间法范式③或立场。确定了方法论视角，环境习惯法现代价值实现的“场域”也随之被确定：“和合”观念下，国家制定法和民间习惯法的相互共融为环境习惯法现代价值的实现提供了理想场所；在习惯法/民间法范式下，更具主导性的民间习惯法场景也自然地为环境习惯法现代价值的实现创造了自我空间。④

虽然两种方法论视角均提出了促进环境习惯法发展的理想图景，但两种方法论视角下确定的“场域”对于实现环境习惯法的现代价值仍存在明显的不足。在“和合”观念下的，尽管环境习惯法现代价值的实现具有一个可被描述的“场域”，但稍加分析，即可发现其危不可立。在当下中国，相较于环境习惯法，环境制定法显然取得了法治主导的地位，由于“行政主导的法律运作模式使然”，制定法只具有“单向度的自上而下的‘沟通’机制，不具有让社会下层和社会上层、习惯与国家制定法进行制度性联系和双向度沟通互动的功能。这种制度性障碍造成了习惯难以制度化地进入我国制定法之中。并使我国的制定法在制度和观念层面有一种结构性缺陷：只有公法而缺乏私法，只是一种‘公法文化’，单纯的一种名副其实的‘国家法’”⑤。因此，在制定法已然形成的“公法”意境之中，环境习惯法

---

① 龙大轩：《和合：传统文化中的国家法与民间法》，《西南民族大学学报》（人文社会科学版）2007 年第 6 期。

② 赵天宝：《少数民族习惯规范与国家法的冲突及互动——以景颇族为例》，《中央民族大学学报》（哲学社会科学版）2009 年第 5 期。

③ 王启梁：《习惯法/民间法研究范式的批判性理解——兼论社会控制概念在法学研究中的运用可能》，《现代法学》2006 年第 9 期。

④ 有学者甚至提出习惯法和国家制定法之间应保持一种“分而治之”的关系，从而为各自的发展创造空间，故认为“合理界分国家法与少数民族习惯法的界限和各自的调控领域，建构有限但有效的国家法律调控机制，是善待正当而且有效的少数民族习惯法的根本手段和必然选择”。参见田钒平《少数民族习惯法理论研究进路的解构与重塑》，《西南民族大学学报》（人文社会科学版）2009 年第 6 期。

⑤ 张洪涛：《习惯在我国制定法中制度命运的制度分析——兼与苏力教授商榷》，《法制与社会发展》2009 年第 5 期。

与环境制定法之间实现“和合”甚或良性互动之象仅是环境习惯法的“一厢情愿”而已。转向习惯法/民间法范式，相比较而言，该范式则是一种完全超越国家制定法一元观，“坚持多元法律观”①，甚至修正中国法治现代化的方法论导向，因为“经由探析‘习惯法’而促进中国现代法制的文化皈依，意味着法律多元视野下关于法律的中国文化自觉，表征着贞下起元之际中国文明的自我觉醒和自我保卫。‘文化自觉’是文明的自我启蒙，是经由将自己作为主体而主体化的心智洗礼与心性历练，要求在法治与政治等涉关人间秩序的一切公共事务上，公开地运用自己的理性”②。可见，习惯法/民间法范式站在文化相对主义立场，“强调由特殊性生活样态所构织的意义世界的地方性知识”③之于法律的本体性建构意义，而在法律发展研究的历史性视角中，习惯法/民间法范式显然不能作出更加符合“进化论/演化理性”的解释，从而也不能为环境习惯法现代价值的实现提供可供发展演化的永恒“场域”。④

（三）现代环境法之“场域”——本书的立场

在对国家环境法制定法和环境习惯法自身作为“场域”的不足进行辨别的基础上，本书提出第三种更为妥当的立场，即将现代环境法视为环境习惯法现代价值实现的“场域”。

从方法论来讲，现代环境法作为实现环境习惯法现代价值的“场

① 厉尽国：《民间法范式：建构中国主体性法学的理论尝试》，《求索》2007年第4期。

② 许章润：《“习惯法”的当下中国意义》，《读书》2009年第10期。

③ 李学兰：《从功能与意义视角看民间法研究》，《甘肃政法学院学报》2006年第5期。

④ 有学者研究认为，习惯法/民间法范式分为进化论/演化理性主义语境和文化多元论语境两种情形，从而在研究中形成了“此民间法立场非彼民间法立场”的分化。参见吕明《“民间法立场”生成路径辨异——兼评“民间法范式”》，《宁夏社会科学》2010年第3期。而笔者以为，在类型化比较研究中，确当意义上的习惯法/民间法范式是与国家制定法中心主义范式相对的一种方法论，侧重从文化多元论语境获得解释意义，而立基于进化论/演化理性主义语境的范式实为与习惯法/民间法范式和国家制定法中心主义范式相并列的第三种类型，而不是习惯法/民间法范式下的一种情形。在接下来的论述中，笔者将在对现代环境法“场域”的分析中进一步探讨进化论/演化理性主义语境下研究范式——“现代性范式”（或“现代化范式”）的特殊性。

域”，其所依赖的方法论视角是中国法学研究中逐渐被提及的“现代性范式”。对于这一研究范式，有不少学者提出了质疑和批评①，但笔者坚持该范式在解释将现代环境法作为环境习惯法现代价值实现的“场域”的确当性。与建立在文化多元主义基础上的习惯法/民间法范式不同，“现代性范式”建立在“传统—现代”这一真实的历史性场景和规则进化这一理性认识的基础上，将环境习惯法视为环境法律规则演化发展的不竭渊源。

与国家环境制定法的“场域”选择相比，现代环境法显然为环境习惯法现代价值的实现提供了一个视野开阔的场所，摒弃了环境习惯法被主导和受压制的状况。与习惯法/民间法范式下将环境习惯法自身作为“场域”的“假说”相比，现代环境法“场域”不仅解决了环境习惯法在自我“场域”中价值自我实现的“自说自话”和逻辑矛盾，更是在法律多元和规则演化的角度构筑关于社会规则的真实场景，从而为环境习惯法现代价值的实现搭建了一个自主、真实和动态的平台。以“现代性范式”为方法论指导，学者不断在其基础上发展、充实，取得了新的理论进展，如王启梁博士在运用双重制度化标准考察了习惯法/民间法研究范式的不确当性后，提出了一种更为广阔、综合的现代性理论范式，即“社会控制”模式。极易显见，社会控制理论打破了概念类型化方法论的局限，从而将习惯法/民间法放置在各种法律规范互动、法律规范与其他社会控制工具互动的大体系之中。“只有把法律作为社会控制系统、建构秩序的力量的一部分

---

① 其实，学者对“现代性范式”的批评大多源于对现代性所具有的“牢笼建构”（或“秩序的建构”）（参见鲍曼《对秩序的追求》，《南京大学学报》（哲学·人文科学·社会科学版）1999 年第 3 期）和机械僵化等一系列负面的认识，如赵斌认为的现代化理论“主要坚持‘传统—现代’二分法及单线发展进化观”（参见赵斌《民间法研究中的“现代化范式”与“法律多元”》，《江海学刊》2010 年第 4 期），从而也认为法学研究的“现代性范式”也天然地具有静止和僵化的局限性。再如，魏治勋就邓正来关于构建中国法学的理想图景而提出的关系主义“现代化范式”的批评，存在“切割”前提和“偷换邓正来的‘现代化范式’概念”的嫌疑，将邓正来对中国所处的世界关系结构这一历史性“真实”作为其价值性批评的起点，混淆了事实和价值的关系。因此，王小钢认为这种批评是一种虚构的批判（参见王小钢《中国法学“现代化范式”之关系主义批评——评〈中国法学向何处去〉》，《河北法学》2007 年第 8 期）。

来考察，才能理解法律和其他社会控制力量在法治秩序建构中的作用和位置，也才能为法律制度的完善找到方向。因此，选择‘社会控制’这一能够同时包容法律和其他社会秩序的建构力量的概念，适宜用来考察与法治建构秩序相关的规范资源。”①

总之，通过比较辨别可以发现，“现代性范式”及该范式下所确立的现代环境法“场域”对于实现环境习惯法的现代价值具有显著的优越性。另外，选择现代环境法作为实现环境习惯法现代价值的“场域”的理由在下述关于环境习惯法现代价值实现的导向的论述中将得到更清晰的呈现。

二　环境习惯法现代价值实现的导向

如果说“场域”的确定是为搭建环境习惯法与环境制定法之间的可能之“桥”而进行的“选址”环节的话，那么导向的确立便是“选址”之后对待建工程的总体轮廓和建筑风格的概括，以便指引后续工程的有序开展。因此，导向即环境习惯法现代价值实现的价值取向选择问题。同时，导向的确立也是对已选取的“场域”是否符合工程建设——环境习惯法现代价值的实现与拓展的一个反向性检验。

结合据以确定“场域”的方法论，环境习惯法现代价值的实现应当确立如下导向，即历史功能主义视角下确立环境习惯法动态演化这一基本逻辑的导向，现代性背景中补足环境制定法，进而构建符合现代性特征的环境法的导向，以及法律多元与“规则共治”思维中全面拓展环境习惯法价值功能的导向。

（一）历史功能主义视角下的导向

历史功能主义视角下的导向可表述为，环境习惯法现代价值的实现应确立动态演化的基本逻辑。

毋庸置疑，从结构主义视角观察，环境习惯法可被文化多元论者

① 王启梁：《习惯法/民间法研究范式的批判性理解——兼论社会控制概念在法学研究中的运用可能》，《现代法学》2006 年第 9 期。

不断解释，并获得自身价值的独立性。然而，在历史功能主义①的视角上，对环境习惯的考察却建立在社会规则动态运行的基础之上。相比较而言，前者“多表象而少内容”，后者“多内容而少表象”。从本书写作的主题——环境习惯法应当拓展的现代价值功能的角度来说，端于功能主义的角度考察环境习惯法的动态演变应该是考察环境习惯法现代价值实现这一论题的基本立场和起点。一方面，环境习惯法现代价值的规定性立足于其规则属性。尽管在环境制定法的宏大背景下，环境习惯法规则无论在技术性还是繁复性上都无能出其右，但其作为基础性、“非正式”规则的规范属性和规范功能依然显见。另一方面，相对于环境制定法而言，环境习惯法表现为源于并建构自身自发秩序的规则，是“事实性秩序的构成因素”，具有“事实性事态因素”②。“事实性事态”属性又是作为内部规则的环境习惯法向环境制定法这一外部规则转化的基础。无论在法律发展的早期历史阶段，抑或现代化背景下的法律演进，环境制定法的发展始终无法脱离环境习惯法作为内部规则的“事实性”基础。即使在“公共池塘资源”理论框架下，作为国家正式规则的环境制定法仍然在大量环境习惯法等非正式规则的“协助”与“补给”下才能更好地发挥有效管理自然资源的作用。同时，环境习惯法规则的自生自发性演化不因“现代”的到来而终止，而是在社会历史的变动中持续性发生，因此，演化导源与承继的功能永远是环境习惯法价值实现的主题，而其调整社会关系的功能仅是价值实现的表象。如果说“现代性表现为对秩序的一种永无止境的建构”③ 的话，那么深处现代性之中的环境习惯法则是对这一“秩序建构”的永无止境的“建构”。环境习惯法动态演化的本质属性决定了由其“补足/建构”的环境制定法处于动态演化过

① 结构主义与功能主义源于西方近现代哲学的发展，经过学者的不断引用和发展，现已成为社会学中的重要概念和工具性理论。表现在解释方法上，结构主义侧重于从共时性角度对社会结构及其系统要素作出静态的“剖面”解释，而功能主义则是在历史性视角中对社会系统的过程和矛盾运动规律进行动态性解读。放置在环境习惯法的研究中，文化多元论更多体现了结构主义的方法，而演化理性主义无疑是功能主义方法的运用。

② ［英］弗里德利希·冯·哈耶克：《法律、立法与自由》第1卷，邓正来译，中国大百科全书出版社2000年版，第166页。

③ 郑莉：《鲍曼论现代性与后现代性》，《马克思主义与现实》2004年第1期。

程之中，从而也决定了现代环境法动态演化的本质。

（二）现代性背景中的导向

立足于法律的现代性发展及其深刻的背景，环境习惯法现代价值实现的导向应当是补足环境制定法，进而构建符合现代性特征的环境法。

如前述“环境习惯法现代价值实现的场域”的探讨，环境习惯法的现代价值导向绝非是文化多元论或文化相对主义立场上环境习惯法自身的历史性“复归”。恰恰相反，在功能理性、技术理性为轴心原则的现代性背景下，“对秩序永无止境的建构”是任何社会领域都在上演的场景。在环境法制领域，技术理性驱使下的环境制定法便是现代性“秩序建构”的主要力量和形式。毫无疑问，深刻的现代性决定并不断加速了环境制定法对技术理性的渴求与发扬，而在此过程中，环境习惯法因远离技术理性这一现代性的轴心原则而处在现代性“秩序建构”的边缘。可见，环境制定法的勃兴具有历史必然性，在有关环境法制的现代性叙事中始终是无法回避的重要话题。显然，在环境习惯法与环境制定法二者之间，环境制定法更具现代性“主场”优势。也正是在这一意义上，环境习惯法必须借助于环境制定法确已具备的优势才能实现其现代价值。抛开环境制定法在现代性背景下的“主场”优势和历史必然性，环境习惯法必然失去现代价值的“载体”，其现代价值的实现也仅仅是“海市蜃楼”。

然而，确立环境制定法的“主场”优势并不意味着环境习惯法现代价值的实现止于环境制定法。如前所述，环境制定法的质的规定性在于其对技术理性、制定法国家中心主义的过度“施魅”和对价值理性、弹性机制的过度“祛魅”。正是这一质的规定性使然，即使有环境习惯法资源大量补足的情况下，环境制定法也无法超越其独特性而“脱胎换骨”为其他形态。因此，在“主场”或“语境”的意义上，环境制定法总是与环境习惯法和现代环境法相区别而存在自身。显然，诞生于现代性的深刻背景之中，现代环境法已成为一类独立的制度形态，体现着独特的价值理念，具有发展的动态性、运行的双向性、操作的极大弹性以及工具理性和价值理性兼备等特征，超越了环境制定法的局限。相比而言，环境习惯法现代价值的实现必然不能止于环境制定法，而是借助环境制定法这一“载体”，“通往”超越环境制定法范畴的更具现代优越性的制度形态——现代环境法。

（三）法律多元与“规则共治”思维中的导向

除了上述两个方面的导向外，环境习惯法现代价值的实现应当立足于法律多元的基本立场，而且应确立构建法律多元与“共治”的格局的基本导向。

在法律发展演变的历时性“场景”中，由于规则个体的产生、演进在时间和速度上的差异性，反映在某一时间点的共时性“切面”上的法律形态总是表现出多元特点。不仅如此，按照法律动态演化的历史性逻辑，社会生活本身无时无刻不在衍生出新的习惯法规则，这些习惯法规则又持续供给国家制定法。在这一动态链条中，环境制定法总是与环境习惯法相伴存在。因此，法律多元的立场与导向是环境习惯法动态演化的客观性和必然性使然。

当然，法律多元的导向也立基于环境习惯法自身对其价值的客观评估和对其所处的现代性背景的理性反思。迥异于环境制定法，环境习惯法并未大举“万能”和“一统”的远大抱负，仅在自身能力的客观范围之内设定自己的价值意义。一般而言，任意性、弱技术性等特征是环境习惯法局限性的集中体现，因而必须在环境制定法的补充与配合下其价值才能得到更好的发挥。更需指出的是，在深刻的现代性背景之中，环境法治对精确性和广泛性的要求超越了任何历史时期。在如此特殊的历史条件之下，环境习惯法更需借助于环境制定法的规则优势以更好地实现其现代价值。

按照社会治理的相关理论，法律多元的导向也可以基于“共治”的优越性而得到进一步证立。在新近发展起来的“公共池塘资源”治理理论中，多中心、多规则治理比任何单一中心、单一规则治理更具优越性。奥斯特罗姆教授等人的分析框架认为，“完全由国家或地区政府机构治理”的“公共池塘资源”“全都是低绩效的”，“由地方集体选择实体（组织）发展并执行的操作规则，通常能更有效地满足地方（管理）需要”，且政府治理规则与地方规则“两者之间的关系不是相互否定，而是相互支持的”。[①] 在此基础上，奥斯特罗姆教授提出了著名的“多中心”治理理论（polycentric theory）。[②] 在多中心、多规则的治理结构中，“无论是制定法、行政命令还是习惯法，都是公共池塘资源治理所应寻求的规则体系”[③]。“常规（routines）、习俗（customs）、传统（traditions）或惯例（conventions）”以及习惯法等“非正式约束与正式规则之间的复杂互动与实施方式一起，型塑我们的日常生活，指引着我们生活中的大部分现世（mundane，这个词最能让我们体会到什么是制度的稳定性）活动”[④]。显然，环境习惯法作为由地方集体选择而发展起来的一套非正式规则体系极大地弥补了其他规则的不足并提高了“公共池塘资源”治理的绩效。

第二节　环境习惯法的甄选与合法性检验

一　甄选与合法性检验的逻辑意涵

关于环境习惯的甄选与合法性标准，我们先从有关学者的实证研究开始引出问题。在对北美印第安人资源管理的习惯法制度进行研究之后，有学者认为，印第安人的有些制度历经数个世纪仍然非常有效，但同时也有一些制度不尽如人意，毁及自然资源，最后迫使印第安部落搬迁他处。[⑤] 在我国藏区，在诸多有利于当地环境保护的习惯

---

① 参见［美］埃莉诺·奥斯特罗姆、罗伊·加德纳、詹姆斯·沃克《规则、博弈与公共池塘资源》，王巧玲、任睿译，毛寿龙审校，陕西人民出版社 2010 年版，第 268—269 页。

② Elinor Ostrom, “A Long Polycentric Journey”, *Annu. Rev. Polit. Sci.*, 2010 (13).

③ Peter Orebech, Fred Bosselman, “The linkage between sustainable development and customary law”, in Peter Orebech, Fred Bosselman, Jes Bjarup, David Callies, Martin Chanock, *The Role of Customary Law in Sustainable Development*, New York: Cambridge University Press, 2005, p. 26.

④ ［美］道格拉斯·C. 诺斯：《制度、制度变迁与经济绩效》，杭行译，韦森译审，格致出版社、上海三联书店、上海人民出版社 2008 年版，第 115 页。

⑤ See Shepard Krech, *The Ecological Indian: Myth and History*, New York: W. W. Norton & Co., 1999, p. 212.

法禁忌之外，也存在一些不甚合理或者至少与环境保护目的不相匹配的习惯法禁忌和生活方式，如好吃肉的禁忌、屠杀祭祀方式。不仅如此，学界对澳大利亚土著民环境习惯法的研究也有同样的结论，学者们认为“在某些领域，（环境习惯法）并不是普受欢迎的”，他们“不赞同土著民在本质上必然是环境保护主义者（或天生具有环境保护倾向）的观点”，因为更为真实的情况是，“在一个变化的世界中，存在许多传统观念不能适应的状况”①，“一部分土著民保持有符合环境保护伦理的准则，另外一部分土著民则未必”②。诚如上述实证研究所示，具有自生自发规则属性的环境习惯法在历史演化的某一时间点上会出现收敛于进化博弈模型的非效率均衡点上，以至于出现历时性维度中“很多功能紊乱的习惯（法）”③。那么，环境习惯法现代价值的实现必然会面临这样一个局面，即环境习惯法在内容上良莠不齐，有“善”“恶”之分。而理论上，拟实现现代价值的环境习惯法必然是作为“良法”的环境习惯法，而不是不加区分、鱼龙混杂、只有其名而无其实的环境习惯法。在这种情况下，“一味盲目地认为环境习惯法都会促进现代可持续发展的观点则是幼稚的，……故我们在对环境习惯法作为特定条件下实现可持续发展的可能路径深表关切的同时，也应当认识到任何一项环境习惯法制度应当进行合理性评估后才有意义”④。因此，对环境习惯法进行甄选，使名副其实的环境习惯法浮现出来，同时弃掷其中不合理的部分（如体现历史“怀

---

① Neville White，Betty Meehan，“Traditional Ecological Knowledge：A Lenson Time”，in Nancy M. Williams and Graham Baines（eds.），*Traditional Ecological Knowledge：Wisdom for Sustainable Development*，Centre for Resource and Environmental Studies，Australian National University，Canberra，1999，p. 31，pp. 37 –38.

② Michael E. Soule，“The Social Siege of Nature”，in Michael E. Soule and Gary Lease（eds.），*Responses to Postmodern Destruction*，1995，pp. 160—161.

③ ［美］理查德·A. 波斯纳：《法律、实用主义与民主》，李国庆等译，中国政法大学出版社 2005 年版，第 326 页。

④ Fred Bosselman，“The Choice of Customary Law”，in Peter Orebech，Fred Bosselman，Jes Bjarup，David Callies，Martin Chanock，*The Role of Customary Law in Sustainable Development*，New York：Cambridge University Press，2005，p. 435.

旧”、过度民间化、非公平的主导性和排外性等特征的环境习惯法[①])，将是环境习惯法现代价值的“叙述”得以推陈铺开的必要阶段和条件。

毋庸讳言，甄选和合法性标准问题主要关乎环境习惯法现代价值实现时，如何从其庞大体系中去伪存真，或者说如何“取其精华，去其糟粕”的问题。如果说前述“场域”与导向讨论的是在环境习惯法与环境制定法之关系中环境习惯法的“地位”问题的话，此处的甄选和合法性标准的研究则是在环境习惯法的“地位”问题已无争议的情况下，对环境习惯法进行现代“深加工”之前的“原材料”如何鉴别与选取的问题。就顺序而言，此问题包含两个前后相连的逻辑过程。首先是对庞杂的环境习惯法进行类型化处理，即甄选。其次是在类型化处理的基础上，按照一定的标准对环境习惯法进行合法性标准之上的检验，以为“深加工”之用。

二　环境习惯法的甄选方法

（一）如何甄选？——类型化方法

由前可知，对环境习惯法内容的甄选是类型化方法运用于环境习惯法的具体展开。尽管如学者所说，类型化方法因概念性和非经验性而在一定意义上存在局限性[②]，但作为一种重要的社会科学研究方法，类型化方法无疑是一种清晰、有效的思维建构模式，而且只有通过这种模式，“社会科学工作者才能在纷繁驳杂、经常互相抵牾的经验现象中清理出一个条分缕析的脉络来”[③]。因此，类型化方法之于环境习惯法的意义主要在于以一种清晰的类型框架对各异的环境习惯法进行分门别类。

---

① Fred Bosselman, “The Choice of Customary Law”, in Peter Orebech, Fred Bosselman, Jes Bjarup, David Callies, Martin Chanock, *The Role of Customary Law in Sustainable Development*, New York: Cambridge University Press, 2005, pp. 438 -441.

② 任强：《西方法律传统的类型研究及其局限——韦伯法律思想述评》，《中山大学学报》（社会科学版）1998 年第 5 期。

③ 转引自苏国勋《理性化及其限制——韦伯思想引论》，上海人民出版社 1988 年版，第 207—208 页。

就类型化方法如何展开，经典社会科学方法论作家提出了极具洞见的具体范式，分别是社会科学方法论大师韦伯的“理想类型”范式、著名法哲学家考夫曼的“事物本质类型”范式以及著名法学方法论作家拉伦茨的“类型分类”范式。韦伯的“理想类型”范式是源于客观实在的概念抽象，将其运用于类型化的具体实践之中，往往会面临主客分离、理论与现实脱节的问题。然而，正是“理想类型”与实在类型之间的偏离又进一步修正了“理想类型”，避免了类型化实践中“对号入座式的机械化思考方式的影响”①，从而使其因时、因事而动，成为更能反映变化中的实在类型的理论构念。因此，“理想类型”范式具有相对性和发展性，虽源于历史实践并用于认识历史，但只能是历史的仆人，而“不应当相反是主人”②。在考夫曼的“事物本质类型”理论中，法律发现是一种使事实与法律规范相互对应的调适同化过程，因而法律人的才能主要不在认识制定法，而在于有能力在法律的，即规范的观点之下分析生活事实。③ 不像许多学者否定规范（应然）与事实（实然）之间的必然联系，考夫曼认为法律规范与法律事实之间只有在“意义关系”中得到同化、一致，因此“意义”即是二者联系的调和者或二者获得“同一性”的连接扭结。而考夫曼所论述的“意义”就是“事物本质”。可见，以“事物本质”这一“意义”为基础的类推和类型化是发现“真实的法”的关键和基础。“事物本质类型”理论不仅对法律（规范）漏洞的填补具有重要意义，而且是发展“真实的法”所不可或缺的认识论前提。而按照拉伦茨的“类型分类”学说，法律所涉及的类型包括经验的类型和规范的类型。经验的类型产生于生活真实的基础之上，是人们就认识对象所产生的普遍性的、“典型的”“平均的”类型，因为这种类型往往符合某类事物的本质，虽然边缘和界限较为模糊，但其中心地带却非常明晰。规范的类型又分为“规范的真实类型”和“规

① 刘士国：《类型化与民法解释》，《法学研究》2006 年第 6 期。

② ［德］马克斯·韦伯：《社会科学方法论》，韩水法、莫茜译，中央编译出版社 2005 年版，第 19 页。

③ ［德］亚图·考夫曼：《类推与“事物本质”——兼论类型理论》，吴从周译，台湾学林文化事业有限公司 1999 年版，第 87 页。

范的理想类型”。①“规范的真实类型”是指“自始就包含规范性因素的类型”，如草场占有人、河流使用人等。后者“规范的理想类型”则是指基于法律规定，虽不能完全实现，但仍指明方向的“乌托邦”类型。拉伦茨认为，类型化在法学研究中的意义主要在于，相较于“规范的真实类型”和“规范的理想类型”，“经验性的经常性类型”是规范指示应予优先适用的类型，因为这种典型类型始终源于某类事物的本质。

综合以观，除了个别性差异之外，上述三种类型化范式具有共同的特征，即无论在“理想类型”范式中，还是在“事物本质类型”范式和“类型分类”范式中，类型化的根本性因素都表现为客观真实的历史实践或事物本质，而作为规范的法律只有在与历史实践或事物本质相调适、相一致的时候才具有“真实的法”的规范意义。因此，上述三种范式看似不同，但均可基于历史实践或事物本质作为类型化基础的共同性而化约为在本质上并无二致的类型化方法。

（二）环境习惯法内容的类型化甄选

依循上述类型化范式，环境习惯法的甄选过程也就是以客观历史存在和“事物本质”为基础而进行的寻找“真实的法”的过程。按照拉伦茨的规范分类方法，环境习惯法基本可分为“经验性的经常性类型”和“规范的真实类型”两个大类。②本书第一章的论述中，实质意义上的环境习惯法包括具有规定性规范属性但以习惯称谓的环境习惯法和以法称谓的环境习惯法两大类。与此处的类型化方法相对应，“经验性的经常性类型”即具有规定性规范属性的习惯，“规范的真实类型”则是通常意义上以法称谓的环境习惯法。可以说，“经

① ［德］卡尔·拉伦茨：《法学方法论》，陈爱娥译，商务印书馆2003年版，第339—340页。

② 相比较可以发现，虽然环境习惯法大多以“理想的”或“模范型”的某些“乌托邦”精神或价值为最高指引，但就个体性的环境习惯法规范而言，“经验性的经常性类型”和“规范的真实类型”却是最常见的形式，因为环境习惯法作为一种源于客观实在的规范，从根本上是决定于某类“事物本质”的。在由真实的生活这一“事物本质”所构筑的环境习惯法的适用领域，“规范的理想类型”是大无用处的。环境习惯法中的这种类型存在正好与制定法相反。除了“经验性的经常性类型”和“规范的真实类型”外，“规范的理想类型”也是制定法中常见的规范模型。

验性的经常性类型”和“规范的真实类型”的二分法在方法论意义上涵括了环境习惯法的所有规范类型。据此，虽冠以环境习惯法之称谓，但不能归属于这两种类型的习惯法规范或习惯不是实质意义上的环境习惯法。

三 环境习惯法的合法性检验

按照类型化方法对环境习惯法进行甄选的逻辑延展便是如何按照合法性检验标准对环境习惯法作出最后选择的过程了。那么，环境习惯法的合法性检验标准有哪些呢？对这一问题，不同的法学流派对合法性的理解更是各不相同。自然法学家认为自然法所秉持的自然理性是合法性的基础；法律实证主义侧重于将形式合法性作为合法性的标准；历史法学派却认为特定民族的历史精神是合法性的检验标准。可见，从不同的视角观察合法性问题，其标准会各不相同。严存生认为，“合法性一词有多种用法，针对不同的对象有不同的含义，就对象而言归纳起来有两种：其一是针对个体的行为而言，指的是它合乎法律的规定；其二是针对某种公共权力或政治秩序而言，指的是它的正当性、权威性和实际有效性”①。按照此观点，合法性至少存在二元向度上的分野，即“合乎法律规定”的形式合法性和具有“正当性、权威性和实际有效性”特征、“构成习惯法规范存在的基础”②的实质合法性。向上追溯，社会学大师韦伯提出了以“经验性动机和信念”③为基础的经验性合法性。之后，哈贝马斯在韦伯所创立的经验主义合法性范式的“影响领域”之外又批判性地提出了建立在“商谈理性”基础之上的“重建性”合法性。在哈贝马斯看来，“合法性的意思是说，同一种政治制度联系在一起的、被认为是正确的和合理的要求对自身有很好的论证。合法的制度应该得到承认。合法性就意味着某种政治制度的尊严性。这个定义强调的是，合法性是一种

① 严存生：《法的合法性问题研究》，《法律科学》2002年第3期。

② 王林敏：《论习惯的合法性检验标准》，《山东大学学报》（哲学社会科学版）2009年第5期。

③ ［德］马克斯·韦伯：《经济与社会》（上），林荣远译，商务印书馆1998年版，第239页。

有争议的公认的要求，统治制度的稳定性，甚至取决于对这种要求的（起码的）在事实上的承认”[1]。总体而言，合法性有经验性合法性、形式合法性和“重建性”合法性三种。经验性合法性是指“相信结构、程序、行为、决定、政策的正确性和适宜性，相信官员或国家的政治领导人具有在道德上良好的品质，并且应该借此而得到承认”[2]，因而这种合法性是一种“信仰的合法性”[3]，是主体对习惯法“内化”的承认。形式合法性是指习惯法在制定法视角下是否具有“合法律性”。形式合法性偏离了习惯法的主体性地位或独立性价值而在制定法的立场对其是否符合预设的制定法规则、目的或立法精神进行“审查”。“重建性”合法性则是指立基于哈贝马斯“视野中作为合法意志集束之平台的公共领域，以及作为合法性来源与基础的商谈民主有系统的理解和认识”之上，在一个“批判开放的公共领域和交往网络中，通过自由、平等、包容、审慎的公共商谈程序，从而达致理性的共识”[4] 的第三种合法性范式。可见，上述三种合法性范式在内涵上完全不同。

就环境习惯法而言，在“构成社会控制的形式、进而构成秩序的要素这一功能主义”意义上，与环境制定法存在明显的分野，因而其合法性首先且主要地表现为一种自身“正当性”[5] 的独立性认同和判断，其次才表现为制定法规范意义上的“合法律性”判断。由于环境习惯法的“正当性”在不同视角下有不同的含义，经验性合法性所指的内化承认或“信仰合法性”是环境习惯法“正当性”的内在方面（如内心确信之要件），“重建性”合法性据以立基的公共理性

---

① ［德］哈贝马斯：《重建历史唯物主义》，郭官义译，社会科学文献出版社 2000 年版，第 262 页。

② ［德］哈贝马斯：《交往与社会进化》，张博树译，重庆出版社 1989 年版，第 206 页。

③ ［德］马克斯·韦伯：《经济与社会》（上），林荣远译，商务印书馆 1998 年版，第 239 页。

④ 张娟：《公共领域、商谈民主与政治合法性——哈贝马斯“重建性”合法性对传统合法性理论的重建》，《湖北行政学院学报》2011 年第 4 期。

⑤ 胡伟：《在经验与规范之间：合法性理论的二元取向及意义》，《学术月刊》1999 年第 12 期。

则是环境习惯法“正当性”的外在方面（如社群的合意），因此，经验性合法性范式和“重建性”合法性范式均可统摄在环境习惯法的“正当性”或实质合法性判断之中。继而，环境习惯法的合法性检验标准可分为实质合法性检验标准和形式合法性检验标准两个大类。

（一）实质合法性检验标准

环境习惯法的实质合法性源自不同立场的“正当性”判断或“实质”。结合前文“场域”与此处合法性范式的分别论述，环境习惯法的实质合法性在文化多元论立场、功能论立场、理性演化论立场以及公共商谈理性论立场上均可找到立论依据，因而也分别存在文化多元论、功能论、理性演化论以及公共商谈理性论等环境习惯法的检验标准。

第一，文化多元论立场上环境习惯法的实质合法性。在文化多元论立场上，环境习惯法的实质合法性在于它是构成不同民族、区域、历史的文化多样性的载体、事实或要素之一。中国“法律文化论”学者梁治平认为，“法律只能是特定社会的产物。中国古代法所反映的乃是中国传统文化的特质。西方法则不能不是西方文化的表征。两种法律建基于不同类型的文化之上。它们在概念、结构和分类上的技术性差异，实则是有关法律的整套观念形态、价值判断和行为模式的根本对立”①。因而，环境习惯法是一种“历史与事实的存在，……是作为与国家法相对应的民间社会中的事实存在且与国家法共同构造社会秩序的规范体系”②。在国外，霍贝尔、博登海默等人也认为，“法律是文化的一个因素”③，“是一个民族文化的重要部分”④。因此在文化多元论立场看来，环境习惯法在民族、区域和历史等方面的差异不构成对其价值与功能的贬损。当环境习惯法在民族文化的“位

---

① 梁治平：《法辨：中国法的过去、现在与未来》，中国政法大学出版社 2003 年版，第 149 页。

② 梁治平：《清代习惯法：社会与国家》，中国政法大学出版社 1996 年版，第 129 页，转引自魏治勋《民间法研究范式辨正》，《甘肃政法学院学报》2007 年第 2 期。

③ ［美］E. 霍贝尔：《原始人的法》，严存生等译，贵州人民出版社 1992 年版，第 1 页。

④ ［美］博登海默：《法理学——法律哲学与法律方法》，邓正来译，中国政法大学出版社 2004 年版，第 1 页。

育”与系统构成中具有符号意义或不相互“排异”时，即符合实质合法性检验标准的法规范。

第二，功能论立场上环境习惯法的实质合法性。功能论认为，在没有国家正式法律的社会中，借助非正式规范而不是法律规则，也能够形成并维系一种“无需法律的秩序”①。社会结构—功能主义学派的代表人物拉德克里夫—布朗，以及后来的人类学家均认为，虽然一些“简单的”社会没有国家法律，但“纠纷解决的习惯法机制旨在调节社会生活，它与西方的法律和秩序具有可比性”②，甚至有更为显著的作用。在中国有关功能论的诸学者中，以“本土资源”论为代表的苏力将习惯法视为“中国法治建设的重要资源库存”，认为“中国法制建设主要应该立足于发掘本土固有传统和正在形成的非正式制度，而反对单纯的法律移植”③。主张“以普适性理念引导中国法治建设”的谢晖却“着力于从民间规范之中萃取价值性支持要素”④以发展习惯法的主体性价值，表达民间规范的权利诉求。从上述论说中可以得知，功能论既不将习惯法视为多样性文化的因子之一，也不倚重规范的形式，仅关注习惯法在社会秩序建构中的资源功能或独立价值要素。据此，在功能论立场上，检验一套环境习惯法规则合法的唯一标准是是否具有建构特定社会秩序的功能。譬如在托拜尔高山草场中，由社群合意而成的“边界规则”“越冬规则”⑤等环境习惯法规范在当地草场资源的使用和管理中长期发挥着极其重要的秩序维系作用，因而这些环境习惯法规范在功能论立场上是符合实质合法性标准的。

第三，理性演化论立场上环境习惯法的合法性。不同于笛卡儿式

---

① ［美］埃里克森：《无需法律的秩序——邻人如何解决纠纷》，苏力译，中国政法大学出版社2003年版，“译者序”，第17页。

② Strathern, Marilyn, “Discovering Social Control”, in Sack, Peter (ed.), *Law and Anthropology*, New York University Press, 1992, p. 287；高丙中、章邵：《以法律多元为基础的民族志研究》，《中国社会科学》2005年第6期。

③ 苏力：《法治及其本土资源》，中国政法大学出版社1996年版，第10—21页。

④ 魏治勋：《民间法研究范式辨正》，《甘肃政法学院学报》2007年第2期。

⑤ ［美］埃莉诺·奥斯特罗姆：《公共事物的治理之道》，余逊达、陈旭东译，上海三联书店2000年版，第100页。

的理性建构论，以规则演化论大师哈耶克为代表的诸多学者认为，构筑社会秩序的规则有一套类似于生物进化的“社会进化”① 系统，“社会的发展、文明的进步是自发的进化过程，而非人之主观设计的结果”②。习惯法等内部规则构成了规则发生、演化的基础，这种自生自发的规则先在于国家法为代表的外部规则，是“进化过程中自然选择的结果”③。据此，环境习惯法的合法性在于它是一套不以人为因素而转移的自然进化规则，发挥着维系社会秩序的重要作用。因此，尽管与环境制定法不同甚至完全相悖，但环境习惯法作为社会秩序维系的首要和基础性规则的意义仍不容忽视。在这一意义上，环境习惯法应被看作一套不同于环境制定法的独立系统，对其合法性的检验更多借助于历史实践中的具体效果。当一套环境习惯法规则在历时性自发演化过程中始终能自我调适以适应变化的规范对象（环境、资源以及由此形成的社会关系）时，该套环境习惯法也就因经得起历史的检验而具有规则的合法性。譬如，托拜尔高山草场习惯法在历经数个世纪的历史过程中，始终在自我调适中适应着不同的草场管理实践。然而，一些环境习惯法制度则因缺乏弹性机制，虽“在一个相对稳定的时期内，环境习惯法能有效发挥作用，但当其所适用的条件发生变化时，这些制度规范往往会土崩瓦解”④。在印度尼西亚东北部马鲁古群岛的摩鹿加群岛上，当地土著民所沿用的渔业管理习惯法规则——Sasi（Sasi 规则只将对软体海生生物的捕捞限制在维持生计的范围之中）在一个世纪以来一直是可持续的管理方式，然而针对海洋生物的新型市场模式的发展导致了传统渔业资源管理规则的失败。如

① ［英］弗里德利希·冯·哈耶克：《法律、立法与自由》第 1 卷，邓正来译，中国大百科全书出版社 2000 年版，第 23 页。

② Hayek, *The Errors of Constructivism*, *New Studies in Philosophy*, *Politics*, *Economics and the History of Ideas*, University of Chicago Press, 1978, p. 5.

③ 吴元元：《规则是如何形成的——从哈耶克的“自发演化论”开始》，《西南政法大学学报》2006 年第 4 期。

④ Iain J. Davidson-Hunt, Fikret Berkes, *Environment and Society through the Lens of Resilience*: *Toward a Human-in-Ecosystem Perspective*, paper prepared for delivery at the International Association for the Study of Common Property Conference, Bloomington, Indiana, May-June, 2000, pp. 14 – 15.

此一来，早期在 Sasi 规则之下的可持续性管理模式仅仅是一种历史的“偶然”而已。[①] 摩鹿加渔业习惯法的没落再次印证了哈耶克的观点——“在这种文化进化的过程中，那些被证明有助于人们作出更有效努力的规则存续了下来，而那些被证明只有助于人们作出较为低效努力的规则则被其他的规则取代了或淘汰了”[②]。足以显见，这类环境习惯法在历史实践中的效果只是昙花一现，在变化后的历史实践中显然无法适应新的规制需要，因此也不具有理性进化论立场上的合法性。

第四，公共商谈理性论立场上环境习惯法的合法性。以公共商谈理性论为基础的“重建性”合法性范式是对极具形而上学色彩的“古典规范主义合法性范式的匡正与超越”，它“以公共领域和商谈民主理论为背景”，“把合法性译解权和证明权（即检验标准问题）”[③]建立在民众手中。“重建性”合法性范式因“主权在民”和理性的商谈建构这两个理论内核而区别于将善良、正义等抽象伦理准则或价值精神作为合法性检验标准的古典规范主义合法性范式，同时也区别于以权力、权威标榜合法性检验标准的主流经验主义合法性范式。“重建性”合法性范式认为，人们在公共领域就某些重要议题或管理内容进行的自由商谈（交往行动）及充分的意见表达“赋予了制度化的意见和意志形式（比如习惯法）以合法化的力量”[④]。也就是说，“只有当一项规则让所有的参与者通过理性话语都表示同意，它才可以声

---

① See Charles Zerner, “Tracking Sasi, *the Transformation of a Central Moluccan Reef Management Institution in Indonesia*”, in Alan T. White, L. Z. Hale (eds.), *Collaborative and Community-Based Management of Coral Reefs*: *Lessons from Experience*, Kumarian Press, 1994, pp. 19—23. Also see from Dirhasmyah, *Analysis of the Effectiveness of Indonesia's Coral Reef Management Framework*, University of Wollongong, 2005, p. 75.

② ［英］哈耶克：《大卫休谟的法律哲学和政治哲学》，载《哈耶克论文集》，邓正来选编/译，首都经贸大学出版社 2001 年版，第 491 页。

③ 张娟：《公共领域、商谈民主与政治合法性——哈贝马斯“重建性”合法性对传统合法性理论的重建》，《湖北行政学院学报》2011 年第 4 期。

④ ［德］哈贝马斯：《包容他者》，曹卫东译，上海人民出版社 2002 年版，第 286—289 页。

称自己具有合法性"[①]。环境习惯法规范，特别是以村规民约为代表的一大类环境习惯法规范恰恰是建立在社群民主商谈的基础上而形成的"制度化的意志形式"。这类规范虽然与国家环境制定法相去甚远或者相互矛盾，但在其治理领域却具有绝对的合法性。也正是基于这种合法性地位，环境习惯法在社群范围中的实效也是不言而喻的，以至于在很多环境习惯法发达的区域只见习惯法而不见制定法，环境习惯法在规范实效上远远超出了国家环境制定法。

（二）形式合法性检验标准

如前文所述，形式合法性检验标准建立在法律国家中心主义立场之上，不同程度地摒弃了环境习惯法作为法律类型的独立性地位。当环境习惯法符合国家法时，便具有国家法意义上的合法性，进而对国家法具有辅助性价值。[②] 当环境习惯法不符合国家的检验标准时，便不具有国家法意义上的合法性，因而也对国家法没有任何价值贡献。虽然形式合法性检验标准极大地忽视了环境习惯法的独立价值，但在环境制定法运行的某些领域仍具有重要的"法律识别"作用。由于在现代制定法上，公共政策、公共利益也被认可为法律的渊源之一，因而在一般意义上，形式合法性检验标准不仅包括合制定法标准，也包括合制定法所认可的公共政策、公共利益标准。

制定法标准要求，环境习惯法在具体规范的内容上应当合乎相关环境制定法的规定或者与环境制定法不冲突。然而，此处环境制定法自身的正当性是不是环境习惯法"合法律性"的前提条件呢？有学者认为："制定法必须是'良法''善法'。只有'良法''善法'才能作为习惯的合法性检验标准。也就是说，必须以'正当的'法来判断习惯（法）的正当性。"[③] 对此观点，笔者持保留态度。一方面，制定法的正当性是超越制定法中有心主义的价值判断问题，且往往与法律的实质合法性相重合，因而将制定法的正当性作为习惯法符合制定法标准的前提实为习惯法实质合法性检验标准，而非制定法立场上

① ［德］哈贝马斯：《包容他者》，曹卫东译，上海人民出版社2002年版，第300页。

② 魏治勋：《民间法研究范式辨正》，《甘肃政法学院学报》2007年第2期。

③ 王林敏：《论习惯的合法性检验标准》，《山东大学学报》（哲学社会科学版）2009年第5期。

习惯法的“合法律性”检验。另一方面，环境制定法规范是否具有正当性这一问题不能在环境制定法立场上得到回答，尤其是现代环境制定法中有大量的技术性规范，如环境标准、环境监测方法等。这些规范往往因价值中立而无法对其作出正当性的判断。

一般而言，环境制定法标准有默示和明示两个方面。默示的环境制定法标准是指环境习惯法在与环境制定规范不相互冲突的情况下，环境制定法对环境习惯法合法性的默示性承认。譬如，对挪威萨米人的渔业习惯法[①]和我国藏区的草场管理习惯法[②]，挪威国家环境立法以及我国环境立法均以默示认可的方式承认这些环境习惯法规范的合法性，而不是以具体规范规定的方式限制或排除环境习惯法的有效性。明示的环境制定法标准通常是指环境习惯法合乎具体的环境制定法规范或要义。由于科学技术手段在环境保护领域的广泛应用，因而在现代环境制定法中存在大量的技术性规范。而环境习惯法由于历史原因和社群局限而呈现出“简单”的非技术性规范特征，往往很难在现代环境法治实践中与环境制定法中的技术性规范相衔接。因此，在环境制定法的技术性规范所适用的领域，环境习惯法因不合法律性而被排除。这也是“合法律性”这一形式合法性检验标准区别与实质合法性检验标准的重要特征：实质合法性检验标准是环境习惯法获得自身正当性的标准，而形式合法性检验标准更多的是环境习惯法适用的排除性条件。

除制定法标准外，环境制定法所认可的公共政策、公共利益标准也是环境习惯法“合法律性”的检验标准之一。虽然公共政策、公共利益所承载的正当性或有效性价值是检验环境习惯法实质合法性的标准，但作为环境制定法所认可的、具体的公共政策和公共利益，它们显然成了环境制定法的成分之一，而且在我国环境法治领域，公共政策和公共利益具有特殊重要的地位和作用。因此，合乎公共政策、公共利益也是环境习惯法形式合法性的一种检验标准。

---

① Richard Howitt, *Rethinking Resource Management*: *Justice*, *Sustainability and Indigenous Peoples*, Routledge, 2001, p. 370.

② 张济民：《渊源流近——藏族部落习惯法法规及案例辑录》，青海人民出版社 2002 年版，第 145—146 页。

第三节 环境习惯法现代价值实现的路径

前文对环境习惯法现代价值实现的逻辑“场域”和导向，以及环境习惯法内容的甄选和合法性检验标准两方面内容进行了详细探讨。接下来将要探讨的问题便是在业已确定的前提条件下，环境习惯法应该和可能通过怎样的路径通道实现其现代价值的问题，因为从确定环境习惯法现代价值实现的逻辑“场域”和导向开始，经由对环境习惯法内容的甄选和合法性检验标准，再到环境习惯法现代价值实现的两条具体路径，这一前后关联、依次展开的逻辑过程是环境习惯法现代价值在具体领域得以实现的必要前提条件。因此在前文论述的基础上，本部分内容专就环境习惯法现代价值实现的两条具体路径——环境制定法“自上而下”的主导和环境习惯法“自下而上”的参与进行探讨。

一 环境制定法“自上而下”的主导

环境制定法“自上而下”的主导是实现环境习惯法现代价值的路径之一，是指国家环境制定法依靠国家权威力量及由此而生的强势话语权所主导的环境习惯法现代价值的实现途径。环境制定法主导的“自上而下”路径是“以国家制定法的主导性”和“最优法律制度的唯一性”[①] 为立足点，并在此前提下对作为立法资源的环境习惯法予以制定法化或认可。可见，在“自上而下”的路径模式中，环境习惯法并没有以一套特殊规则系统的独立性“出场”，国家环境制定法对环境习惯法制定法化或认可完全是环境习惯法被动实现现代价值的过程。那么，“自上而下”的路径模式对于实现环境习惯法的现代价值有何优越性呢？在实践中，以环境制定法为主导的“自上而下”模式又是如何具体展开的呢？

（一）“自上而下”路径的优越性分析

环境制定法主导的“自上而下”模式对实现环境习惯法现代价值

① William Easterly, “Institutions: Top Down or Bottom Up?” *American Economic Review: Papers & Proceedings*, 2008 (98).

的优越性可如下三个方面来把握。

首先，“自上而下”模式中环境制定法的主导性符合当下正在深刻发生的现代性对法律制度形态的要求。通过对比发现，环境制定法和环境习惯法分属两种不同的法规范形态。在不同的立足点上，二者均有重要的规范价值。然而从当下的社会历史背景来看，“现代性是现代社会或工业文明的缩略语”①，是我们无法逃脱且不得不深处其中的历史性必然。在当下，现代性无疑造就了这样“一系列同任何从前的社会秩序类型相比，其活力都大得多”的制度，而这样“一系列制度——与任何从前的文化都不相同，它生活在未来而不是过去的历史之中”②，即这种制度是在吉登斯所说的历史性“断裂”基础上所形成的“异于所有传统秩序的类型”③，因而是一种“更高的社会秩序”④形态。而这种“更高的社会秩序”形态的典型形式就是以现代工具理性为统领的制定法。因此，制定法之于现代性历史条件是社会历史发展的必然选择和产物。作为现代性深入推进所需的制度之一，环境制定法在当下的主导便具有历史正当性。从这一意义上来看，当下背景中由环境制定法“自上而下”主导的环境习惯法现代价值实现方式是现代性的题中应有之义，因而也是顺应社会历史发展规律的模式选择。

其次，环境制定法主导的“自上而下”模式是克服环境习惯法规则非自足性的重要途径。虽然环境习惯法在社群环境资源管理中是一套行之有效的适应性规则，但在现代环境法的话语系统中却显现出许多不足之处，如松散性、弱执行力等非自足性特征。悉数现有环境习惯法的生存样态，除村规民约之外，其他诸如口耳相传等形态都表现出了松散性特征。严格从法律规范的逻辑结构和关联性来看，许多环

① 冯颜利、杨炯：《马克思与吉登斯现代性思想比较》，《马克思主义与现实》（双月刊）2011年第3期。

② ［英］安东尼·吉登斯、克里斯多弗·皮尔森：《现代性——吉登斯访谈录》，尹宏毅译，新华出版社2001年版，第69页。

③ ［英］安东尼·吉登斯：《现代性的后果》，田禾译，黄平校，译林出版社2000年版，第3页。

④ 冯颜利、杨炯：《马克思与吉登斯现代性思想比较》，《马克思主义与现实》（双月刊）2011年第3期。

境习惯法由于内容的过于分散而无法统合到现代环境法体系之中。另外，长期以来，环境习惯法在运行机制中社群个体的自愿性参与属性造成了环境习惯法执行力较弱的弊端，尤其在现代性语境中，环境制定法的迅猛发展“遮蔽”了环境习惯法的功能空间，同时也使环境习惯法在运行中的执行力大为降低。要克服这些弊端，仅在环境习惯法体系之类进行自我完善是根本无法完成的。而环境制定法已经形成的优势却能有效弥合环境习惯法的上述非自足性弊端，如规范的逻辑完备以及以国家权威为后盾的执行力等。因此，在环境习惯法的现代价值实现过程中，国家环境制定法“自上而下”主导的路径模式为克服其自身的非自足性提供了重要的契机。

最后，在“自上而下”的路径模式中，环境制定法所赖以为后盾的国家权威力量提高了环境习惯法规范的运行效果。从规范与规范对象的关系角度来看，环境习惯法规范与其规范对象之间有着比环境制定法规范更为显著的相互对应或“匹配”关系。其显著性在社群环境治理与自然资源管理中表现得更为明显，不少学者的研究表明，环境管理中的习惯法是一种通过“学习引导”的自我强化规则。① 在对“不稳定环境”的不断反应或“持续性试错”② 过程中，环境习惯法“应对环境管理过程中面临的诸多不确定性”③ 的能力不断提高，从而形成了一种极具弹性的适应性管理规则。然而，弹性和适应性特点只从形式上反映了环境习惯法规范与规范对象之间的对应关系，而并不必然导向环境管理实践的高效，因为具体环境管理实践中的实际效果往往取决于管理规则执行力的强弱。显然，环境习惯法规范的弱执行力在当下语境中很难实现高效的环境管理目标。反观环境制定法，情形则大有不同。凭借国家权威力量，环境制定法“在‘自上而下’

① See Westley, “Governing design: The Management of Social Systems and Ecosystems Management”, In L. H. Gunderson, C. S. Holling, and S. S. Light (eds.), *Barriers and Bridges to the Renewal of Ecosystems and Institutions* New York: Columbia University Press, 1995, pp. 391—427.

② A. Dan Tarlock, “The Nonequilibrium Paradigm in Ecology and the Partial Unraveling of Environmental Law”, *Loyola of Los Angeles Law Review*, vol. 27, 1994, p. 1121.

③ 黄宝荣、张慧智、李颖明：《环境管理分区：理论基础及其与环境功能分区的关系》，《生态经济》2010 年第 9 期总第 229 期。

主导的路径模式中，国家立法者可以做到在任何需要的时候弃置旧法而出台新法”①，使合乎环境管理实际的适应性习惯法规则进入现代环境立法的同时，更能使其实现预期的管理实效。

（二）“自上而下”路径的具体展开

通过以上分析可知，由国家环境制定法主导的“自上而下”路径模式在环境习惯法现代价值的实现中有诸多优越性。而真正实现上述优越性，环境制定法主导的“自上而下”路径模式应当分以下步骤渐次展开：环境制定法的现代性自省—环境制定法的话语开禁—环境制定法对环境习惯法的积极摄取。

1. 环境制定法的现代性自省

如前所述，环境制定法的产生发展及深处其中的现代性背景是我们无法逃脱的历史性必然。然而在必然性之外，我们需要以批判的态度来审视现代性在各个领域日益凸显出来的弊端。现代性发生在工业文明发展的进程中，而工业文明的印迹给现代性烙上了永远也挥之不去的“工具理性”符号。“工具理性”符号一直是检验包括环境制定法在内的所有现代制度规范是否具有历史正当性的标准。显而易见，现代性因其“工具理性”符号的片面性而先天地具有“价值理性”不足或被忽视的弊端。因此，深处现代性之中的环境制定法也难逃过度重视组织化和程式化而“价值理性”不足的弊端。于此情形，环境制定法亟待重新审视自身的先天性弊端，以不断从环境习惯法等体系之外的其他规范中获取有益的因素，使自身得到补足和修正。

然而，纵观各级各类现代环境制定法，大部分表现出了规范自身的高度逻辑性和自洽性，但对自身所缺失且需从外部获得的有益供给并未予以足够重视。对我国当下环境制定法进行检索之后，笔者发现仅有极少数立法涉及对体系外他者规范的关注，如云南省人民政府于2008年制定的《关于加强滇西北生物多样性保护的若干意见》。该意见肯定了传统知识在生物多样性保护中的特殊作用，提倡“继承和弘扬少数民族爱护自然、保护环境的优良传统文化和习俗，探索并完善

① William Easterly, “Institutions: Top Down or Bottom Up?” *American Economic Review: Papers & Proceedings*, 2008 (98).

社区共管机制，使广大群众在生物多样性保护中得到实惠，更加自觉地参与生物多样性保护。发挥民间环保组织的优势，鼓励其依法开展各种生物多样性保护活动”。另外，在我国台湾地区，2007 年 12 月 18 日制定的《原住民族地区资源共同管理办法》第三条规定，“中央目的事业主管机关于划定资源治理区域前，应将计划目的、范围、经营管理及与当地共管事项等计划内容，于治理区域内乡（镇、市）公告阅览及举行公听会，并经当地原住民族同意后，始得划定资源治理区域”。可以发现，云南省人民政府《关于加强滇西北生物多样性保护的若干意见》和我国台湾地区《原住民族地区资源共同管理办法》都充分考虑到由民族环境习惯法规范形态构成的传统文化和习俗对国家正式制度规范的补足性价值，是现代环境制定法现代性自省的范例。

2. 环境制定法的话语开禁

与环境制定法的迅猛发展相伴而生的是一套独立的话语体系的形成。无论这种话语体系是精英话语还是少数人话语，实践中都表现为少数人凭借环境制定法业已形成的优势地位扩张自己的话语权地盘，同时排挤他者的话语权。随着环境立法活动专业化和技术化的不断加强，环境制定法的话语系统已与大众话语日渐分离。从宏观特征来看，环境制定法的话语系统和大众话语之间的分崩离析只能使现代性所标榜的“工具理性”在环境立法中长驱直入，同时大众话语所承载的实质理性日趋式微，从而使环境立法步趋于危险甚至“失控”的境地。在实践中，环境制定法的话语系统和大众话语的断裂使得少数人在凭借话语霸权地位进行环境制定法的封闭性话语再造的同时，置大众意识信念、民众利益诉求于不顾，因而环境制定法与大众生活渐行渐远。为了使大众意识信念、民众利益诉求等大众生活的内容体现在现代环境法之中，在开辟环境习惯法等大众话语机制的同时，必须要抑制环境制定法的话语霸权地位和自我封闭的特点。因此，环境制定法的话语开禁是环境习惯法进入现代环境法不可或缺的步骤之一。

在理论上，环境制定法的话语开禁可通过两条途径来实现，要么摒弃唯制定法是从的少数人话语霸权，主动接受环境习惯法等其他规范的话语系统，要么以环境制定法自己的话语系统主动影响其他规范的话语系统，使环境制定法与其他规范之间形成良性的互动和优势互补。实践中，常见的情形却是后者。美国印第安人之一纳瓦霍（Navajo）的现代环境立法、澳大利亚土著民环境立法以及我国台湾地区的《原住民族基本法》即典范。横跨亚利桑那州、犹他州和新墨西哥州的纳瓦霍印第安部落在环境与资源立法中形成了一套独特的环境法话语系统。《纳瓦霍国家法典》（*Navajo Nation Code*）中的6部环境类立法，如环境（Title 4：Environment）、土地（Title 16：Land）等专门立法[①]广泛地体现了该部落环境习惯法的具体内容和价值精神，均借助于现代环境制定法的话语权优势实现了对古老环境习惯法话语的成功影响和转型。在澳大利亚，情形同样如此。“北部法律改革委员会”就北部昆士兰等地区土著民基于环境习惯法的权利要求展开的环境立法均体现为制定法话语系统对土著民环境习惯法话语系统的影响直至改造。据该委员会的一份立法背景资料显示，北部地区土著民的土地权利以及狩猎权、捕鱼权和采集权等传统习惯法权利均以澳大利亚国家环境制定法的形式予以立法确认，如1992年制定的《牧场法》（*Pastoral Land Act 1992*）、1993年制定的《土著民权利法案》（*Native Title Act 1993*）、1995年制定的《土地基金及土著民土地合作法》（*Land Fund and Indigenous Land Corporation Act 1995*）、1993年的《渔业法》（*Fisheries Act in Native Title Act 1993*）等。[②] 在我国台湾地区，2005年制定的《原住民族基本法》用现代立法语言将原住民的环境习惯法权利予以列举式规定。该法第十九条规定：“原住民得在原住民族地区依法从事下列非营利行为：一、猎捕野生动物。二、采集野生植物及菌类。三、采取矿物、土石。四、利用水资源。前项各款，以传统文化、祭仪或自用为限。”

---

① Office of Navajo Government Development, *Navajo Nation Government*, Fourth Edition, Window Rock, Navajo Nation (http://dine.sanjuan.k12.ut.us/heritage/people/dine/organization/government/tribal_code2.htm).

② Northern Territory Law Reform Committee, *Background Paper* 3: *Legal Recognition of Aboriginal Customary Law*, 2003, pp. 22-24.

3. 环境制定法对环境习惯法的积极摄取

环境制定法在现代性自省和话语开禁的基础上，对环境习惯法有益成分的积极摄取将是“自上而下”路径模式的最终体现。

在摄取的内容上，环境制定法应从两个角度着手进行。一方面，环境制定法对环境习惯法的摄取是基于对自身规则不足的补足而进行的。在这种情况下，环境制定法对环境习惯法的内容摄取必须以制定法上的规则有效性为前提，即符合环境制定法标准。譬如在美国，纳瓦霍部落的《纳瓦霍国家法典》及其组成部分《纳瓦霍国家环境政策法》等立法对该部落环境习惯法内容的摄取大多以符合现代环境法的价值或内容为标准。在2005年《纳瓦霍国家法典》关于自然资源保护的法案18的修订中，纳瓦霍国家委员会在第1310条C款写明，“依据纳瓦霍传统法和习惯法，享有有尊严的且在物质和精神方面均得到良好保护的环境是人们的权利和自由”①。另一方面，环境制定法对环境习惯法的摄取源于对环境制定法中的空白性漏洞加以补充。不同于前述第一种情况，当环境制定法就某些事项的规定出现空白性漏洞时，对环境习惯法内容的摄取则不是以规则有效性为标准，而是应以符合环境制定法立法目的为标准。如纳瓦霍传统习惯法中的Hozho理念，即“事物各得其所且相互和谐而生”价值意涵虽没有具体的规则标准可循，但同样可被转化为《纳瓦霍国家法典》第201章的原则性条文——“任何事物生而彼此关联又相互独立”②。

在摄取的方式上，环境制定法对环境习惯法有主动摄取和被动摄取两种途径。两者区别的依据是摄取发生的原因。前者是指环境制定法在自觉地认识到自身规则的不足而主动对环境习惯法有益成分的摄取；后者是指环境制定法在他者力量的推动或刺激下展开的对环境习惯法的摄取。前者如《纳瓦霍国家法典》中6项环境类立法对环境习惯法的摄取。后者则是实践中最为普遍的摄取方式。挪威北部萨米人因对他们传统习惯法权利的要求而导源的国家法对环境习惯法的摄取

① Resources Committee Navajo Nation Council, *Proposed Navajo Nation Council Resolution*, 20th Navajo Nation Council, 2005.

② Raymond D. Austin, *Navajo Courts and Navajo Common Law: A Tradition of Tribal Self-Governance*, University of Minnesota Press, 2009, p. 42.

很好地再现了第二种途径的全貌。斯堪的纳维亚北部是萨米人（Saami）世世代代生活的家园。如今，挪威水电业的发展已经严重影响到萨米人的生产和发展。截至 1972 年，挪威 60% 的河流均上马了水电工程，这些工程对萨米人影响极其巨大。[①] 1979 年，挪威政府在北部芬马克郡（Finnmark Country）境内的阿尔塔河（Alta River）上修建大型水电站（Alta Dam）的动议引起了萨米人和其他非萨米挪威人抗议政府的政策。萨米人认为该工程在社会、文化以及环境保护等意义上均侵害了他们的权益。这次抗议引起政府对萨米人世代相传的习惯法权利的调查，因而改变了政府与萨米人之间的关系，增加了社会对整个斯堪的纳维亚地区萨米人法律权利的广泛认同。可以说，这次事件中，萨米人"从公众认同、管理体制革新、宪法性合约以及法律和政府变革等领域收获到了史无前例的成果"[②]。阿尔塔大坝案的结果对驯鹿萨米人的直接影响是：他们被赋予了某些方面，如驯鹿业的独占权以及在驯鹿土地上狩猎和捕鱼的受益权等排他性权利。[③] 如今，按照新修订的《驯鹿法》[④]（*Reindeer Husbandry Law*，1971 年制定，后经 1978 年和 1996 年两次修订），在驯鹿萨米人社群中，他们有权就许多事项进行自治。

二　环境习惯法"自下而上"的参与

不同于环境制定法主导的"自上而下"路径，"自下而上"路径模式是发端于环境习惯法内部，以环境习惯法的自我"表达"，尤其是依附于环境习惯法的相关环境资源权利的主张为推动力的现代价值实现过程。笔者将在下文中通过优越性分析和具体展开两个方面对环境习惯法积极参与的"自下而上"路径模式进行较为详细

① Kleivan, Helge, "Incompatible Patterns of Land Use: the Controversy Over Hydro-electric Schemes in the Heartland of the Saami People", *IWGIA Newsletter*, 1978, p. 61.

② Brantenberg, Odd Terje, *The Alta-Kautokeino Conflict, Saami Reindeer Herding and Ethnopolitics*, in Brosted, J. 1985, p. 23; Richard Howitt, *Rethinking Resource Management: Justice, Sustainability and Indigenous Peoples*, Routledge, 2001, p. 281.

③ Svensson. 1988, p. 78.

④ Susan Joy Hassol, *Impact of a Warming Arctic: Arctic Climate Impact Assessment*, Cambridge University Press, 2004, p. 979.

的阐述。

（一）“自下而上”路径的优越性分析

在与“自上而下”路径模式的对比之中，“自下而上”路径模式的优越性便清晰可鉴；从更为微观的规则层面考察，“自下而上”路径模式也无疑是实现环境习惯法的社群参与性和克服环境制定法的非自足性的有效途径。

首先，“自下而上”路径模式的比较优势更为凸显。在“自上而下”路径模式中，由于环境习惯法的被动性和环境制定法的单向性，仅以立法“本土资源”的形式而被国家环境制定法所接受和摄取的环境习惯法寥寥无几。不仅如此，在国家环境制定法“肢解”式的接受和摄取后，不仅环境习惯法自身体系的系统性遭到破坏，导致环境习惯法的系统性功能不复存在，而且在一个由历史、文化、生态、经济等因素相互交错和形成的综合体系中，“自上而下”的强制性路径只有保护生态多样性的外观，但却直接破坏了社会的、经济的以及文化多样性的基础，直接威胁到地方社会经济的可持续再生能力。[①] 在环境与自然资源管理领域，“自上而下”路径模式的弊端更为显见。一般而言，“环境管理的模式因历史条件和具体问题的不同而在优先性选择以及具体目标的设定上有所区别，因此只按照‘自上而下’的单一导向而设计的‘蓝图’在资源管理实践中也会因其缺陷而招致弃置的命运”[②]。由环境习惯法积极参与的“自下而上”路径模式则不同。在“自下而上”的路径模式中，环境习惯法的积极参与与国家环境制定法的认可或承认是这一路径模式得以有效展开的两个基本条件。因此，“自下而上”路径模式的实践是环境习惯法与环境制定法两者之间相互作用的体现。这种双向性参与使环境习惯法在充分“表达”自身的同时不失其现代效果。而且，在“自下而上”

① See Gray, Andrew, *Between the Spice of Life and the Melting Pot: Biodiversity Conservation and its Impact on Indigenous Peoples*, IWGIA Document 70, International Working Group on Indigenous Affairs, Copenhagen, 1991; Richard Howitt, *Rethinking Resource Management: Justice, Sustainability and Indigenous Peoples*, Routledge, 2001, p. 98.

② Richard Howitt, *Rethinking Resource Management: Justice, Sustainability and Indigenous Peoples*, Routledge, 2001, p. 95.

路径模式中的充分参与使环境习惯法能够最大限度地保持其整体性规范功能，避免“自上而下”路径模式中环境习惯法整体性功能被“肢解”的不足。

其次，“自下而上”路径模式使环境习惯法的社群参与机制延展到现代环境法之中。环境习惯法规范本身体现了与其相关的经济、社会、历史、文化等因素的综合性。按照综合地缘政治学说的经典“三螺旋”理论，“由诸如资源区位、资源管理制度等构成的综合性整体被预设为由相互交织的生物物理关系、社会文化关系以及政治经济制度所构筑的‘三线螺旋’结构——表明结构体系中的三要素之间存在相互影响的关系：一方影响并决定其他方面，同时一方为另一方的更好发展创造条件”①。同样地，按照“三螺旋”理论，土著民社群以类似的组合将地理的、神话传说的以及社会的景象编织入一个鲜活的体系之中。在这个体系中，昨天、今天、明天以及生命的意识和意志共同构成了一个逼真的整体。② 从规范制度角度观察，维系这一综合体系的主要纽带是社群长期而广泛的民主参与机制。在这一意义上，民主参与机制也是环境习惯法能长期保持有效性的根本所在。因此只有确保民主参与机制的价值优势，环境习惯法的现代价值才能真正实现。“自下而上”的路径模式正是民主参与机制能够在环境习惯法现代价值中实现的有效途径。通过社群“自下而上”的参与性推动，进入现代环境法话语体系的环境习惯法仍不失民主参与的广泛性特征。学者在乌干达西部地区的实证研究恰当地表明了这一点。在乌干达西部地区森林、湿地等自然资源使用权和管理权保护的实践中，“国家制定法运行的‘自上而下’模式使法治实践与制定法规定相脱节，而且还限制了资源法律制度在监督和实施中的地方社群参与。而实践中有利于可持续发展的自然资源管理途径却是‘自下而上’地来自‘草根’社会，因为‘草根’社会中的所有问题及其解决方案

① Richard Howitt, *Rethinking Resource Management: Justice, Sustainability and Indigenous Peoples*, Routledge, 2001, pp. 146 - 148.

② See Rose, *Nourishing Terrains: Australian Aboriginal Views of Landscape and Wilderness*, Australian Heritage Commission, Canberra, 1996a, p. 7.

都是立足于地方性的广泛参与之中"①。

最后，"自下而上"的路径模式是克服环境制定法非自足性的有效途径。统一规定、一体遵行，是制定法的主要特征和规定性。环境制定法也概莫能外，统一化的立法特点往往使规范的共性与具体规范对象的个性之间产生严重的不适应。即使在地方立法层面有专门针对地方环境保护与资源管理特殊性的相关立法，但地方性环境法律规范在实践中仍然无法具备与环境习惯法一样的弹性特征和适应性功能。因此，在环境习惯法现代价值的实现途径中，"在'自上而下'路径模式中制定法的统一性无法与规范对象和相关权利的不确定性特征相匹配"②。基于祛除制定法统一化科层运行模式中僵硬且烦琐的局限，"用更为合理的'自下而上'模式替换复杂的'自上而下'模式的观点在逻辑上是完全自洽的"③，因为"'自下而上'的路径模式将现有（环境习惯法）制度视为受制于历史制度，因而逐渐变迁、演进而非革命性变迁的过程"④。在这一渐进式发展的过程中，逐渐形成了环境习惯法制度规范与具体规范对象之间的相互适应。新西兰毛利人环境习惯法的现代转型、美国纳瓦霍印第安人环境习惯法的现代化过程以及澳大利亚北部地区环境习惯法权利的现代立法确认等实践均例证了"自下而上"路径模式之于克服环境制定法非自足性的有效性和环境习惯法现代价值实现的合理性。即使在阿富汗这样政治动荡的国家，习惯法仍被认为是具有重要规范价值的法律形态。阿富汗司法部认为，"习惯法是一种具有弹性和适应性，且与地方性信仰和特殊情

① Joel Hartter, Sadie J. Ryan, "Top-down or Bottom-up? Decentralization, Natural Resource Management, and Usufruct Rights in the Forests and Wetlands of Western Uganda", *Land Use Policy*, 2010 (27).

② Kipaya Kapiga, *Bottom-up and Top-down approaches to development*, June 26, 2011, http: //global _ se. scotblogs. wooster. edu/2011/06/26/bottom-up-and-top-down-approaches-to-development/.

③ Peter Orebech, Fred Bosselman, Jes Bjarup, David Callies, Martin Chanock, *The Role of Customary Law in Sustainable Development*, New York: Cambridge University Press, 2005, p. 439.

④ William Easterly, "Institutions: Top Down or Bottom Up?" *American Economic Review: Papers & Proceedings*, 2008 (98).

况相符合的法律治理手段"①。因此，结合前文关于"自上而下"路径模式的优越性，基于实现本土民众的社群利益与国家经济利益并置的目的，"自上而下"和"自下而上"两种模式应当在环境保护和资源管理中并行不悖。② 如此一来，"自下而上"路径模式中环境习惯法规则的弹性与适应性属性与前述"自上而下"路径模式中统一性环境制定法的强执行力特征相呼应，形成了规范外观与规范实效在现代环境法"场域"中的完美契合。

（二）"自下而上"路径的具体展开

"自下而上"路径模式的核心内容是环境习惯法的积极参与。在现代环境法语境中，环境习惯法的参与在范围和方式上有特殊的要求。

1. 环境习惯法的参与范围

在现代性语境中，制定法在国家法治建设中的重要地位是不言而喻的。在环境保护与自然资源管理领域，环境制定法同样是主要的制度规范。因此，环境习惯法的积极参与应当只限于一定的范围。纵观现代环境立法的规范类型，技术性规范和权利义务性规范是两大主要组成部分。其中，技术性规范与现代文明发展所取得的科技成果相关联，显然，环境习惯法因民间性和大众话语的特点而缺乏必要的技术性知识基础，也无法与现代环境法中的技术性规范衔接起来。这一现象无论在弱化环境习惯法的我国环境立法中，还是在利用环境习惯法规则构建地方性现代环境法律制度的美国纳瓦霍部落和澳大利亚北方土著民聚居区的实践中都具有共同性。所以，环境习惯法的积极参与因技术性知识的缺乏而无法触及现代环境立法的技术性规范领域。

与前述情形不同的是，在各国环境习惯法现代立法转型的成功实践中，环境习惯法的积极参与几乎无一例外地在权利义务性规范领域展开。究其原因，环境习惯法的参与并不是形式上的规则"进入"

---

① Amy Senier, "Rebuilding the Judicial Sector in Afghanistan: The Role of Customary Law", *The Fletcher School Online Journal for issues related to Southwest Asia and Islamic Civilization*, Spring 2006, pp. 1 - 10.

② Richard Howitt, *Rethinking Resource Management: Justice, Sustainability and Indigenous Peoples*, Routledge, 2001, pp. 96 - 97.

或转化的实现，而是由环境习惯法所承载和确认的环境资源权利获得现代国家环境法认可的过程。因此从形式来看，环境习惯法的参与更多地以土著民、部落等地方社群争取传统习惯法权利的活动表现出来，其中不乏一些有影响的抗议活动。比如，在加拿大魁北克省，克里族印第安人（Cree）和因纽特人（Inuit）在政府发起的一系列水电站建设项目中为争取自己的传统土著权利而进行了许多抗议和斗争，对土著民（国家）主权主义的复兴，以及在加拿大乃至全球范围内建立倡导土著民自治的政治和习惯法制度有着重要的基础作用。①

长期以来，加拿大魁北克省的工业化发展一直与水电业的发展紧密相关。20 世纪 60 年代以来，魁北克省更是以空前的速度发展水电业。1971 年，当地主要的水电企业——魁北克水电（Hydro-Quebec）宣布了一项新的建设规划——詹姆斯海湾项目（James Bay Proposal）。这项建设规划包括建设 4 座水电站、4 座大坝、18 条泄洪和防控设施以及 80 英里防洪堤。② 同年 7 月，克里族印第安人开始对该项目进行抗议，认为他们“使用土地的权利、狩猎的权利、捕鱼的权利以及维系克里族人生存的权利都是基本人权”③，因而加拿大和魁北克政府无权干涉和对其施以影响。之后，生活在更远北方地区的因纽特人也就詹姆斯海湾项目提出抗议。魁北克省政府最初的态度十分强硬，拒绝与克里族印第安人以及因纽特人进行谈判，认为“水电项目不容谈判，印第安人没有特殊的权利”④。于是，克里族印第安人和因纽特

① Mc Cutcheon, Sean, *Electric Rivers: The Story of the James Bay Project*, Black Rose, Montreal, 1991; Jhappan, C. Radha, “Global Community? Supranational Strategies of Canada's Aboriginal Peoples”, *Journal of Indigenous Studies*, 1992.3 (1).

② O'Reilly, James, “The role of the courts in the evolution of the James Bay Hydro-electric Project”, in Vincent, Sylvie and Bowers, Garry (eds.), *Baie James et Nord Quebecois: Dix ans Apres/James Bay and Northern Quebec: Ten Years After*, Recherches amerindiennes au Quebec, Montreal, 1988, p. 33.

③ Richard Howitt, *Rethinking Resource Management: Justice, Sustainability and Indigenous Peoples*, Routledge, 2001, p. 302.

④ Awashish, Philip, “*The Stakes for the Cree of Quebec*”, in Vincent, Sylvie and Bowers, Garry (eds.), *Baie James et Nord Quebecois: Dix Ans Apres/James Bay and Northern Quebec: Ten Years After*, Recherches Amerindiennes au quebec, Montreal, 1988, p. 42–45.

人启动了司法程序以图终止该项目。马卢夫法官在初审判决中认为，“克里族印第安人和因纽特人在他们生活的领土上显然具有相关权利”，因而发出了一份停止工程后续进行的禁令。虽然初审判决后来被高级法院的判决所推翻，但初审判决无疑是“魁北克政府态度的极大转折点”①，因此意义重大。此后，魁北克省对土著民传统习惯法权利的态度有了很大转变，任命了专门的谈判人员与克里族印第安人和因纽特人接洽处理事宜。这一谈判进程直接导致加拿大历史上第一份“现代条约”——1975 年《詹姆斯海湾项目和北魁北克协议》（*James Bay and Northern Quebec Agreement*，JBNQA）的诞生。该协议建立了有关环境保护、土著民社群发展以及区域治理的长效法律制度框架，并对项目建设对土著民权利造成侵害的赔偿也有明确的规定。

加拿大克里族印第安人和因纽特人以实现他们的传统习惯法权利为主张，最终使他们的传统习惯法进入国家法律规范体系之中，是环境习惯法以“自下而上”的积极参与方式实现现代价值的重要范例。当然，此类案例在澳大利亚昆士兰地区、斯堪的纳维亚北部萨米人聚居地区均有发生。

2. 环境习惯法的持续参与

在前述引用的加拿大案例中，环境习惯法及相关环境资源权利获得国家认可是一持续时间较长的谈判过程。诚然，大多数国家的成功实践表明，通过环境习惯法的积极参与而引起环境制定法的被动认可都以持续性的权利主张而最终实现。在现代国家，立法者已然混淆了制定法的重要性与法律正当性之间的界限。在技术立法更为显著的现代国家环境立法中，设计科学、精美细致的制定法条款往往被认为是现代法治唯一有效的制度依据，因而忽视了其他民间规则的价值。于是，立法者长期形成的固定思维无法接纳环境习惯法作为另外一套明显不同的规则系统进入现代环境法领域。在这种情况下，环境习惯法“在下而上”的参与不易打破立法者的思维桎梏。而只有持续性参与才是实现其现代价值的可能方式。因此，持续性参与是实现环境习惯

① Awashish, Philip, “The Stakes for the Cree of Quebec”, in Vincent, Sylvie and Bowers, Garry (eds.), *Baie James et Nord Quebecois: Dix Ans Apres/James Bay and Northern Quebec: Ten Years After*, Recherches Amerindiennes au quebec, Montreal, 1988, p. 35.

法现代价值的有效方式。

不仅如此，持续参与也是确保环境习惯法现代价值持续有效的条件。因弹性特征和适应性属性，环境习惯法规范能有效根据环境的变迁作出调整，从而在历时性角度始终保持规范的连续性和有效性。与环境习惯法不同，环境制定法规范对环境变迁的调试则是通过立法修订程序或创制新法的方式实现的。显然，修订前后的法律规范之间没有任何历时性关联。循此，尽管环境习惯法在之前某一时刻因积极参与而获得了国家环境制定法的认可，但很有可能在环境制定法频频修订的过程中被搁置一边。从这一意义上看，持续性参与是确保环境习惯法现代价值持续有效的重要条件。通过“自下而上”的持续参与，环境习惯法将持续供给现代环境立法，在维持环境习惯法现代价值的持续有效性的同时也使现代环境立法在环境习惯法的持续供给中日臻完善。

澳大利亚的实践为我们理解持续性参与的重要性提供了可资借鉴的参照。1992 年昆士兰地区的马博案之后，澳大利亚基廷工党政府通过了《土著民权利法案》，作为对该案件以及土著民土地等权利的回应。该法实施两年后澳大利亚高等法院的一份违背《土著民权利法案》的判决引起了各界的关注。1996 年 12 月 23 日，高等法院就维克土著民诉昆士兰州案（Wik Peoples v. the State of Queensland）作出法庭判决。案件的争议焦点是，依制定法而达成的租约能否对抗土著民权利。围绕这一问题，法院的判决认为，依制定法而达成的租约不能赋予租约权利人以排他性所有权，故土著民权利可依照合同条款和特定目的与租约权利人的权利共存。但是，当二者之间发生冲突时，依制定法达成的租约可以对抗土著民权利的存续。[①] 之后在政治领域和公众领域的激烈反应中，联邦政府提出“维克 10 项计划”以回应该项离奇判决，要点如下：第一，国家土著民权利委员会就土著民权利申请事项具有绝对的管辖权；第二，基于国家利益，州政府可根据法律授权解除王室土地上的土著民权利；第三，提供公共设施的土地

---

① Commonwealth of Australia, Wik Peoples v. State of Queensland [2000] FCA 1443 (3 October 2000).

属于土著民权利申请的例外；第四，矿业和牧业租约允许与土著民权利共存；第五，国家土著民权利委员会只对获取传统土地权利创造条件，而不是针对所有的土著民权利；第六，登记审查是所有申请的强制条件；第七，取消都市之中或周边地区的申请权；第八，政府有权管理任何区域的土地、水和大气；第九，所有申请均被规定以严格的时间限制；第十，通过创设土著民土地使用协议的方式达到权利的共存。“维克 10 项计划”成为修改完善 1993 年《土著民权利法案》并形成 1998 年《土著民权利法案》（修订本）的重要基础。[1] 1998 年之后，“维克 10 项计划”成了昆士兰地区《土著民土地使用协议》长效实施的重要依据，大量土著民开始以环境习惯法权利为基础享有他们的土地权利。在 2011 年 1 月 1 日—6 月 30 日的半年时间内，就有 15 名新的申请者申请了《土著民土地使用协议》。[2] 可以说，在从《土著民权利法案》的制定到修订，再到《土著民土地使用协议》长效实施的整个历史进程中，土著民依据传统习惯法持续主张对土地的权利一直是重要的推动力量。

---

① 据澳大利亚土著民权利委员会的立法动态显示，1998 年之后，《土著民权利法案》又分别于 2007 年、2009 年、2010 年、2011 年进行了多次修订。

② National Native Title Tribunal of Australia, *National Report*: *Native Title*, August 2011, p. 1.

第六章　环境习惯法在环境立法中的法源价值

现代环境法植根于现代科学技术及工业文明背景之中。基于现代环境法治的技术性和效率要求，制定法以其精致、高效的特点成为现代环境法最重要的法律渊源。但现代环境法所凸显出的现代性特点并不必然导致现代环境法“唯制定法独尊”而排斥其他法律渊源（如环境习惯法）的结论。一个真实的情形是：制定法显然在构筑现代环境法制度体系的庞大工程中意欲尽其能事、独当一面，以至于无论学界还是实务界每每谈及环境法，都将其视作与传统知识无关的现代制定法体系，现代制定法俨然成为现代环境法的同名词。诚如前文所述，适用于社会关系调整的法律规则除了制定法之外，还有习惯法等其他规则类型。虽然在法律发展的历史过程中，制定法和习惯法的主导地位不尽一致，甚至出现如今制定法欲取而代之的景象，但无论如何，制定法仅是法律渊源之一的事实并不因为其现代法治生活中的大行其道而改变。环境法也是如此，在环境制定法之外，环境习惯法等法律规则也是现代环境法的重要法律渊源，它们或是补充、完善环境制定法，提高现代环境法实效的重要规则资源，或是构成现代环境法某些领域制度规则的重要基础（如在特殊区域的环境资源管理实践中）。因此，现代环境立法总是受到环境习惯法等非制定法知识规则的影响，一套更为全面、有效的环境法制度规则应是融环境制定法规则与环境习惯法等规则为一体的统一体系。

然而，结合环境习惯法现代价值实现的“场域”和现代性条件，环境习惯法仅是现代环境法的间接法源之一。根据法学理论的主流学说，法律渊源有直接法源和间接法源之分。“直接法源又称为法定渊源、正式意义上的渊源，是国家立法机关制定的各类规范性法律文件；间接法源又称为非法定渊源、非正式意义上的渊源，是指各种习惯、判例、宗教规则、法理学说，道德原则和规范等”①。虽然这种学理分类方法立足于国家制定法中心主义立场，但在深刻的现代性背景下，环境制定法已然构成了现代环境立法的主要部分和直接渊源，而环境习惯法只能是现代环境立法的间接法源。环境习惯法作为现代环境立法间接法源的地位与环境习惯法作为现代环境法治的重要制度规则的地位并不相互矛盾。作为现代环境法治的重要制度规则，环境习惯法是一种已有的、非现代立法性质的治理规则，在“制定法外空间”对环境社会关系的调整发挥着重要的作用。在作为环境法治的重要制度规则的意义上，环境习惯法体现出自身的独立性价值。在现代环境立法领域，环境习惯法的地位则完全不同。无论是现代环境立法的现代性历史条件，还是现代环境立法的立法目的，均决定了环境制定法而非环境习惯法作为现代环境立法的首要渊源地位。故环境习惯法在现代环境立法领域几乎不具有自身规则的独立性②，而是仅作为一种间接渊源参与以环境制定法为主的现代环境立法过程。可见，环境习惯法的现代价值在环境立法中的体现只能通过作为正式渊源的环境制定法的合理摄取和环境习惯法的积极参与来实现。

第一节　环境习惯法进入现代环境立法的必要性

一如我们所目睹的，在法律发展的现代叙事中，各类习惯法的身影已悄然远去，代之而起的制定法中心主义似乎成为法律的“本来样

① 沈宗灵：《法理学》，北京大学出版社2000年版，第302—303页。

② 一般而言，创制是立法的主要方式。除此之外，认可已有的其他规则也是立法的一种方式。在现代环境立法中，环境制定法对环境习惯法的认可也在有限的范围内存在。显然，在“认可”这种立法方式中，环境习惯法的法源地位优于其在创制立法中的地位。但无论如何，“认可”仍然是一种立法者意志参与的立法活动，而不是对环境习惯法的完全“复制”，因此在“认可”的过程中，立法者对环境习惯法的甄别和选择仅是一种环境习惯法“进入”现代环境法，尤其是制定法规则体系之中有限、间接的法源。

态”，以至于出现言必称制定法的大众心理认同。在现代环境法中，情形也同样如此，环境制定法已覆盖了现代环境法治领域的所有角落。那么，在环境制定法发展空前的当下，环境习惯法是否仍有必要进入现代环境立法之中呢？环境习惯法在文化、信仰、理性等方面对环境制定法的补给和拓展是论证环境习惯法现代价值贡献，包括环境习惯法进入现代环境立法必要性的重要视角。除了这些一般性论述之外，具体在现代环境立法领域，环境习惯法至少在下述三个方面具有进入现代环境立法的必要性。

一　环境习惯法作为法源的价值

不同于法律教义学方法下的环境制定法，环境习惯法对现代环境立法的积极参与是对法律社会学理念和方法的尊崇，在社会规范系统之间相互联系与相互影响的角度为增强现代环境法的效果提供理论支持与可能。

法律教义学是源于中世纪注释法学派借用经院神学理论解释圣经的方法解释《罗马法大全》而发展起来的关于法律方法和理念的理论。教义学的特点在于将法律未加检验地、无批判地认为是逻辑自洽的体系，并以此为基础进行纯理性思维。因而在康德那里，教义学是“对自身能力未先予批判的纯粹理性的独断过程”[①]。法律教义学也同样如此，“法律教义学者不问法究竟是什么，法律认识在何种情况下，在何种范围中，以何种方式存在”[②]。即使法律教义学存在批判性思维，也只是在法律规范系统内部进行的自我批评与矫正，而不顾及影响法律发展的系统外因素。法律社会学则不同于法律教义学。法律社会学认为法律规范并不是自给自足的独立体系，不能在法律规范之中勾勒出“法的完整图像”[③]，而是植根或关联在

---

① 转引自［德］阿图尔·考夫曼《法哲学，法律理论和法律教义学》，郑永流译，《外国法译评》2000 年第 3 期。

② ［德］阿图尔·考夫曼：《法哲学，法律理论和法律教义学》，郑永流译，《外国法译评》2000 年第 3 期。

③ Eugen Ehrlich, *Fundamental Principles of the Sociology of Law* (1913), Trans. by Walter L. Moll, Harvard University Press, 1936, p. 488.

复杂的社会条件之中。著名法社会学家埃里希认为，“无论是现在或者是其他任何时候，法发展的重心不在立法，不在法学，也不在司法判决，而在社会本身”①。因此，法律社会学将法律置于复杂的社会背景之中，从法律与其他社会现象的相互关系中认识法律、批判法律的正当性。

将环境制定法和环境习惯法放置在法律教义学与法律社会学这一组方法论框架之中，我们不难发现：将环境制定法等同于现代环境立法，实为法律教义学的思维方法。而将环境习惯法当作现代环境立法的重要知识资源，则是法律社会学思维方法的体现。显然，法律教义学视角下的制定法中心主义立场忽视了诸种影响现代环境法发展的社会因素，使现代环境法的效果在理论上面临社会供给与支持系统不足的困难。而在法律社会学方法思维中，现代环境立法对环境习惯法的主动摄取和吸纳或环境习惯法对现代环境立法的积极参与和贡献是环境制定法规范与社会文化、自然生态等因素相互关联、相互影响的体现。可见，建立在与社会因素相互关联、影响的关系基础之上的现代环境立法将是一种更具社会效果的方式。与法律教义学思维方法相比较，环境习惯法进入现代环境立法显然获得了法律社会学理论上的必要性。

二　环境习惯法具有增强现代环境法治实效的功能

以环境制定法为主导的现代环境法治虽取得了一定的效果，但仍然存在许多弊端。其中最为显著的弊端体现在如下两组矛盾上：一是环境制定法规范的一般性与现代环境法治实践的个体性和特殊性之间的矛盾；二是环境制定法规范的单一性与规范对象的综合性之间的矛盾。就前者而言，环境制定法规范的一般性体现在其以统一模式、统一规格（比如环境标准等）适用于所有相关领域。在我国的单一立法模式之下，技术性等特点使环境制定法比民法、刑法等法律规范以

① 张乃根：《西方法哲学史纲》（第四版），中国政法大学出版社 2008 年版，第 198 页。

更为“一统”的面孔昭示于全国环境法治领域。[①] 然而，如诺思所言，同样的制定法规则适用于不同地区时，“尽管规则还是那些规则，但实施机制、实施发生的方式以及行为规范，还包括行为人的主观模型，却都是不相同的”[②]。在现代环境法治实践中，情形同样如此。在不同的时空条件下，环境法治的具体实践呈现出不同的特点，统一的环境制定法规范、标准针对不同的规范对象，所产生的效果也大不相同。就后者言，在法律教义学的思维中，环境制定法将自身看作自足的规范系统，而忽视了系统之外因素的作用。然而现代环境法治实践却体现出了综合性的特点。就规范对象来说，基于自然环境要素而产生的人与人之间的社会关系并不表现为类型单一的具体样态，而往往呈现出极其复杂的综合性特点。特殊区域的自然—社会—生态条件组合形成了独特的综合性系统，而该系统的维护与治理也是法律、文化、历史、经济等因素综合作用的结果。显然，“自足”的环境制定法在规范的王国里很难应付现代环境法治实践中的综合性要求。

环境习惯法在现代环境立法中的引入将能有效克服上述两组矛盾。一方面，环境习惯法在存在形态和内容上具有个体性和特殊性。从历史视角看，环境习惯法“最初主要表现为生活在一定区域的先民对生存环境和自然状况的直观认识、信仰、依赖、爱憎等情感和对自然环境进行改造而形成的物质形态。这些习惯长期地被人们遵守，并被反复适用于调处人与自然以及与自然相关的人与人之

① 一般而言，单一制国家结构形式与立法体制的一元制或一级制之间存在对应关系。然而也有学者认为二者之间“不存在必然的对应关系”，在单一制国家结构形式中，地方立法分权是立法权多元的发展趋势（参见孙波《论单一制国家结构形式与立法分权》，《河北法学》2011 年第 8 期）。笔者以为，国家结构形式的单一性与立法权的单一属性之间的对应关系是逻辑的必然，尽管存在分权，但仍然是小范围内的微调，或地方立法分权仅是国家统一立法权的适当让渡。学界也有此种观点，譬如陈俊认为，享有立法权的主体在其权限范围内通过一定形式的授权，授权有关政权机关根据特定授权要求开展立法活动（参见陈俊《授权立法研究》，载周旺生主编《立法研究》第 1 卷，法律出版社 2000 年版，第 256 页）。

② ［美］道格拉斯·C. 诺思：《制度、制度变迁与经济绩效》，杭行译，韦森译审，格致出版社、上海三联书店、上海人民出版社 2008 年版，第 139 页。

间的关系中，因而形成了具有约束力的习惯法”①。在不同的自然环境区域以及不同的文化社会环境中，环境习惯法在形式和内容上均呈现出明显的差异性。作为特殊的法规范，环境习惯法体现了“时空有宜”的生态规律，具有适应个体性环境治理的弹性优势。可见，环境习惯法在克服了环境制定法“全有或全无”式的僵化弊端的同时，又兼具法律原则意义上的张弛性以及法律规则意义上的恰当性和有效性。因此，环境习惯法进入现代环境立法的意义在于将环境习惯法规则的弹性机制吸收到立法中来，使现代环境立法的实践操作能更好地体现因地、因时制宜的能动优势。另一方面，环境习惯法的产生与特殊区域的自然环境条件和社会文化历史条件紧密相关，并相互交织而成为一个复杂的综合体。在这一意义上，环境习惯法也是特定地域文化历史和自然生态的符号。而且同时，与这一相互交织的综合体的内在契合性使环境习惯法被“锁入”其中，进而使环境习惯法在非正式规则约束的意义上具有难以改变或“很难再从中走出来”② 的特定路径依赖属性。显然，符号意义和路径依赖的属性决定了环境习惯法在特殊区域的环境保护中较环境制定法更具优越性。因此，环境习惯法进入现代环境立法的过程也就是国家正式法律规则对规则外一系列相关因素和条件的关注。这一过程使现代环境立法在自身规范的有效性和逻辑自洽性之外又增强了现代环境法治实践中的综合性需要和整体性效果。

三　环境习惯法具有规则自身的正当性

在哈耶克那里，构筑社会秩序的规则有两种，其一是自生自发的内部规则，其二是人为设计的外部规则。前者如习惯法、宗教规范、习俗等，后者主要是以制定法为代表的人类正式规则。从发生逻辑来看，自生自发的规则源于人类社会的自我进化过程，是“人类行动的

---

① 郭武：《论我国环境保护法的立法模式》，中国环境法网（http：//www. riel. whu. edu. cn）。

② ［美］道格拉斯·C. 诺思：《制度、制度变迁与经济绩效》，杭行译，韦森译审，格致出版社、上海三联书店、上海人民出版社 2008 年版，第 129—130 页。

结果而非人为设计的结果"①。无论在人类社会的早期，还是当下和将来，自生自发的内部规则一直在非人为的社会文化进化过程中不断发展。其间，"那些被证明有助于人们作出更有效努力的规则存续了下来，而那些被证明只有助于人们作出较为低效努力的规则则被其他的规则取代了或淘汰了"②。这一自发演化和自我矫正的过程正是自生自发规则正当性的体现。而外部规则是"由权力中心或立法者设计、规划，或采取其他方式供给的制度安排，其往往表现为特定组织的特定规则，是仰赖于权力等外部要素形成的外生产物"③。相比之下，自生自发的内部规则才是真正"有助于自由和内部秩序"④ 的制度形态，是"真正意义上的法律"⑤。可见，作为自生自发的内部规则，环境习惯法自身的存续和演化所体现出的进化论理性是其具有规则意义上正当性的证明。

另外，环境习惯法的正当性还表明，制度的进化与制度的建构具有同样的重要性。虽然许多学者提出"阿喀琉斯之踵"在哈耶克的进化论理性主义观中难以消解，认为社会条件的剧变往往使缓慢演化的自生自发规则"跟不上步伐而成为进步的拖累"⑥、自生自发规则并不必然导致帕累托效率最优甚至阻碍进步⑦、自生自发规则的失灵与制定法的进步之间的矛盾表明"无需法律的秩序"难以建立⑧，但

① Hayek, *The Errors of Constructivism*, *New Studies in Philosophy*, *Politics*, *Economics and the History of Ideas*, University of Chicago Press, 1978, p. 5.

② [英] F. A. 哈耶克:《大卫·休谟的法律哲学和政治哲学》，载《哈耶克论文集》，邓正来选编/译，首都经贸大学出版社 2001 年版，第 491 页。

③ 邓正来:《哈耶克法律哲学的研究》，法律出版社 2002 年版，第 33 页。

④ Hayek, *Law*, *Legislation*, *and Liberty* (Ⅰ/Ⅱ), University of Chicago Press, 1973, p. 48.

⑤ 吴元元:《规则是如何形成的——从哈耶克的"自发演化"论开始》，《西南政法大学学报》2006 年第 4 期。

⑥ [美] 理查德·A. 波斯纳:《法律、实用主义与民主》，李国庆等译，中国政法大学出版社 2005 年版，第 326 页。

⑦ 参见 [美] F. 普洛格等《文化演进与人类行为》，吴爱明等译，辽宁人民出版社 1988 年版，第 261—262 页。

⑧ 参见 [美] 道格拉斯·C. 诺思《经济史的结构与变迁》，陈郁等译，上海三联书店 1994 年版，第 20—24 页。

在这些近似“蛋生鸡、鸡生蛋”式的问题循环式追问后，学者们的研究论题又回到了对进化论理性主义的进一步探究中来（如培顿·杨、格雷夫等人），使进化论理性主义还是获得了比构建论理性主义更有解释力的认同。这一认同又进一步证立了哈耶克所设定的自发演化规则优先于外力建构规则的论证理路。循此，环境习惯法是进化论理性主义意义上的规则，而环境制定法则是构建论理性主义意义上的规则。虽然环境制定法在制度建构意义上具有诸多优势，但按照哈耶克的论证理路，环境习惯法这一内部规则显然比作为外部规则的环境制定法更具有规则存在与演化意义上的优先权。因此，环境立法在制定法中心主义立场上陶醉于法律规范系统自洽性追寻的同时，也应当以开放的“心态”接纳更具正当性和规则优先性的环境习惯法这一内部规则，使两类各不自足的规范系统在相互融合中实现有无互通、取长补短。

第二节　环境习惯法进入现代环境立法的制约因素分析

要使环境习惯法进入现代环境立法这样论题从话语场转到实践领域，除了上述论及的必要性之外，还需要探究相关的现实可能性（可行性）条件。而现实可能性的实质乃在于各种制约因素是否已被解决，故笔者接下来将从环境习惯法进入现代环境立法的制约因素来考察诸环境习惯法进入现代环境立法的现实可能性。

从环境习惯法进入现代环境立法的制约条件来看，以国家正式规则出场的环境制定法（包括法律、法规和规则等渊源形式）与环境习惯法之间的关系，尤其是现代语境下环境制定法对环境习惯法的态度是最主要的因素之一。除此之外，环境习惯法的专门化水平是其进入现代环境立法的另一重要因素。如果说环境制定法与环境习惯法之间的关系是环境习惯法进入现代环境立法的结构性（或构成性）制约因素的话，那么环境习惯法自身的专业化则是环境习惯法进入现代环境立法的材料性制约因素。可见，结构性因素和材料性因素是环境习惯法进入现代环境立法的两个不可偏废的制约因素。

一 结构性因素

从结构性因素来看，环境习惯法进入现代环境立法的可能性在于作为正式规则的环境制定法对环境习惯法的非正式规则的价值认同。在宏观背景中，深刻的现代性已使环境制定法处于现代环境法治的“领军”地位。这一点本是无可厚非的，但据此而排除环境习惯法等非正式规则的价值合理性却是没有道理的。如前所述，环境制定法在建构性理性思维中永远无法超越“非自足性”的掣肘，而源于外部的环境习惯法等非正式规则的合理性将有助于完善环境制定法的不足。基于此，从现有立法实践来看，国家正式规则均在不同程度上对环境习惯法的特殊规范价值予以认可。譬如，《中华人民共和国民族区域自治法》关于继承和发扬“民族文化的优良传统”的规定是国家对包括环境习惯法在内的区域法文化的认可。2008 年云南省人民政府制定的《关于加强滇西北生物多样性保护的若干意见》肯定了传统知识在生物多样性保护中的特殊作用，提倡“继承和弘扬少数民族爱护自然、保护环境的优良传统文化和习俗，探索并完善社区共管机制，使广大群众在生物多样性保护中得到实惠，更加自觉地参与生物多样性保护。发挥民间环保组织的优势，鼓励其依法开展各种生物多样性保护活动”。2004 修正的《安徽省皖南古民居保护条例》规定，“古民居较多的村可依法订立保护古民居的乡规民约”。山西省人民政府《关于全民义务植树的奖惩暂行办法》也规定：“各地、市、县绿化委员会要发动群众，根据当地的实际情况，由群众自己制订爱林护树的乡规民约，互相监督，违者按乡规民约处罚。”同时，许多国家正式规则层面上的规范性文件还认可环境习惯法的效力，如四川省梁平县人民政府《关于加强青蒿资源保护的通告》（2006 年 4 月 25 日）第一条规定：“严禁践踏毁损。严禁人、畜进入青蒿种植地践踏青蒿，违者按乡规民约处理，并赔偿业主的损失。情节严重的，由公安部门依照《中华人民共和国治安管理处罚法》的有关规定处理。”①

① 高其才：《新农村建设中的国家法与习惯法关系》，2011 年 12 月，清华法律学堂（http：//academic. law. tsinghua. edu. cn）。

另外，环境习惯法自身的专业化发展是其进入现代环境立法所不可或缺的材料性要素。显然，只有宏观结构层面国家或国家正式规则对环境习惯法的开放性认同态度还远远不能使环境习惯法真正进入现代环境立法。“巧妇难为无米之炊”，在环境习惯法自身的材料性“建设”和“储备”相当薄弱以至于无法供给国家正式规则的接纳和摄取时，任何意义上国家或国家正式规则对环境习惯法的“开禁言事”都只能是一句空话。因此，在这一视角下，真正制约环境习惯法进入现代环境立法的原因在于其专业化水平，即知识内容方面的“建设”和“储备”水平。

具体而言，环境习惯法的专业化水平又受制于“人”的条件与“物”的条件这两个方面。“人”的条件是指对环境习惯法进行专业化学术研究的法学家群体；“物”的条件则是指法学家群体所具体开展的有关环境习惯法知识内容的专业化学术研究。相较而言，“人”的条件的不足往往造成环境习惯法进入现代环境立法领域的公共话语阻隔。在这种情况下，环境习惯法的重要法源价值无法被现代环境立法的主流话语所获知，同时，现代环境立法的主流话语也因缺乏这种外在的话语权之力的约束而缺乏对环境习惯法法源价值的尊重。现代环境立法甚至环境司法的主流话语系统即使在实践中“可能实质性地采纳了习惯法规则，或向习惯法规则作出妥协；但是，整体而言，他们仍然采取了一种消极的、轻视的态度，并不以‘习惯法’为‘法’”[①]。因此，从“人”条件来看，法学家群体的形成和发展是打破环境法领域公共话语阻隔，进而不断形成和确立主流话语中环境习惯法的话语权、使环境习惯法的法源价值真正获得应有的尊重的必要条件。

令人欣慰的是，在我国当下，一个专门从事环境习惯法内容搜集和学术研究的法学家群体正在不同的地域和不同着眼点上逐渐形成，并以星火燎原之势发展壮大。内容方面，在较早时候以梁治平为代表的法文化视角和以苏力为代表的本土资源视角以及近年来以谢晖为代

---

① 杜宇：《作为间接法源的习惯法——刑法视域下习惯法立法机能之开辟》，《现代法学》2004 年第 6 期。

表的法律现代化规范理论视角下对习惯法的总括性、一般性研究的基础上，就环境习惯法这一具体领域开展专门化研究的学术群体也从民族环境习惯法①、环境习惯法的特殊价值机理②以及环境习惯法的现代价值拓展③等更加微观和深入的领域开始了初有成效的探索性尝试。从组织形态来看，围绕某一区域或论题进行“集团作战”的组织方式是一显著特点。在中国法学界，这种集团化的“拉帮结派”并不是一件不值一提的事，其价值在于这种专业化法学家群体的发展“是借助一种具有中国特色的传统性资源来推动中国法学研究走向多样化和推动地方法学研究均衡发展的一个重要契机和机制创新”④。因此，如果说区域性法学家群体的区域性问题研究是一种“历史—地理唯物主义”的个体性研究方法论的话，那么对环境习惯法进行法学家职业群体化研究无疑是一种重视“全方位”中国传统生态知识的普适性方法论视角。而这一方法论的指向必然是环境习惯法在现代环境立法领域逐渐获得公共话语权。

---

① 参见刘雁翎《贵州侗族环境习惯法渊源研究》，《西南政法大学学报》2009 年第 5 期；邵泽春《论少数民族习惯法的生态本原》，《贵州民族研究》2007 年第 4 期；杨士杰《论云南少数民族的生产方式与生态保护》，《云南民族大学学报》（哲学社会科学版）2006 年第 5 期；马晓琴、杨德亮《地方性知识与区域生态环境保护——以青海藏区习惯法为例》，《青海社会科学》2006 年第 2 期；等等。

② 参见田红星《环境习惯与民间环境法初探》，《贵州社会科学》2006 年第 3 期；郭武《文化、理性和信仰：民族环境习惯法重生的三个基点》，《甘肃政法学院学报》2010 年第 3 期；李可《论环境习惯法》，载吕忠梅主编《环境资源法论丛》第 6 卷，法律出版社 2006 年版；田信桥《环境习惯法与国家法互动机制探析》，《长春理工大学学报》（社会科学版）2010 年第 2 期；刘艺工、申伟《中国少数民族环境保护习惯法简论》，《科学·经济·社会》2007 年第 4 期；等等。

③ 参见杰克·帕特里克·海斯《有关荒地的法律基础与管理依据——中国西北部地区环境与习惯法讨论》，张韬译，《山东大学学报》（哲学社会科学版）2006 年第 4 期；韦志明《民族习惯法对西部生态环境保护的可能贡献》，《内蒙古社会科学》（汉文版）2007 年第 6 期；阳相冀、刘辉、马文哲《论环境习惯法的司法适用》，《云南财经大学学报》（社会科学版）2010 年第 5 期；等等。

④ 王勇：《“陇派法学”、“西北法学”与中国法学发展——“首届陇籍中青年法学家论坛”的经验与启示》，《西部法学评论》2011 年第 1 期。

二 材料性因素

从上文可知，专门的法学家学术群体在当下已初具规模，为打破制约环境习惯法进入现代环境立法创造了公共话语权条件。然而在“物”的方面，围绕环境习惯法知识内容而进行的资料搜集和学术研究水平又如何呢？我们知道，“人”的条件和“物”的条件是环境习惯法进入现代环境立法主流话语系统的两个必不可少的要件，而且两者之间互为条件。“人”的条件的具备在于打破环境法领域已经形成的公共话语阻隔，使环境习惯法在现代环境立法的主流话语体系中获得话语权和主体性认同。在“人”的条件业已具备的当下，“物”的条件将立足于环境习惯法的公共知识缺位问题，旨在使话语权真正具有话语内容，以实现环境习惯法在现代环境立法主流话语中的建构性价值。从事环境习惯法研究的学者大多会遭遇到这样一些来自制定法崇尚者的问题或自己研究中的理论尴尬：什么是环境习惯法？当下还有环境习惯法吗？它们有用吗？等等。这些问题或尴尬足以表明，在有关现代环境法的公共知识中，环境习惯法面临严重的缺位性问题。这种缺位性问题往往导致从事环境习惯法研究的学者在遭遇上述问题或尴尬时“言之无物”。因此，环境习惯法虽以“人”的组织外观而具有形式上的话语权和主体性，但在话语过程中无法解决“言之无物”的尴尬处境时，话语权之“毛”又将焉附？因此，解决环境习惯法在公共知识体系中的空洞问题是环境习惯法进入现代环境立法的重要环节。

同样欣慰的是，清末民初两次全国范围内的“民商事习惯调查”、新中国成立后1952—1986年陆续展开的“中国少数民族调查”，尤其是1956—1964年进行的“中国少数民族社会历史状况调查”以及近年来学者们在实地调查研究基础上进行的环境习惯法内容归纳整理工作为环境习惯法在现代环境立法中的话语入场奠定了坚实的材料基础。

清末民初的两次“民商事习惯调查”均为国家民商事立法的前期准备工作。其中，第一次调查工作始于清光绪三十三年（1907年）五月一日。时任大理院正卿之职的张仁黼就修订法律一事上书清廷，指出“凡民法商法修订之始，皆当广为调查各省民情风俗所习为故常，而与法律不相违背，且为法律所许者，即前条所谓不成文法，用为根据，加以制裁，而后能便民。此则编纂法典之要义也”①。同年九月十六日，清廷发布了《令各省设立调查局各院设立统计处谕》②。随即，修订法律馆委任沈家本、俞廉三、英瑞等为修订法律大臣，并各省分别派员展开以各省“调查局”组织，“各地方官（如知县）、各社会团体（如商会——清末的商事习惯调查大多由各地商会承办）及其他个人（如乡绅）均常有参与其事”③ 的实地调查。在调查过程中，为配合民法典和商法典的制定，清廷又颁发了内容周详的《法律馆调查各省商习惯条例》（该条例参照日本商法体例分为“总则”“组合及公司”“票据”“各种营业”及“船舶”五章）和《调查民事习惯章程十条》作为调查细目。④ 这次调查虽因清王朝的终结而被迫停止，但所产生的影响却是深远的。而第二次调查则发轫于1917年，正式开始于1918年。在奉天省高等审判厅厅长沈家彝向北洋政府司法部呈请的关于民商事习惯调查的报告后，北洋政府司法部于1918年以“通令各省高审厅处仿照奉天高审厅设立民商事习惯调查会，并限自令到日起四十日以内报部”的训令通令在全国范围开展中国历史上的第二次“民商事习惯调查活动”。⑤ 由于时局动荡，这次调查活动在1921年逐渐走向沉寂。之后这些资料分别被施沛生、鲍荫轩、吴桂辰、晏直青、顾鉴平整理、编纂为《中国民事习惯大全》（1923年），北洋政府编纂为系列《民商事习惯调查录》（1926年前后），南京国民政府汇编、修订为《民商事习惯报告录》（1930年）。

在两次调查中，先贤们体悟到一国之习惯之于国家立法的重要

---

① 故宫博物院明清档案部编：《清末筹备立宪档案史料》（下册），中华书局1979年版，第836页。

② 故宫博物院明清档案部编：《清末筹备立宪档案史料》（上册），中华书局1979年版，第52—53页。

③ 胡旭晟：《20世纪前期中国之民商事习惯调查及其意义》，《湘潭大学学报》（哲学社会科学版）1999年第2期。

④ 李贵连：《沈家本年谱长编》，成文出版社1992年版，第302—331页。

⑤ 胡旭晟：《20世纪前期中国之民商事习惯调查及其意义》，《湘潭大学学报》（哲学社会科学版）1999年第2期。

性，尽管时局动荡，条件艰苦，但他们对于民族精神支柱之一的习惯法的调查整理工作仍非常认真和慎重。时至今日，先贤们在立法筹备中的通盘体察和高瞻远瞩无不令我们深深敬仰。《民商事习惯调查录》的编纂者李炘曾这样呼吁："如有对于各项习惯，或就事实或就学理，签注意见，详加研究者，极所欣盼"[①]，而今，当我们再次捧起这些枯黄的珍贵文档时，遥远处传来的历史呼声却让我们不寒而栗。在感叹这个时代轻蔑习惯（法）之言语种种时，更感到一份偌大责任的沉重。借着这两次调查和资料形成过程中的各种有益经验，我们这个时代的法律职业者应身体力行民间习惯（法）的认真探究，因为当民间习惯（法）调查逐渐成为一个时代里人们喜闻乐见的学术时尚时，经由民间习惯（法）而逐渐支撑起来的民族精神便会巍然屹立。从此，法律才是真正的法律，而非"具文耳"[②]。

除却清末民初两次"民商事习惯调查"对我们的警示意义，其中取得的资料性填充意义也是蔚为大观。从笔者目前所能查到的资料来看，《民商事习惯报告录》中的大量"民商事习惯"均夹杂有我国民间繁多且发达的环境习惯（法）。这些翔实又极富生机的环境习惯法内容汇编使其在进入现代环境立法的话语场时不再"言之无物"。

新中国成立后历时 30 多年、分三次陆续展开的"中国少数民族调查"是中国历史上关于调查整理民间传统知识和社会文化发展的又一"史诗"般的壮举，而且调查资料相继被编纂、整理，形成了系列珍贵"丛书"，堪称巨著。与清明"民商事习惯调查"相对照，"中国少数民族调查"在内容上不只限于民间法文化知识，而扩展到一个更为广阔的与民间法文化相关联的场景之中。基于新中国成立后不同民族的识别之需，国家民委先后组织上千名专家学者在全国范围开展调查工作。其间，涌现出了包尔汉、费孝通、牙含章等著名的专家学者。1978 年，随着调查工作的完成，国家民委在报请党中央、国务院批准后，决定编写出版"民族问题五种丛书"，即《中国少数

① 北洋政府第 242 期《司法公报》，"民商事习惯调查录凡例"，第 2 页，转引自胡旭晟《20 世纪前期中国之民商事习惯调查及其意义》，《湘潭大学学报》（哲学社会科学版）1999 年第 2 期。

② 爱斯加拉：《关于修订中国商法法典之报告》，《法学季刊》第 2 卷 1925 年第 3 期。

民族》《中国少数民族简史丛书》《中国少数民族语言简志丛书》《中国少数民族自治地方概况丛书》和《中国少数民族社会历史调查资料丛刊》。[①] 历时10年后，这套丛书全部面世。20多年后的2005年，“民族问题五种丛书”的再版修订工作启动，至2009年，这套总共398本，超过9000万字的巨著以崭新面容再次面世。五种丛书中，与习惯法研究最密切相关的当属由152本分册组成的《中国少数民族社会历史调查资料丛刊》，内容大致包括民族社会发展状况、社会政治结构、语言文字、传统文化、风俗习惯、宗教信仰以及其他各种社会现象。由于少数民族大多延续着人与自然密切相关的生活方式，由此而长期形成的民族传统生态知识和宗教习惯等逐渐演变为极具价值的环境习惯（法），而《中国少数民族社会历史调查资料丛刊》是记述、归纳这些环境习惯（法）知识最为全面、详尽的资料。在现代环境法语境中，这些资料无疑是我们重建公共知识，开拓环境习惯（法）现代价值机能的“原材料”。

另外，近年来学者们在实地调查研究基础上进行的环境习惯法内容归纳整理工作同样有力地补足了环境习惯法的材料性缺位问题。其中具有代表性的成果有张济民组织编写的《藏族部落习惯法研究丛书》，包括《渊源流近——藏族部落习惯法法规及案例辑录》《寻根理枝——藏族部落习惯法通论》《诸说求真——藏族部落习惯法专论》三部。还有，高其才整理、编写的《中国少数民族习惯法研究》和《中国习惯法论》、张晓辉主编的《中国法律在少数民族地区的实施》以及陈金全主编的《西南少数民族习惯法研究》等。[②] 这些著作或在习惯法的内容归纳整理上形成了系统性的第一手资料，或在习惯法如何与民族地区法治实践相结合上作出了有益探索。

---

① 李寅：《〈民族问题五种丛书〉修订再版总结大会召开》，《中国民族报》2009年12月25日。

② 参见张济民主编《渊源流近——藏族部落习惯法法规及案例辑录》，青海人民出版社2002年版；张济民主编《寻根理枝——藏族部落习惯法通论》，青海人民出版社2002年版；张济民主编《诸说求真——藏族部落习惯法专论》，青海人民出版社2002年版；高其才《中国少数民族习惯法研究》，清华大学出版社2003年版；高其才《中国习惯法论》，中国法制出版社2008年版；张晓辉主编《中国法律在少数民族地区的实施》，云南大学出版社1994年版；陈金全主编《西南少数民族习惯法研究》，法律出版社2008年版。

无论是官方发起，还是学者自主展开，关于环境习惯法的相关知识和学术研究业已形成了相当可观的资料性积累，为环境习惯法进入现代环境立法主流话语体系打破了材料性桎梏。综合以观，从结构性要素和材料性要素两个方面的制约条件考察，环境习惯法进入现代环境立法已具备可行性且有不断拓展的广阔空间。

第三节 环境习惯法进入现代环境立法的比较观察

在比较法意义上，国外许多国家在环境习惯法进入现代环境立法中的成功经验为我国今后在该领域的实践提供了极具价值的参照。无论是挪威北部斯堪的纳维亚地区萨米人 Saami 的环境习惯法，还是澳大利亚昆士兰地区维克人（Wik）的环境习惯法，也无论是北美印第安部落之一——纳瓦霍人（Navajo）的环境习惯法，还是新西兰毛利人（Maori）的环境习惯法，均在法律现代化的深刻背景下实现了各自的转型，重塑为现代环境立法中的重要组成部分。接下来，笔者将从环境习惯法进入现代环境立法的三种途径，即直接入法、渐进式入法和间接入法展开较为详尽的梳理。

一 直接入法

直接入法是指通过将环境习惯法的理念和规则直接转化为现代环境立法的原则性条款和具体条款的方式实现环境习惯法进入现代环境立法。如前所述，由于环境习惯法形成和发展的社会历史条件与现代环境制定法迥然相异，因而环境习惯法在价值理念和具体规则方面未免存在与现代环境法不能衔接而无法转化为现代环境立法的情况。基于此，环境习惯法在直接入法时，仍然存在现代环境立法对其甄别和选择的过程。在甄别和选择过程中，一些环境习惯法因价值理念合乎现代环境立法的目的和导向而被转化为现代环境立法中的原则性条款；同时，一些环境习惯法因具体规则的有效性而被转化为现代环境立法中的具体规则条款。

在对美国印第安部落之一——纳瓦霍（Navajo）的部落立法进行考察后笔者发现，该部落在组建有效自治性部落政府之前，四大部落习惯法——传统法（Traditional Law）、习惯法（Customary Law）、自然界法（Natural Law）、共同法（Common Law）① 是纳瓦霍人的主要社会规范准则。随着联邦政府对纳瓦霍部落自治权力的承认，纳瓦霍国家委员会（Navajo Nation Council，是纳瓦霍部落的最高立法机构）于1962年将古老的部落规范和相关联邦法律整合为统一性的《纳瓦霍国家法典》（*Navajo Nation Code*）。② 该法典包括26个具体法案，其中涉及自然资源使用管理和环境保护的法案有6个，分别为农业和畜禽（Title 3：Agriculture & Livestock）、环境（Title 4：Environment）、土地（Title 16：Land）、矿产资源（Title 18：Mines & Minerals）、水体（Title 22：Water）、自然环境保存和野生植物保护（Title 23：Conservation & Wildlife）。③

这些立法的许多内容源自纳瓦霍部落的传统习惯法或相关生态知识。其中体现为原则性条款的有 Hozho 理念和 Ke 原则。源于纳瓦霍四大部落法之一——传统法的 Hozho 理念以“事物各得其所且相互和谐而生”价值意涵体现在《纳瓦霍国家法典》第 201 章的原则性条文中，宣传“任何事物生而彼此关联又相互独立”④。具体到自然资源和环境保护领域，Hozho 则是指人与自然相互和谐的指导理念。作为《纳瓦霍国家环境政策法》的《纳瓦霍国家法典》法案 4 第 901 条明确写明“恢复自然和谐与平衡”以及“创造和维持人与自然的

---

① 纳瓦霍部落的四种习惯法概念具有特殊含义，尤其是 Customary Law 和 Natural Law。这两种习惯法不是我们通常意义上所说的习惯法和自然法。其中习惯法是一种狭义概念，特指与各种生灵有关的法，而自然法是指与“大地之母”和“天空之父”相关的法则和理念。See Raymond D. Austin, *Navajo Courts and Navajo Common Law: A Tradition of Tribal Self-Governance*, University of Minnesota Press, 2009, p. 42.

② Navajo Nation Division of Education, Navajo Nation 1997 Close-Up Program, Window Rock, Navajo Nation (http://dine.sanjuan.k12.ut.us/heritage/people/dine/organization/government/tribal_code.htm).

③ Office of Navajo Government Development, Navajo Nation Government, Fourth Edition, Window Rock, Navajo Nation (http://dine.sanjuan.k12.ut.us/heritage/people/dine/organization/government/tribal_code2.htm).

④ Raymond D. Austin, *Navajo Courts and Navajo Common Law: A Tradition of Tribal Self-Governance*, University of Minnesota Press, 2009, p. 42.

生产性和谐”是部落环境政策的目标。[①] 除 Hozho 理念之外，纳瓦霍部落习惯法中的 Ke 原则更是体现了“包括土地、植物、动物及其他自然万物在内的自然世界中的广泛联系”，因此，该原则认为“人类向自然界的索取应以满足人类的基本需求为限度，否则不负责任的自然破坏、过度收获和污染将会导致自然界的失衡”[②]。

以具体规则条款体现的环境习惯法也有多处。《纳瓦霍国家法典》关于土地保护的法案 16 明确将“习惯法权利作为对抗一切不利于土地保护的政策安排”写入该法的第 13 条。[③] 2005 年，在《纳瓦霍国家法典》关于自然资源保护的法案 18 的修订案中，纳瓦霍国家委员会在第 1310 条 C 款写明，“依据纳瓦霍传统法和习惯法，享有有尊严的且在物质和精神方面均得到良好保护的环境是人们的权利和自由”。同时该条 D 款认为，“按照部落自然界法，世代传承下来的仪式和故事警告人们不要触碰自然界中对人类有害的物质，而铀正属于这类有害物质，因此作为一种传统经验，铀提取应被纳瓦霍法律严格禁止”[④]。除此之外，《纳瓦霍国家法典》中其他涉及自然资源和环境保护的法案均有大量由环境习惯法转化而来的规范性条款。

二　渐进式入法

在现代国家，由于政治结构和环境政策的差异，国家立法者对环境习惯法进入现代环境立法持保守或极为谨慎的态度，认为环境习惯法这一传统知识形态与现代环境法治相去甚远。在这种情况下，上述讨论的直接入法途径是无法实现的，更为常见的一种途径则是渐进式

---

① 901. Policy, Chapter 9, The Navajo Nation Environmental Policy Act, in TITLE 4, Navajo Nation Code.

② Raymond D. Austin, *Navajo Courts and Navajo Common Law: A Tradition of Tribal Self-Governance*, University of Minnesota Press, 2009, pp. 84 – 85.

③ Office of Navajo Government Development, Navajo Nation Government, Fourth Edition, Window Rock, Navajo Nation (http: //dine. sanjuan. k12. ut. us/heritage/people/dine/organization/government/tribal_ code2. htm).

④ Resources Committee Navajo Nation Council, *Proposed Navajo Nation Council Resolution*, 20th Navajo Nation Council, 2005.

入法。渐进式入法是指首先将环境习惯法有效运用于环境法治实践，在成熟运用的基础上进而通过各种渠道逐渐进入现代环境立法的途径。通常，渐进式入法往往借助于环境习惯法赖以生长的民间力量。在民间社会领域，伴随着以环境习惯法为符号的权利诉求的出现和高涨，环境法治实践也将受到影响，并逐渐从被动接受权利诉求向主动实践权利诉求转变。随着权利诉求实践的扩大，相关环境习惯法逐渐进入立法者的视界并被转化为现代环境立法。

通过比较观察发现，澳大利亚以 1993 年通过的《土著民权利法案》（*Native Title Act*）为代表的立法是渐进式入法途径的典型代表。该立法的通过肇始于 1992 年的马博诉昆士兰州（Mabo v. Queensland）案（以下简称马博案）。由于马博案的代表性，一时间政治领域和社会公众领域对土著民权利的关注被推向了风口浪尖。《土著民权利法案》的通过正是国家立法者对这一广为关注的问题的回应。

1992 年 6 月 3 日，澳大利亚高等法院签发了一份对该国资源地缘政治有革新意义的判决。该案中，位于托雷斯海峡莫里岛（Murray Island）上的五位土著居民，其中包括马博（Mabo），于 1982 年 5 月提出了一项对昆士兰政府当局的诉讼。原告的诉讼主张是获得他们在昆士兰地区已经丧失的关于传统土地和水域的先在权利。直至 1992 年，Mabo 和另外两个原告已经死亡，但高等法院依然确认了他们对于莫里岛土地排他性拥有、占有、使用并受益的永续性权利。该判决的结论可被总结如下：第一，与英国王室相比，土著澳大利亚人拥有更早的统治权；第二，这些权利能够得到普通法的认同；第三，按照预先方案，英国王室能够通过赋予某一特定利益的方式消除土著民对土地的权利；第四，除非基于某一确定目的而由有效的政府法案取消，土著民权利如同普通法中的财产权利一样永续存在，其内容取决于与土地相关的土著民法律与习惯；第五，在土著民与土地之间失去联系、家族消亡，以及相关法律和习惯丧失的情形下，土著民的权利即告丧失；第六，除让渡给英国王室之外，土著民的权利不可剥夺；第七，消除土著民权利的议案必须符合国家最高立法（如 1975 年颁布的《反种族歧视法》）；第八，长期被认为是澳大利亚土地与资源管理制度基础的“无主土地”原则不再具有法律上的可支持性。[①]

马博案之后，澳大利亚基廷工党政府率先对该案判决作出回应并通过了《土著民权利法案》。该法于1994年1月1日起正式实施。该立法旨在使马博案判决进一步法律化，并制定实施策略以增进土著权利的享有。具体而言，该立法的目的包括：第一，为土著民权利给予共识和保护；第二，建立有关处理土著民权利申请的机制；第三，建立能够推动土著民权利保护长效机制的途径。按此立法目的，该法促成了澳大利亚国家土著民权利委员会（National Native Title Tribunal）的成立。该委员会是澳大利亚国家政府机构，属于联邦司法部的组成部分，同时也是独立的专家组织，根据《土著民权利法案》的规定，国家土著民权利委员会与澳大利亚联邦法院紧密合作，通过履行以下法定职责而保护土著民的权利：第一，审查申请人提交的有关权利登记的申请材料；第二，为当事人提供帮助；第三，协助土著民土地使用协议的谈判并对协议的登记进行评估；第四，引导有关土著民权利问题的复审和调查；第五，居中调解不同类型的申请；第六；对特定后续行为调查进行调解、仲裁和指导；第七，保持权利申请清单、有关土著民权利的决定以及土著民土地使用协议。[②]

然而，该法实施两年后澳大利亚高等法院的一份违背《土著民权利法案》的判决引起了各界的关注。1996年12月23日，高等法院就维克土著民诉昆士兰州案（Wik Peoples v. the State of Queensland）作出法庭判决。案件的争议焦点是，依制定法而达成的租约能否对抗土著民权利。围绕这一问题，法院的判决认为，依制定法而达成的租约不能赋予租约权利人以排他性所有权，故土著民权利可依照合同条款和特定目的而与租约权利人的权利共存。但是，当二者之间发生冲突时，依制定法而达成的租约可以对抗土著民权利的存续。[③] 该案的

---

① Bartlett, Richard (ed.), *The Mabo Decision: Commentary by R. H. Bartlett and the Full Text of the Decision*, Butterworth, Sydney, 1993a.

② National Native Title Tribunal, *About Native Title*, 2008; National Native Title Tribunal, *Strategic Plan 2009 - 2011*, April, 2009.

③ Commonwealth of Australia, Wik People v. State of Queensland [2000] FCA 1443, October 2000.

判决被认为是继马博案之后土著民权利保护领域的倒退和错误，是“不完全了解历史”① 的判决结果，甚至有学者认为该判决是“彻底非正义的”②。

在政治领域和公众领域引起激烈反应的同时，联邦政府提出“维克 10 项计划”以回应该项离奇判决。之后，“维克 10 项计划”成为修改完善 1993 年《土著民权利法案》并形成 1998 年《土著民权利法案》（修订本）的重要基础。之后，联邦司法部于 2006 年 12 月提出《土著民权利法案》的修订草案，并由国会于 2007 年通过了修订后的《土著民权利法案》。2009 年、2010 年、2011 年又有新的《土著民权利法案》修订草案被相继提出。随着不断的修订完善，《土著民权利法案》已成为环境习惯法进入现代立法的成功典范，将为土著民的传统环境权利的维护发挥更大的作用。

三 间接入法

不同于上述的直接入法和渐进式入法两种途径，间接入法在实践中表现为国际环境法视野中的环境习惯法首先作为重要的法源被相关国际条约所接受，然后通过国际条约的国内化而在缔约国国内法中转化为现代环境立法的组成部分。在间接入法的实践中，挪威萨米人环境习惯法，新西兰毛利人的习惯法权利以及相关国际环境法实践具有代表性。

早在 18 世纪，挪威当局就意识到了土著民萨米人（Saami）的环境习惯法的重要性，在 1751 年挪威与瑞典签署的《边界条约》（*Lapp Codicil*）第 10 款声明：“Saami 驯鹿牧民有权按照他们的传统习惯法在边界地区迁徙。”③ 之后虽然因两国之间的分歧而终止，但自 1972

① Frank Brennan, “The Wik Debate: Its Impact on Aborigines”, *Pastoralists and Miners*, 1998, p. 47; Del Villar, Gim, “Pastoral Leases and Native Title: A Critique of Ward and Wik”, *Bond Law Review*, Vol. 16, 2004, p. 22.

② Hunter, Philip. “Judicial Activism? The High Court and the Wik Decision”, *Indigenous Law Bulletin*, Australasian Legal Information Institute, Indig Law B, 1997, p. 43.

③ Peter Orebech, Fred Bosselman, Jes Bjarup, David Callies, Martin Chanock, *The Role of Customary Law in Sustainable Development*, New York: Cambridge University Press, 2005, p. 57; Richard Howitt, *Rethinking Resource Management: Justice, Sustainability and Indigenous Peoples*, Routledge, 2001, p. 293.

年开始，《边界条约》在两国之间重新生效，条约所承认的习惯法权利是挪威和瑞典两国均得遵守条约义务的依据。在挪威国内法中，萨米人驯鹿的习惯法权利在《边界条约》的基础上转化为1978年修订的《驯鹿法》（*Reindeer Herding Act*，制定于1971年，分别于1978年和1996年修订了该法）。按照《驯鹿法》和国内其他民事法律的规定，萨米人拥有按照他们的习惯法去任何区域驯鹿的权利。不仅如此，通过《边界条约》转化为国内立法《驯鹿法》的过程使萨米人传统习惯法中的环境权利从国际法意义上的族群集体性权利转变为国内法中小范围内便可获得的个体性权利，从而使萨米人的传统习惯法权利得以有效保护。①

在新西兰，《怀唐伊条约》（*Treaty of Waitangi*）一直是保护毛利人（Maori）习惯法权利的重要条约。该条约是1840年英国王室与新西兰土著毛利人签署的一项协议。条约的签订，促使新西兰建立了英国法律体系。同时，也确认了毛利人其土地和文化的拥有权。可以说，外生性的英国法律制度与本土性的资源管理制度相结合而成的新的资源管理模式直接影响到土著民地区的土地使用计划、金矿、煤矿、渔业、林业等资源行业。② 该条约被公认为新西兰的建国文献，直至目前仍具有法律效力，是毛利人行使资源权利的主要依据。1975年，就如何具体化该条约原则的实践运用以及清晰解释该条约的主要条款，新西兰政府与毛利人又在谈判的基础上通过了更具操作性的国内立法——《怀唐伊条约法》（*Treaty of Waitangi Act*）。③ 之后，分别在《怀唐伊条约法》正式实施后的1985年、1988年、1993年、2006年、2008年、2010年进行了数次修订。目前该条约充分地体现了从实体权利的确认到司法程序的公证保障上对毛利人土著权利的保护。④

---

① Elisabeth Einarsbol, *Reindeer husbandry rights in Norway*, 2005（www.galdu.org）.

② Richard Howitt, *Rethinking Resource Management: Justice, Sustainability and Indigenous Peoples*, Routledge, 2001, p. 321.

③ See the Preamble of the Treaty of Waitangi Act in 1975.

④ Treaty of Waitangi Act 1975 No. 114, December 2010, http://www.legislation.govt.nz/act/public/1975/0114/latest/versions.aspx.

在国际环境法领域，环境习惯法也经历了从国际条约向国内立法的转化过程。1992 年通过的《里约环境与发展宣言》确立了关于保护并发扬原著民环境保护知识与实践的第 22 项原则，“原住民、他们的社区及其他当地社区，由于他们的知识和传统习惯，在环境管理和发展中起着极其重要的作用。各国应认同并合理支持他们的特性、文化和利益，并使他们能有效参加能实现可持续发展的活动中”①。1992 年签署的《生物多样性公约》也重申了原住民传统知识和习惯法规则的价值。该公约序言表明了缔约的目标和依据之一是“认识到许多体现传统生活方式的土著民和地方社区同生物资源有着密切和传统的依存关系，应公平分享从利用与保护生物资源及持续利用其组成部分有关的传统知识、创新和实践而产生的惠益”②。在环境习惯法得到国际条约确认之后，在许多缔约国通过国内立法转化实现了环境习惯法或相关权利的入法。其中一个典型的例子是巴西 2001 年 8 月 23 日通过的《保护生物多样性和遗传资源暂行条例》。该条例在 1992 年《生物多样性公约》的基础上将包括环境习惯法等法文化形态在内的传统知识作为生物多样性保护的一个重要组成部分。其立法目的规定，“为了规范遗传资源的获取、相关传统知识的保护和获取、惠益分享、遗传资源和相关传统知识的保存和使用技术的获取和转让，以及统一其他规章，特制定本暂行条例”。同时，第一章第四条规定，“在土著民和地方社区内部、为了自身利益、按照习惯使用进行的遗传资源和相关传统知识的交换和传播受到保护”。

第四节　新型村规民约——环境习惯法的中国实践

一　新型村规民约概述

由于国家政治制度和社会结构的差异，环境习惯法在我国的命运

---

① Laksbman D. Guruswamy, Sir Geoffrey W. R. Palmer, Burns H. Weston, Jonathan C. Carlson, *International Environmental Law and World Order* (Second Edition), West Group, 1999, p. 185.

② Ibid., p. 1174.

与上述国家大为不同。在我国现代环境立法中，环境习惯法的命运轨迹大致如下：从形式上看，环境习惯法对现代环境立法的贡献并未以澳大利亚《土著民权利法案》（1993 年）、挪威《驯鹿法》（1978 年）等专门国家立法的形式对环境习惯法及其依附的环境资源权利予以确认，而是零散地体现在地方立法的个别条款中，且往往以原则性的规定表现出来，以至于影响到实践中的可操作性，如《云南省西双版纳傣族自治州环境保护条例》（2005 年 5 月 27 日批准）第一章第七条的规定，“各级人民政府应当保护和弘扬各民族保护环境的优良传统习俗和文化”。从内容上看，由于国家一元立法格局的“垄断”，环境习惯法仅在部分地区体现为有限的管护权利和义务。比如在西南少数民族地区的森林资源保护中，国家对山林保护村规民约的认可仅以环境习惯法在当地山林保护中的管护权利和山林纠纷的调处为限[①]，而当地村民对森林资源的所有权和收益权则往往因国家法律的规定而被排除或限制。

可见，就目前的立法现状来看，国家立法极大地压制了环境习惯法的应有空间和功能，仅有日益发展壮大的村规民约极大地体现了环境习惯法在我国当下基层社会的生存状态和与现代环境立法之间日趋紧密的联系。因此，本书以我国当下基层社会中的新型村规民约这一环境习惯法成功实践形式为内容，探讨环境习惯法与国家环境制定法的关系以及环境习惯法如何与现代环境立法建立相互沟通的机制。

在本书中，村规民约在两个意义上使用。作为环境习惯法的表现形式之一，村规民约承载了大量的环境习惯法知识内容，是我们不断发掘、整理这一知识传统的重要渊源；作为现代环境立法背景下的规范形式之一，村规民约在环境习惯法与国家制定法之间起着重要的沟通作用，是国家对环境习惯法规范通过认可的方式予以确认而形成的现代环境立法的组成部分。因而，此处探讨的村规民约之所以“新型”，是因为它不同于传统意义上与国家法之间“老死不相往来”的

① 胡卫东、吴大华：《黔东南台江县苗族林权习惯法研究》，《广西民族大学学报》（哲学社会科学版）2011 年第 1 期。

村规民约。新型村规民约既是环境习惯法的表现形式之一，又是环境习惯法进入现代环境立法的重要途径。

二 新型村规民约的特有价值

作为国家对环境习惯法规范有效性认可的重要形式，村规民约在我国近年来获得了迅速的发展，特别是自2005年以来，村规民约已发展成为我国新农村建设中基层自治性制度的典范。在现有村规民约的各种类型中，有关环境保护和自然资源管理的村规民约占有很大的比例，为基层社会自然资源和环境保护提供了重要的制度依据。本书仅以云南省金平县勐拉乡《新勐村民委员会村规民约》(2000年)①、贵州省台江县阳芳寨《阳芳寨村规民约》(2002年)②、吉林省集安市麻线乡太平村《太平村森林管护村规民约》(2011年)③以及湖南省长沙市所属浏阳市葛家乡金塘村《金塘村环境保护村规民约》(2007年)④为例，剖析新型村规民约在我国当下的实践价值。

首先，新型村规民约覆盖面广，且条文设计相对精致。通过对比发现，上述几份村规民约在约束对象上覆盖了本村（寨）关于山林管护或环境保护的全部事项。《阳芳寨村规民约》共38条，涉及村寨事务管理的方方面面。其中护林规范有10条之多，内容包括防火、防盗、防止滥伐、退耕还林区域保护和风景区林木保护等方面。《太平村森林管护村规民约》共17条，分别就防火、防盗防、病虫害防治、林区动物保护、涉林纠纷解决等问题做出了明确的规定。而《金塘村环境保护村规民约》的内容包括村级环保规划、环保宣传、牲畜防疫、环境美化等本村环境保护主要领域的创新性规定。就条文的设计而言，新型村规民约在村（寨）实施层面已非常精致、极易操作。

---

① 参见方慧《少数民族地区习俗与法律的调试——以云南省金平苗族瑶族傣族自治县为中心的案例研究》，中国社会科学出版社2006年版。

② 参见胡卫东、吴大华《黔东南台江县苗族林权习惯法研究》，《广西民族大学学报》（哲学社会科学版）2011年第1期。

③ 参见集安市农村公共信息网（http：//www. jasjj. gov. cn/xxw/index. asp）。

④ 参见胡元娥《长沙农村环保自治模式调查》，《中国环境报》2009年12月8日。

《阳芳寨村规民约》第五条的规定是这类条文的典型代表，该条内容是，“引起山林火灾，烧毁1亩以上（含1亩）的，不论是杂木地或松杉地，一律罚款100元，赔偿损失的标准，一般为每亩60—70元。稀有珍贵树种或贵重经济林木的赔偿，依照国家的规定处理”。按照制定法的规范结构理论，该条在假定、行为模式和法律后果三要素的构成上相当完备，因而在实践中极具可操作性。

其次，新型村规民约在规范内容上与国家环境立法相互衔接。在上述村规民约的具体规定中，不少条文体现了与环境立法相互衔接的特征。如《太平村森林管护村规民约》第九条规定：“未经批准不得擅自滥伐自己所有的或本林业股份合作公司的林木，违者除按《森林法》予以处罚外，发现一次罚款500元，后果严重的追究刑事责任。”再比如该村规民约的第十一条规定：“不准乱收购非法木材，不准借割烧柴等名义毁坏他人、集体林木，违者罚款300元并移交林业部门依法处理。”再比如《金塘村环境保护村规民约》将中心村划分为“禁养区、限养区和宜养区”的规定。该村规民约规定，“中心村上风向500米，其他风向300米内区域以及饮用水源保护区为禁养区。禁养区外的已作其他规划的为限养区，此外为宜养区”。该规定与国家环境立法中的“功能区划制度”极为相近，同时又与传统环境习惯法中将林木分为“神林、风景林、水源林、护道林等”[①]的分类管护方法相类似，因而新型村规民约既是沟通环境习惯法与国家环境制定法两大体系的桥梁，也是链接传统环境习惯法与现代环境习惯法的通道。从现代环境立法的角度来看，与环境立法相互衔接的特点使以新型村规民约为载体的环境习惯法更好地融入现代环境法的主流话语体系之中。而在环境习惯法的立场上，新型村规民约与国家环境立法的相互衔接又使环境习惯法得到了自身规则体系之外其他规则知识的检验甚至补给。

再次，新型村规民约体现了自愿、广泛的村民参与特征。云南省金平县勐拉乡《新勐村民委员会村规民约》（2000年）第一章第二条

①　尹绍亭：《云南山地民族文化生态的变迁》，云南出版集团公司、云南教育出版社2009年版，第143—145页。

规定，“村规民约是群众性自我约束、自我管理的行为规范准则，适用范围限于本村辖区内”，第四条还规定，“本村规民约以事实为依据，根据有关法律、法规和政策，坚持教育与处罚相结合的原则，由全体村民自觉遵守，互相监督和共同管理”。该村规民约的上述条款体现了村民参与与共治在具体行为约束中的决定性作用。另外，就《金塘村环境保护村规民约》来说，该村规民约不仅在制定过程中充分体现了村民自愿、广泛参与的民主特征，而且这种充分的参与衍生了与该村规民约相伴运行的“金塘村环保促进会”。“金塘村环保促进会”由村里19位德高望重的村民组成，主要职责是“宣传环保知识、督促落实环保规划、监督执行环保村规民约、调处环保纠纷、组织环保自治听证等”①。相比较可发现，传统的村规民约通常体现为“窝郎”“头人会议”②“埋岩会议”③“榔规”“团约”④等形式，然而，由于环境习惯法极强的弹性机能，传统村规民约在当下社会背景中演变为现代新型村规民约。虽然不同历史时期的村规民约在称谓上不同，但均因自发“生长”在民间社会领域，是民众自愿、广泛参与的结果。因而在这一意义上，民主参与机制使不同历史时期的村规民约都具有同质性。显然，体现广泛参与，因而“信息能力”充分的环境保护规范比远离民众参与的国家环境制定法更具有“冷静、客观、慎重与全面”且展现出符合“理性立法的内在机理的……特点”⑤。

最后，作为对新型村规民约实践的概括提炼，环境习惯法的认可是其在当下中国进入现代环境立法的重要形式。如前所述，国家环境制定法的一统格局压制了环境习惯法应有价值的释放，阻隔了现代环境立法与环境习惯法相互沟通的诸多通道。结合我国新型村规民约的

---

① 胡元娥：《长沙农村环保自治模式调查》，《中国环境报》2009年12月8日。

② 《民族问题五种丛书》云南省编辑委员会：《佤族社会历史调查》（一），云南人民出版社1983年版，第42—44页。

③ 广西壮族自治区编辑组《中国少数民族社会历史调查资料丛刊》修订编辑委员会：《广西苗族社会历史调查》，民族出版社2009年版，第171—173页。

④ 温佐吾、朱军、吴秋林、吴冬生、马宏勋：《少数民族地区的村规民约与森林资源保护——贵州省都匀市三个布依族存在的调研报告》，《林业与社会》2003年第5期。

⑤ 吴元元：《信息能力与压力型立法》，《中国社会科学》2010年第1期。

实践，国家对新型村规民约这种环境习惯法形式的认可无疑是在现代环境立法话语体系中不断创新基层社会环境保护规范和基础环境自治模式（如“金塘村环保促进会”），克服国家环境制定法的非自足性的有益尝试。

第七章　环境习惯法在环境管理中的适应性价值

环境管理是环境法治的重要领域。在“大生态学”与“深生态学”① 视角下，环境管理不仅包括狭义上以污染防治为核心范畴的管理活动，而且更是指广义上对人类社会与自然生态之间的和谐永存的维护。本书采用“大生态学”和“深生态学”的视角，力求在更广阔的意义范围内探讨环境管理及其规则问题，因此，环境管理与后文论述到的环境资源管理、生态管理均在同一意义上使用。在一般意义上，环境管理一词与国家正式规则以及现代科学技术发展等词语相互交织在一起，而与环境习惯法这一传统法学命题之间似乎没有太多关联。其实不然，广义的环境管理在诸多方面都与环境习惯法勾连在一起。本书将就二者之间的内在关联以及环境习惯法在环境管理中的适用问题进行阐述。

第一节　环境管理的复杂性与不可预期性

环境管理以表现为环境组分的各种自然资源以及总体性的生态系

① “深生态学”与“大生态学”是在生态伦理学中新近发展起来的学说概念和理论体系，二者构成了当今世界生态伦理学中的基础和核心理论，是“可持续发展”这一战略性思维下探寻人与自然关系的科学思维方式。二者虽在核心论题上有异曲同工之妙，但差异也较显现。二者的不同之处在于：“深生态学”立足于自然科学，运用自然科学工具与方法分析、总结人类与自然如何和谐相处的理论；而“大生态学”则着重从社会科学的角度进行人与自然和谐的思辨，认为人类自身的和谐是人与自然和谐的前提，而在人们思维指导下的各种经济活动和社会行为关系是实现这一和谐的关键。

统为对象，因而不同于以社会行为或社会关系为对象的管理活动。环境管理以优先保护生态系统的内在价值和自然属性为目标，而非产出与效益。因此，对环境管理中产出与效益的评估与考量必须要以符合“可持续性这一生态系统管理的内在价值”为前提。[①] 而对环境管理的可持续性价值的关注又须以环境管理的复杂性和不可准确预期性为前提。可以说，复杂性和不可准确预期性是环境管理区别于其他管理活动的最为显著的特征。

一　环境管理的复杂性

就复杂性而言，环境管理虽以自然生态为管理对象，强调生态系统发展的可持续性，但同时也与诸多社会系统相互关联，如管理组织之间的协调，管理过程中的利益共同体以及管理活动可能产生的各种权利义务关系。不仅如此，环境管理还往往与特定地域的传统文化、风俗习惯、经济发展条件等有着重要的内在关联，由此而呈现的社会—生态结构模式的多样性也增加了环境管理在手段和方法上的复杂性。因而，“自然资源管理者在实践中面临的问题是将自然管理的多维度延伸均考虑在内，这就要求文化、经济、生态等多维度同时显现在管理过程之中，并深刻意识到哪些管理模型和方法更为重要”[②]。如果将着眼于环境可持续性和生态系统自身的自然属性维持视为环境管理的空间维度的话，那么这一“空间维度深刻渗透并共建于社会维度之中，反之亦然。同样，被认为是社会维度之外的自然因素，也渗透并共建于空间和社会维度之中。因此，地理概念不能简单等同于空间，而是一个非常复杂并关涉社会生活的现象”[③]。根据环境管理中的环境保护（可持续性维持）、文化认知和经济分布这三条最为显著

① See Hanna J. Cortner, Margaret A. Moote, *The Politics of Ecosystem Management*, Island Press, Washington DC, 1999, p. 37.

② Richard Howitt, *Rethinking Resource Management: Justice, Sustainability and Indigenous Peoples*, Routledge, 2001, p. 78.

③ Massey, Doreen, "Introduction", in Massey, D. and Allen, J. (eds.), *Geography Matters! A Reader*, Cambridge: Cambridge University Press, 1984a: 1 – 11; Leftwich, Adrian, *Redefining Politics: People, Resources and Power*, London: Methuen, 1983, pp. 12 – 13.

的要素，有学者提出了相对应的环境正义、文化正义以及经济正义三位一体的模型，意在说明单一管理策略在实践中易于导致三者相互之间的冲突、紧张或对抗。① 然而在实践中，“环境管理的复杂性往往被着以‘优雅’而粉墨登场，一种以掌握某些事物恒常性变化规律的标榜压倒性地简化了复杂性的真正含义”②。

二 环境管理的不可预期性

不可准确预期性是环境管理的又一显著特征。不可准确预期性是对环境的不恒定性（unstability of environment）的描述。根据“负载定额”的生态规律，环境或自然资源对其承载能力的适应伴随诸多经济社会的因素或生态环境的改变而处于变化之中。对此，“我们能做的最好的只能是描述这种变化的趋势并认识到某一适应的状态。因为在通常情况下，变化是不可预测的”③。总体而言，环境管理的不可准确预期性源于以下两个原因。一方面，人类对自然生态系统及其规律性的认识永远处于无法克服的“不完全性”④ 状态之中。与制度演化经济学家的经典论题一样，人类对认识对象的“事实性知识之不足”或“有限理性”⑤ 决定了人类管理行动在触及环境这一对象世界时的永久不周延性，因而，环境管理与其说是人类按照预期进行的一系列对象性行动，倒不如说是人类对涉及环境的“有关假设的知识”⑥ 的一种尝试。另一方面，人类的环境管理行为能取得的效果也

① See Fraser, *Justice Interruptus: Critical Reflections on the ' Post-Socialist ' Condition*, Routledge, New York and London, 1997a, p. 3.

② Coveney, Peter and Highfield, Roger, *Frontiers of Complexity: the Search for Order in a Chaotic World*, Faber & Faber, London, 1996.

③ Nelson D. R., Adger W. N., Brown K., “Adaptation to Environmental Change: Contributions of a Resilience Framework”, *Annu. Rev. Environ. Resour*, Vol. 32, 2007.

④ 黄宝荣、张慧智、李颖明：《环境管理分区：理论基础及其与环境功能分区的关系》，《生态经济》2010 年第 9 期。

⑤ ［英］弗里德利希·冯·哈耶克：《法律、立法与自由》第 1 卷，邓正来译，中国大百科全书出版社 2000 年版，第 15 页。

⑥ 同上。

存在高度的不确定性。① 由于人类对环境认识的不完全性，环境管理的尝试也必然存在效果上的高度不确定性。在现代环境管理科学中，被学界和实践领域广为推崇的“贝叶斯推理”② 虽然能在一定程度上提高环境管理过程中决策的有效性，并产生管理效度上的确定性，但仍因其前提基础——概率的盖然性以及所应用的管理规则的统一性而使环境管理实效的不确定性居高不下。因此，环境管理在一定意义上仍然是一种“试错”式的实验过程。

第二节　适应性环境管理与环境习惯法的适应性

一　适应性环境管理的提出

从以上分析可知，环境管理据以依赖的规则必然需要立基于对复杂性和不可准确预期性的理性认知。这就要求，一方面，环境管理的规则必须符合“时空有宜”律，能适时适地应对各种不同的环境的管理需要。另一方面，由于复杂性尤其是不可准确预期性难以克服的特点，环境管理的规则必须能够瞬时地对管理对象的信息反馈作出有效回应。通过反馈和回应的机理，可使环境管理规则的有效性得到不断提高。可见，“生态管理必然是充满弹性与适应性（adaptivity）的过程”③，适应性管理（adaptive management）应当是现代环境管理活动得以展开的认识论起点。

从环境管理所适用的两种规则——以国家法律为代表的正式规则和以环境习惯法为代表的非正式规则来看，国家正式规则往往因“整齐划一”的特点而忽略了管理对象的特殊性。即使触及环境管理的复

① See Bennett J, Lawrence P, Johnstone R, et al, “Adaptive management and its role in managing Great Barrier Reef water quality”, *Marine Pollution Bulletin*, 2005, 51 (1－4); Prato T, “Bayesian adaptive management of ecosystems”, *Ecological Modelling*, 2005, 183 (2－3).

② “贝叶斯推理”也叫作“贝叶斯定理”，是指根据一系列不确定性信息而作出推理和决策时，需要对各种结论发生的概率进行估计，以提高决策的判断能力，以使决策结论的不确定性降低。

③ Hanna J. Cortner, Margaret A. Moote, *The Politics of Ecosystem Management*, Washington DC: Island Press, 1999, p. 37.

杂性与不可预期性问题，国家正式规则也做了统一化的改造而忽略了“时空有宜”的生态规律，使管理规则适应性及管理的效果大为降低。反观我国当下环境管理所适用的规则，国家法律和政策主导下的统一性正式规则是环境管理规则的主要方面，而本土性环境管理习惯法“总被认为是地方环境资源管理的最大威胁，由此，国家甚至超国家的国际性机构假借更好管理环境资源之名而主导地方环境资源管理，但结果却客观地侵蚀、瓦解了地方社群的资源保持和环境管理的能力”①。可见，将国家统一性正式规则运用于环境管理，其适应性应受到诸多质疑。与国家正式管理规则不同，环境管理习惯法却是一套能够有效回应复杂性和不可预期性的适应性规则。具体而言，环境管理习惯法规则的适应性源于其弹性机制和反馈机制。

二 环境习惯法的适应性分析

一般认为，环境资源管理的弹性机制与以下三种因素紧密关联：环境资源的地理因素，环境资源管理所涉及的社会经济因素，环境资源管理的特殊自然、经济、社会、历史条件组合及其复杂性。② 因此，源于上述因素的“弹性机制往往是决定一项管理制度是否适合于可持续发展的常见动因。在现代语境中，资源管理的弹性机制被认为是一种适应性管理制度，它能对现代科学所谓的不稳定环境（unstable environment）作出有效回应”③。加拿大管理学教授维斯特利（Westley）认为，“适应性管理是一种能对多样性、反复性以及自然生态系统的周期作出适应性变化并能对相应管理技术作出快速反应的生态系统管理方法”④。她认为，适应性管理是一种“学习引导”型策略。“通过

① Shiva, “Dose the new world order have trees? ” 24 *Hours Supplement*, 1992, February.

② Richard Howitt, *Rethinking Resource Management: Justice, Sustainability and Indigenous Peoples*, Routledge, 2001, pp. 86 – 87.

③ Peter Orebech, Fred Bosselman, Jes Bjarup, David Callies, Martin Chanock, *The Role of Customary Law in Sustainable Development*, New York: Cambridge University Press, 2005, p. 246.

④ Peter Orebech, Fred Bosselman, Jes Bjarup, David Callies, Martin Chanock, *The Role of Customary Law in Sustainable Development*, New York: Cambridge University Press, 2005, p. 247.

学习过程，冗长性（redundancies）和不一致性（inconsistencies）被引入管理组织结构之中，进而改变了既有理论（模型）的根本属性。”① 因此，学习的过程使既有理论预期发生根本性变化，使环境资源管理实践成为一个“持续进行的试验”② 过程，这种反复不断的“试错”也形成了管理制度的“自我强化”功能，改进并增加了管理制度的适应性，从而使“应对环境管理过程中面临的诸多不确定性”③ 的能力大为提高。因此，“只有弹性管理而非（统一性的）硬性管理制度才能及时对这种变化作出回应，这样也确保了制度的功能（发挥）”④，因为“弹性管理制度的演进往往伴随着人们对（不能准确预知的）环境变迁可能性的认知。例如，在太平洋中部萨摩亚群岛上，风暴时有发生但却不能准确预知，当地人对风暴的这种认识促使他们形成对这样一套习惯规则的依赖，即（种植）多种作物将更能有效抵御风暴灾害带来的作物损失”⑤。就草场资源为例，经过长期的草场资源利用与管理实践，“牧民们更需要弹性的（草场）资源利用模式以及弹性的社会关系以抵抗（草场）资源自身变化所带来的

① Westley, “Governing design: The management of social systems and ecosystems management”. In L. H. Gunderson, C. S. Holling, and S. S. Light (eds.) *Barriers and bridges to the renewal of ecosystems and institutions*, New York: Columbia University Press, 1995, pp. 391 -427.

② A. Dan Tarlock, “The Nonequilibrium Paradigm in Ecology and the Partial Unraveling of Environmental Law”, *Loyola of Los Angeles Law Review*, Vol. 27, 1994.

③ 黄宝荣、张慧智、李颖明：《环境管理分区：理论基础及其与环境功能分区的关系》，《生态经济》2010 年第 9 期。

④ E. Ostrom, T. Dietz, N. Dolsak, P. C. Stern, S. Stonich, E. U. Weber, Natl. Res. Counc. *Div. Behav. Soc. Sci. Educ.*, “The Drama of the Commons”, in Comm. Hum. Dimens Glob. Change (ed.), Washington, DC: Natl. Acad. Press, 2002; Nelson D. R., Adger W. N., Brown K., “Adaptation to environmental change: contributions of a resilience framework”, *Annu. Rev. Environ. Resour*, 2007, 32, pp. 395 -419; Young O. R., Berkhout F., Gallop In G. C., Janssen M. A., Ostrom E., Van Der Leeuw S., “The Globalization of Society-ecological Systems: an Agenda for Scientific Research”, *Glob. Environ. Change*, 2006, 16, pp. 304 -316.

⑤ Thomas Elmqvist, “Indigenous Institutions, Resilience and Failure of Co-management of Rain Forest Preserves in Samoa”, Paper delivered at the international Association for the Study of Common Property Conference, Indiana University, May-June, 2000, see from Peter Orebech, Fred Bosselman, Jes Bjarup, David Callies, Martin Chanock, *The Role of Customary Law in Sustainable Development*, New York: Cambridge University Press, 2005, p. 252.

不确定性”①。从非洲和蒙古高原的草场资源来看，“尽管传统的放牧制度受到很多方面的制约且风险也在不断提高，但牧民仍在不断适应并保持富有弹性的草场利用模式”②。

适应性管理不仅体现在管理规则的弹性机制上，而且“一项能够适应环境变迁的弹性管理制度要求，在决策过程中有关环境条件的变化能得到快速而准确的信息反馈”③。一般地，通过适应性管理的四个“反应”（sense-and-respond）阶段：管理组织首先对其所处的环境变化做出反应，然后根据管理实践和目标对变化进行加工，再选择应对的具体方案，最后按照一定方式实施具体实践以及监管④，管理规则的适应性效果即可表现为特定的信息而反馈出来，进而使弹性管理规则得到不断的矫正和发展。因此，“源自生态条件的反馈对于许多（环境）习惯法制度的形成和发展有极为重要的作用”⑤。在阿拉斯加地区，“当本地土著民从低纬度四十八州获得关于迁徙日期和狩猎限制的信息反馈之后，他们能够主动修正传统猎雁习惯”⑥。同样，在贝宁南部地区，棕榈油的高产量这一信息反馈使当地人调整他们的种植方式，继而复兴了传统的棕榈种植习惯。⑦ 毫无疑问，“建立在社

① Fern “andez-Gim” enez ME，“Spatial and Social Boundaries and the Paradox of Pastoral Land Tenure：a Case Study from Post Socialist Mongolia”，*Hum. Ecol.*，2002，30（1）.

② Kathleen A. Galvin, “Transitions: Pastoralists Living with Change”, *Annu. Rev. Anthropol*, 38, 2009.

③ Norman L. Christensen et al，“The Report of the Ecological Society of America Committee on the Scientific Basis for Ecosystem Management”，*Ecological Applications*，vol. 6，1996.

④ Stephan H. Haeckel，*Adaptive Enterprise*：*Creating and Leading Sense-and-Respond Organizations*，Cambridge MA：Harvard Business School Press，1999，p. 14.

⑤ Peter Orebech，Fred Bosselman，Jes Bjarup，David Callies，Martin Chanock，*The Role of Customary Law in Sustainable Development*，New York：Cambridge University Press，2005，p. 258.

⑥ Erika Zavaleta，“The Emergence of Waterfowl Conservation Among Yup'ik Hunters in the Yukon-Kuskokwim Delta，Alaska”，*Human Ecology*，vol. 27，1999.

⑦ Paolo Segalla，“The Oil Palms of Southern Benin：Indigenous Knowledge and Agroforestry Development”，*Agroforestry Today*，vol. 11，1999，see from Peter Orebech，Fred Bosselman，Jes Bjarup，David Callies，Martin Chanock，*The Role of Customary Law in Sustainable Development*，New York：Cambridge University Press，2005，p. 258.

群基础上的环境资源等共有财产的习惯法管理制度的最大优越性之一在于这些制度能够能随时保持‘警觉’并能对环境变化引致的信息反馈做出迅速应对”①。

第三节　环境管理习惯法规则的独立性

一　环境管理习惯法的独立性鉴别标准

根据法产生与发展的一般规律，制定法等统一正式规则对习惯法规则的补充甚至替代似乎是一种历史的必然。但是在环境管理领域，环境管理习惯法的功能发挥并不以国家正式规则的参与为辅助。由于环境管理的特殊性，“从外部引进其他规则补充当地环境管理规则不足的做法只能使自然资源的脆弱性不断提高并最终导致管理规则的瓦解，因为源于外部的补充使原有管理制度的结构发生根本性变化并逐渐形成新的制度”②，新制度是作为外部规则的国家正式规则的延伸，因其制度缺陷不能符合环境管理的复杂性和不可预期性特征。从长期来看，具有动态变化和自我调整特征的习惯法等管理规则依然是自然资源管理最为有效的规则之一。因此，环境管理习惯法因其独特的制度功能而成为一套自我发展和演化的独立规则体系，这便是环境管理习惯法规则的独立性问题。

对此，有学者提出了一套关于环境管理习惯法规则独立性的鉴别标准，认为“过去一段较长历史时期的适用、有效地提供回应规则变化的途径、支持促进规则调试的细微规则、提供有效的反馈机制、避免权责之间的不平衡”③ 五项标准使环境管理习惯法规则相异于其他

---

① Rose, C. M, “Common Property, Regulatory Property and Environmental Protection: Comparing Community-based Management and Tradable Environmental Allowances”, in E. Ostrom, et al (eds.), *The Drama of Commons*, Washington DC: National Academy Press, 2002, p. 13.

② Redman C. L., *Human Impact on Ancient Environments*, Tucson: Univ. Ariz. Press, 1999.

③ Peter Orebech, Fred Bosselman, Jes Bjarup, David Callies, Martin Chanock, *The Role of Customary Law in Sustainable Development*, New York: Cambridge University Press, 2005, p. 253.

类型的规则。笔者认为，此标准虽然在一定意义上可用于环境管理习惯法规则的独立性辨别，但除了第一条标准之外，此标准更是环境管理习惯法将适应性管理作为认识论前提的理论依据以及自身规则有效性的辨别标准（第二条标准和第四条标准），甚至是放置于所有管理规则而皆准的辨别依据（第三条标准和第五条标准）。因此，环境管理习惯法规则的鉴别标准应在上述第一条标准之外有所补充或拓展。详细考察环境管理习惯法规则的独立性问题，我们不难发现，作为个体规则的环境管理习惯法和作为相异于非习惯法规则的环境管理习惯法规则群之间存在较为显著的差异：前者侧重于对此环境管理习惯法与彼环境管理习惯法相异的个体独立性存在的考察；后者侧重于对环境管理习惯法区别于非习惯法类环境管理规则（如制定法、政策等）的独立性的考察。由于两者的差异，其所适用的独立性鉴别标准也不同：前者适用个体独立性标准；后者适用规则群独立性标准。

个体独立性标准主要关乎个体性的环境管理习惯法规则在动态演变与发展过程中的“制度性均衡”问题。详言之，作为有效应对适应性管理的规则，环境管理习惯法具有弹性能动和反馈调试的内在机能。然而，当此类管理规则的动态变化和自我调整在一定的标准范围之内时才可称为一项长期连续变化的有效规则，否则变化前后的规则属于两种不同的规则。在学界，谢普斯尔（Shepsle）定义是衡量一项环境管理习惯法规则是否连续变动且保持独立性的标准。谢普斯尔认为：“如果一个制度的变动是根据一个事前的计划（因此部分地是根据原有的制度）进行的，那么这个制度‘实质上’是处于均衡状态的。”[①] 按照谢普斯尔定义，当“资源的占用者设计了基本的操作规则，创立了各种组织去对他们的公共池塘资源进行操作管理，并按照他们自己以往在实行集体选择和法律选择规则中的经验而随时修改他们规则”[②] 的行为并不使环境资源管理习惯法规则的“制度均衡状态”被打破，修改前后的规则仍属统一规则，因此其独立性并未受到

① Shepsle, “Studying Institutions. Some Lessons from the Rational Choice Approach”, *Journal of Theoretical Politics*, 1989b.

② ［美］埃莉诺·奥斯特罗姆：《公共事物的治理之道》，余逊达、陈旭东译，上海三联书店2000年版，第94页。

影响。

规则群独立性标准则是立基于这一认识：历时性视角下环境管理习惯法规则抵御其他规则的侵蚀与挤压，从而不断维持自我发展。可见，环境管理习惯法这套“弹性管理制度应当是：已经有效应对环境状况的改变，且已保留一段历史时期”①。越来越多的研究也表明，“成功的环境资源管理习惯法规则通常依赖于历经长期演变发展的复杂知识格局”②。在澳大利亚，许多有效的传统资源管理制度含有丰富的应对环境变化的知识，无论这些环境变化源自风暴灾害、人口增长还是新兴农业实践。在中国福建省寿宁县李家洋村和林凤坑村，具有数代农业耕种经验的家庭比没有经验的家庭能以更为可持续的方式利用土地。澳大利亚土著民和中国少数民族传统环境管理知识表明“生活本身比制定法更有效”③，源于生活实践本身的传统环境管理规则能更加有效地适用于环境的变迁之中，并极大地促进环境资源的可持续性利用。④ 也正是这种有效性，才使得环境管理习惯法规则体系在久经其他规则体系的侵蚀和挤压后仍然能够保持自己的独立规则品格。

二　域外视角：托拜尔高山草场管理习惯法的独立性

在瑞士托拜尔（Torble）地区高山草场管理习惯法中，上述两个标准得到了清晰的实证。托拜尔是坐落在上瓦拉斯州维斯培特尔的一个小山村。从最早 1483 年村民合约建立第一个草场管理协会开始至今，适用于该村高山草场管理的一套习惯法规则一直被当地社群普遍

① Fikret Berkes et al.，“Rediscovery of Traditional Ecological Knowledge as Adaptive Management”，*Ecological Applications*，vol. 10，2000.

② Roman R. Pawluk，“The Role of Indigenous Soil Knowledge in Agricultural Development”，*Soil and Water Conservation*，vol. 47，1992.

③ Oscar Platou，*Forelcesninger over Retskildernes Theori*，*Lectures on the Theory of the source of law*，Kristiania，1915，p. 87.

④ See Richard Baker，“Traditional Aboriginal Land Use in the Borroloola Region”，in Nancy M. Williams，Graham Baines（eds.），*Traditional Ecological Knowledge Wisdom for Sustainable Development*，Canberra：Australian National University Centre for Resource and Environmental Studies，1993，pp. 126 – 136.

遵循，因而成为当地高山草场管理的首要规则。从历史顺序来看，这套习惯法规则主要包括如下内容：第一，草场土地边界或产权范围界定规则。这套习惯法规则“特别禁止购买了或用别的方式占取了土地的外来者获取使用社群的高山草场、公有土地或放牧地的权利，禁止批准外来者砍伐林木”①。第二，“越冬”规则。从16世纪至今仍在适用的一条关于“越冬”畜养量的习惯法规则认为，“居民在高山牧地放养的牛的数量不得超过他们在冬季喂养的牛的数量”②。按照这条习惯法规则，“村民们对侵夺更大份额放养权的任何尝试都课以大量罚金。对这条‘越冬’规则的遵守情况由一名地方官员管理。他有权对那些超过限额者征收罚金”③。第三，当地社群的（习惯法）法规均由全体村民投票决定。法规还授予高山草场协会管理高山草场的总括性的法律权力。这个协会包括当地所有拥有牲畜的村民。协会每年定期开会，讨论一般性规则和政策，并选举官员。④ 第四，多样化产权制度。社群对高山草场及相关农牧业资源存在不同的产权制度。“五分之四的高山领土都以某种形式归公共所有：有的归当地的存在，有的归公司，或归合作社。剩余的高山领土或者归州所有，或者归私人所有，或者归一群合伙者所有。”⑤ 第五，具体的资源分配比例规则。比例规则是确保社群的资源占用量不超过环境容量、不影响环境质量的重要途径，当地社群确定比例规则的标准主要有：（1）冬季喂养的牲畜的头数；（2）农民个人拥有的草场面积；（3）农民个人生产干草的实际数量；（4）拥有的全区土地的价值；

---

① Netting, “What Alpine Peasants Have in Common: Observations on Communal Tenure in a Swiss Village”, *Human Ecology*, 1976 (4).

② Ibid..

③ ［美］埃莉诺·奥斯特罗姆：《公共事物的治理之道》，余逊达、陈旭东译，上海三联书店2000年版，第100页。

④ 同上。

⑤ Picht. C, *Common Property Regimes in Swiss Alpine Meadows*, Paper presented at a conference on advances in comparative institutional analysis at the inter-University Center of Postgraduate Studies, October 19 - 23, Dubrovnik, Yugoslavia, 1987, p. 4，转引自［美］埃莉诺·奥斯特罗姆《公共事物的治理之道》，余逊达、陈旭东译，上海三联书店2000年版，第101页。

（5）合作社中股份的数量。[①]

托拜尔高山草场管理习惯法规则虽在几个世纪的演变发展中作出了不同程度的“修改”和调试，但其制度内核的均衡状态并未被打破。无论是以个体性表现的上述五项具体规则，抑或是以上述高山草场管理习惯法规则群为代表的此类特殊规则类型，均在长期的历史过程中保持了自身的规则独立性，因此直至今日，它们仍不失为环境资源管理习惯法规则的典范。

第四节　弹性环境管理习惯法规则的合理性分析

一　“嵌入性”理论的提出

20世纪50年代，经济社会学家波兰尼在《大转型：我们时代的政治与经济起源》一书中首次提出了“嵌入性”（embeddedness，或者embeddability）概念。在“嵌入性之父”波兰尼看来，人类经济行为作为一种过程，“嵌入在人类社会关系（包括经济的和非经济的制度）之中”[②]。因此，经济与市场绝不是“脱嵌”（disembedded）于其他社会建制（social institutions）的跨历史和跨文化的自律范畴。不难发现，嵌入性“既是他用来辨别人类历史上经济和市场在社会中的位置变化的分析性概念，更是他所秉承的整体主义方法论的重要基石”[③]。后经经济社会学家格兰诺维特的再次表述和拓展之后，“嵌入性”不仅成为经济社会学领域的纲领性术语和重要的方法论工具，而且在其他社科科学，如社会学、法学等领域也产生了广泛影响，被引为重要的工具性概念。

将“嵌入性”作为习惯法领域的分析工具时，我们便可清晰发现，有关环境管理的习惯法的创设程序“‘嵌入’在当地社群的历史

---

① See Picht. C, *Common Property Regimes in Swiss Alpine Meadows*, Paper presented at a conference on advances in comparative institutional analysis at the inter-University Center of Postgraduate Studies, October 19 - 23, Dubrovnik, Yugoslavia, 1987, p. 13.

② Polanyi, K., *The Great Transformation*, Boston: Beacon Press, 1957/1944, p. 46.

③ 符平：《“嵌入性”：两种取向及其分歧》，《社会学研究》2009年第5期。

政治和经济结构之中”。这些管理规则“仅是社会整体的规范、规则和执行程序的组成部分之一”①。因此，从“嵌入性”作为整体主义方法论的背景来看，环境管理习惯法规则与当地社群的历史政治以及经济结构的普遍联系和错综交织形成了一套特殊的自然—社会结构系统。只有与特定社群及其特殊性结构相联系，才能清晰把握环境管理习惯法规则的特定功能和意义。毋庸置疑，“嵌入性对于资源管理规则的形成具有重要意义”②。当资源利用者意识到他们被嵌入在彼此关联的社会网络之中时，资源破坏等“公地悲剧”即可避免。③ 相应地，当嵌入的结构“被改变之后，原有的嵌入性很难被重建起来”，因此“没有内在协调一致的社群，也就没有有效的（嵌入式）管理模式，反之亦然”④。嵌入性反映在有关环境资源管理的习惯法规则的创设中，有两个向度的具体展开。其一是当地社群层面的自治性参与，其二是当地社群与国家或政府之间的协商谈判。

二 环境管理习惯法“嵌入性”的体现

当地社群层面的参与已是运用嵌入性方法论解析环境资源管理习惯法的重要而普遍的参照。学者的研究已经表明，“规则创制过程中社群层面的参与是环境管理习惯法制度成败的关键因素”⑤。在加拿大北部，当地有关渔业管理的习惯法制度均以社群参与为基础，这些制度强调决策制度的参与性，以获取更多的知识经验反哺相关的制度和规则。当社群居民相信他们有能力左右制度规范的制定时，他们也会更加关注这些制度规则。因此在管理目标和方法上所产生的共同

---

① Susan Hanna, Svein Jentoft, “Human Use of the Natural Environment: An Overview of Social and Economic Dimensions”, in Susan S. Hanna (ed.), *Rights to Nature: Ecological, Economic, Cultural, and Political Principles of Institutions for the Environment*, Washington DC: Island Press, 1996, p. 35.

② Ibid., p. 48.

③ Ibid., p. 47.

④ Ibid., p. 49.

⑤ Rose, C. M, *Common Property, Regulatory Property and EnvironmentalProtection: Comparing Community-based Management and Tradable Environmental Allowances*, in The Drama of Commons, E. Ostrom, et al (eds.), National Academy Press, Washington DC, 2002, p. 3.

“社群利益”（community of interest）将使管理活动更符合预先制定的规则。[①] 经济学家奥斯特罗姆在对瑞士托拜尔（Torble）高山草场管理习惯法进行深入研究后也发现，“当地社群的（习惯法）法规均由全体村民投票决定。法规还授予高山草场协会管理高山草场的总括性的法律权力。这个协会包括当地所有拥有牲畜的村民。协会每年定期开会，讨论一般性规则和政策，并选举官员”[②]。

除当地社群层面的自主性参与之外，嵌入性还表现为当地社群与国家或有关政府之间在资源管理中的协商与谈判。在接下来的两个代表性案例中，萨米人通过积极主动的争取使得自己的习惯法被嵌入国家政府的决策之中，澳大利亚北部地区的“U-K 模式”则是通过平等协商和谈判而形成的一种更加充分的嵌入方式。斯堪的纳维亚北部是萨米人（Saami）世世代代生活的家园。如今，挪威水电业的发展已经严重影响了萨米人的生产和发展。截至 1972 年，挪威 60% 的河流均上马了水电工程，这些工程对萨米人影响极其巨大。[③] 1979 年，挪威政府在北部芬马克郡（Finnmark Country）境内的阿尔塔河（Alta River）上修建大型水电站（Alta Dam）的动议引起了萨米人和其他非萨米挪威人抗议政府的政策。萨米人认为该工程在社会、文化以及环境保护等意义上均侵害了他们的权益。这次抗议引起政府对萨米人世代相传的习惯法权利的调查，因而改变了政府与萨米人之间的关系，增加了社会对整个斯堪的纳维亚地区萨米人法律权利的认同。可以说，这次事件中，萨米人“从公众认同、管理体制革新、宪法性合约以及法律和政府变革等领域收获到了史无前例的成果”[④]。阿尔塔大坝案的结果对驯鹿萨米人的直接影响是：他们被赋予了某些方面的排

① Raymond MacCallum, “The Community-Based Management of Fisheries in Atlantic Canada: A Legislative Proposal”, *Dalhousie Law Journal*, vol. 21, 1998, p. 49, pp. 65 - 66.

② ［美］埃莉诺·奥斯特罗姆：《公共事物的治理之道》，余逊达、陈旭东译，上海三联书店 2000 年版，第 100 页。

③ Kleivan, Helge, “Incompatible patterns of land use: the controversy over hydro-electric schemes in the heartland of the Saami people”, *IWGIA Newsletter*, 1978, p. 61.

④ See Brantenberg, Odd Terje, *The Alta-Kautokeino Conflict, Saami Reindeer Herding and Ethnopolitics*, in Brosted, J. 1985, p. 23; Richard Howitt, *Rethinking Resource Management: Justice, Sustainability and Indigenous Peoples*, Routledge, 2001, p. 281.

他性权利，如驯鹿业的独占权以及在驯鹿土地上狩猎和捕鱼的受益权。[①] 如今，按照新修订的《驯鹿法》[②] （*Reindeer Husbandry Law*，1971 年制定，后经 1978 年和 1996 年两次修订），在驯鹿萨米人社群中，他们有权就许多事项进行自治。

在加拿大和澳大利亚，土著民就国家公园和野生区域的权利诉求导致了联合管理模式（joint management）的形成。这种管理方式使国家公园和保护区管理中的土著民参与成为重要因素。澳大利亚北方地区的“U-K 模式”（或称“乌卢鲁－卡卡杜模式”，The Uluru-Kakadu Model）是联合管理模式中的典型代表。[③] 具体而言，“U-K 模式”有两个方面的含义。在实体内容上，这种模式是地方层面的制度和国家层面的制度的结合。其中国家层面的管理由集中化的当局在科学数据的基础上，通过司法和法律许可的实施而展开，而地方层面的资源管理仰赖于祛集中化、地方当局和民众合意，并以习惯性实践、文化传统、地方知识和社会约束力的实施为基础。[④] 在程序上，国家公园管理当局通过协议的方式获得对土著民享有所有权且保护价值极高的区域的管理权须以国家公园管理委员会中的土著民成员占到 1/2 以上多数为条件。[⑤] 在澳大利亚某些地区，这种管理模式还有专门的立法——《共和国土著民权利法案》（*Commonwealth's Aboriginal Land Rights Act 1976*）作为后盾。即使在没有《共和国土著民权利法案》提供立法支持的土著民那里，“U-K 模式”也为他们提供了一个可企

---

① Svensson，1988，p. 78.

② See Susan Joy Hassol，*Impact of a Warming Arctic*：*Arctic Climate Impact Assessment*，Cambridge University Press，2004，p. 979.

③ See Fenge，Terry，“National parks in the Canadian Arctic：the case of the Nunavut Land Claim Agreement”，in Cant，Garth，Overton，John and Pawson，Eric（eds），*Indigenous Land Rights in Commonwealth Countries*：*Dispossession*，*Negotiation and Community Action*：*Proceedings of a Commonwealth Geographical Bureau Workshop Held in Christchurch*，February 1992，Department of Geography and Ngai Tahu Maori Trust Board，Christchurch，pp. 195－207.

④ See Berkes，Fikret，George，Peter and Preston，Richard J.，“Co-management：the Evolution in Theory and Practice of the Joint Administration of Living Resources”，*Alternatives*，1991，18（2）.

⑤ See Richard Howitt，*Rethinking Resource Management*：*Justice*，*Sustainability and Indigenous Peoples*，Routledge，2001，p. 370.

及的资源管理标准。

可见，无论是当地社群层面的自治性参与，还是当地社群与国家或政府之间的协商谈判，均因环境管理习惯法规则在当地社群历史政治与经济结构中的嵌入性而成为有效的规则保育和应用模式。在当地社群的自治性参与模式中，环境管理习惯法规则因充分的嵌入性而使自然资源管理的“快速反应和持续性监管成为可能”①。相比于国家制定法，作为社群自治模式的环境管理习惯法更是一种高效率和低成本的规则手段。譬如，在瑞士托拜尔地区高山草场管理实践中，当地社群自主运用自己制定的习惯法规则处理一切关于草场资源的使用和管理实务，不但“监督成本和其他交易成本都较低，并能减少潜在的冲突”②。而通过当地社群与国家或政府之间的协商谈判而形成的环境资源共管模式（联合管理“joint management”或合作管理“cooperative management”）中，嵌入性使环境管理习惯法规则的优越性更加凸显。一方面，环境管理习惯法规则在这种管理模式中的应用因“当地社群（对国家正式规则）的参与而减少了正式规则的集中化交易成本”③。研究表明，“小规模的社群和社群之间的高度聚合性避免了许多资源管理中的弱点”④，当地社群的参与“提高了社群成员之间紧密联系，使相对交易成本较低的环境管理习惯法规则和实践”⑤ 替

① Carol M. Rose, “From Local to Global Commons: Private Property, Common Property, and Hybrid Property Regimes: Expanding the Choices for the Global Commons”, *Duke Environmental Law and Policy Forum*, Vol. 10, 1999.

② ［美］埃莉诺·奥斯特罗姆：《公共事物的治理之道》，余逊达、陈旭东译，上海三联书店 2000 年版，第 104 页。

③ Peter Orebech, Fred Bosselman, Jes Bjarup, David Callies, Martin Chanock, *The Role of Customary Law in Sustainable Development*, New York: Cambridge University Press, 2005, p. 257.

④ Susan S. Hanna, “Managing for Human and Ecological Content in the Maine Soft Shell Clam Fishery”, in Fikret Berkes and Carl Folke (eds.), *Linking Social and Ecological Systems: Management Practices and Social Mechanisms for Building Resilience*, Cambridge University Press, 1998, pp. 190 – 206.

⑤ Evelyn Pinkerton, “Attaining Better Fisheries Management through Co-management: Prospects, Problems, and Propositions”, in Evelyn Pinkerton (ed.), *Cooperative Management of Local Fisheries*, University of British Columbia Press, 1989, p. 27.

代了交易成本高昂的正式规则。因而，在环境资源管理、决策过程中，“本土性导向的土著民管理方法在地方性权利与责任问题上以及地方性可持续发展以及平等问题上能更好地处理好价值顺序问题，并能就资源开发活动的成本效益进行平衡”①。另一方面，在效率价值之外，这种新型的环境资源共管模式体现出当地社群在环境资源管理中的权利、文化等社会性向度的延展以及不同制度优势的集合。挪威和澳大利益的实践表明，共管模式是统合社会、文化、政治以及环境因素的有效方式，因而在许多场景中，共管模式成了将资源管理制度延伸到土著民区域的主要范式。② 虽然共管模式在现代制定法背景下往往是指将土著民的参与视为政府当局特许的共管模式（如挪威萨米人地区），但在社会正义和环境保护的有效性角度，这种共管模式必然是“逐渐转向将土著民参与视为一种宪法权力的新模式”③。因此，共管模式这种以合作为内核的方法可被视为一种将地方层面的、国家层面的、传统的、工业化的以及全球化的多种资源管理制度因素集于一身的制度尝试。④ 同时，由于制度优势的集中，共管模式也代表一种能使资源管理活动的后果更符合可持续性、公平、正义以及多样性等原则的新途径。⑤

① Richard Howitt, *Rethinking Resource Management: Justice, Sustainability and Indigenous Peoples*, Routledge, 2001, p. 319.

② See Rose, “Indigenous ecologies and an ethic of connection”, in Low, N. (ed.), *Global Ethics and Environment*, Routledge, London, 1999, pp. 87 – 175; Richard Howitt, *Rethinking Resource Management: Justice, Sustainability and Indigenous Peoples*, Routledge, 2001, p. 369.

③ Notzke, “A New Perspective in Aboriginal Natural Resources Management: Co-management”, *Geoforum*, 1995, 26 (2).

④ See Berkes, Fikret, George, Peter and Preston, Richard J., “Co-management: the Evolution in Theory and Practice of the Joint Administration of Living Resources”, *Alternatives*, 1991, 18 (2).

⑤ See Richard Howitt, *Rethinking Resource Management: Justice, Sustainability and Indigenous Peoples*, Routledge, 2001, p. 370.

第八章　环境习惯法在环境纠纷解决中的功能拓展

纠纷是伴随人类社会始末的附属物。无论在何种社会制度以及如何发达的社会文明形态中，社会纠纷总是不可避免的现象，因此以解决纠纷为目的的秩序规则便在各个不同的历史阶段应运而生。诚如历史演变中法律形态的发展历经由习惯法到制定法的逻辑过程一样，适用于各种纠纷解决的规则也经历了从习惯法为主到习惯法与制定法并行，再到习惯法式微而制定法日渐强大的历史变迁过程。可见，不同历史阶段的纠纷解决规则是不同的，其间，习惯法和制定法的作用也各有不同。在制定法强大的当下，各种社会纠纷的解决似乎都围绕制定法预设的规范和模式进行，相比之下习惯法对纠纷解决的意义却被经常遗忘。

然而，诚如谢晖教授所言，“中国正在经历着所谓历时性问题的共时性解决，正在从古代社会文化模式向现代文化模式转型、正在从简单社会（农民社会）向复杂社会（工商社会）转型”①，在这一特殊的历史条件下，历时性背景中的不同法律形态产生了共时性的交叉或关联，标榜传统的环境习惯法与更为现代的环境制定法共生于共时性的特定历史背景之中。于是，环境习惯法和环境制定法各自的调整领域也相应地被并置和关联在现代性这一历史背景之中，尽管环境习惯法的调整领域和规范价值在外观上不及环境制定法。就环境纠纷的解决机制和方案来看，国家环境制定法在正式环境纠纷司法机制中发

---

① 谢晖：《论民间法与纠纷解决》，《法律科学》（西北政法大学学报）2011 年第 6 期。

挥主导作用的同时，环境习惯法在民间社区的非正式环境纠纷解决方案以及有限的环境纠纷私力救济中也发挥着可与国家环境制定法相比，甚或比国家环境制定法更为有效的功能。我国民族地区①和域外一些国家土著民地区②的大量案例也表明，共时性维度中环境纠纷的多元解决方式与多元的制度支持系统之间形成了相互依赖和决定的关系。因而，环境习惯法作为多元制度支持系统的重要组成部分，也是环境纠纷多元解决方式的重要制度基础。本书将从环境纠纷解决方法的分类入手，分析各种纠纷解决方法中环境习惯法的独特价值功能。概言之，在环境纠纷的司法解决机制中，环境习惯法一般是适用极为有限的“准据法”，并在一定意义上被作为司法适用的小前提；在环境纠纷解决的替代方案中，环境习惯法则是更为有效的选择性裁判依据，因而在某些案件中具有与环境制定法相当的裁判规范地位，同时也被广泛适用为纠纷解决的具体事实依据。

第一节　环境习惯法与环境纠纷的司法解决机制

一般地，环境纠纷的司法解决机制以一整套设计精巧的制定法规则为运行前提，是在现代性历史条件下伴随着国家制定法的逐渐兴起而发展完善的法律运行方式，因而与处于边缘化境地的环境习惯法之间呈现出相互悖反的态势。故在通常意义上，环境习惯法与环境纠纷的司法解决机制之间没有逻辑上的关联。但深入考察司法机制的功能和环境习惯法的规则属性之后，我们不难发现二者之间在一定的范围内还是具有理论乃至实践意义上的关联。

各种环境纠纷解决方法的功能是“定纷止争”，这一点是无须争辩的。然而比较环境纠纷解决方法的各自特征，它们的功能还是存在一定的差异。具体而言，环境纠纷的司法解决机制旨在通过精巧的制

① 参见胡卫东、吴大华《黔东南台江县苗族林权习惯法研究》，《广西民族大学学报》（哲学社会科学版）2011 年第 1 期；张济民主编《渊源流近——藏族部落习惯法法规及案例辑录》，青海人民出版社 2002 年版，第 17、42、127、145—146 页。

② See Elizabeth Ann Kronk, “American Indian Tribal Courts as Models for Incorporating Customary Law”, *Journal of Court Innovation*, 2010, 3.

度设计和运行实现“定纷”的核心功能，在此基础上对纷争利益进行调整和分配，以达到“止争”的效果。相比之下，环境纠纷的其他各种非司法解决方法并非凸显“定纷”这一司法解决机制的核心功能，而是在于以各种不同的方法实现“止争”这一核心目标。可见，旨在“定纷”的环境纠纷司法解决机制更注重具体操作程序的微观构造，需要设计精致的制定法规范予以支持和辅助，以确定纠纷各方的权利和义务。然而，环境纠纷司法解决机制的“定纷”功能逐渐体现出不断拓展的趋势，其他较为灵活的以“止争”为目的的程序设置成为环境纠纷司法解决机制的有益组成部分并获得不断的发展，如司法调解。针对环境纠纷司法解决机制的功能从“定纷”向“止争”的拓展，相应的制度支持系统也有了从唯一依赖环境制定法向依赖多元制度规范转变的可能。与环境制定法“定纷”的核心功能不同，环境习惯法在纠纷解决中的功能主要体现为通过一定的手段停息各方之间的争议，即“止争”。① 因此，环境习惯法在司法调解这一向“止争”方向拓展的程序设置中，环境习惯法显然具有适用的可能。

除此之外，从环境习惯法的本质属性来看，尽管环境习惯法在规范构成上比环境制定法简单、松散，但其仍然具有一定意义上的规范功能，能够确定纠纷当事人之间的权利义务关系。因而在判例法传统的国家以及在环境制定法出现缺漏的情况下，环境习惯法将可作为案件裁判的准据而体现出“定纷”的功能。

一　环境习惯法作为司法调解的依据

司法调解和作为纠纷解决替代方案之一的调解虽有诸多方面的共性，但二者之间仍然存在显著的差异性。司法调解以国家正式司法机制的强制力作为保障，显然，其“定纷止争”的功能比作为替代方案的调解更为有效。总体而言，环境习惯法在司法调解中的作用体现

---

① 当然，在“止争”的主要功能之外，环境习惯法也具有某些方面的“定纷”功能，譬如说运用古老的“毒剂”“浮沉测罪”等。（参见瞿同祖《中国法律与中国社会》，中华书局2003年版，第270—271页）。“神判”方式确定纠纷双方的对错和权利义务的享有和承担。

在三个方面，即作为司法调解的法律准据、作为司法调解的法理依据以及作为司法调解的事实依据。

司法调解所适用的法律准据相对比较灵活，这一点不同于一般性司法诉讼只将制定法作为法律准据的做法。由于调解的自愿性特征，在不与法律的强制性特别规定相违背的情况下，司法调解所适用的法律准据既可由纠纷当事人选择为国家环境制定法规范，也可由纠纷当事人选择为某些地方性环境习惯法规范。因此，在环境纠纷司法解决机制中，尤其是地方社群中较小的环境纠纷司法解决过程中，被广泛遵行的环境习惯法不失为一种有效适用的法律准据之选择。由于我国非判例法的司法制度传统及环境习惯法分散和多样的特征，环境习惯法作为纠纷当事人自愿选择的法律准据而被适用在环境司法过程中的案例并不多见，但其他领域的相关案件为我们提供了实证参考，比如藏族部落广泛遵行并“以潜在或公开的方式影响国家司法活动”的“赔命价”习惯法[①]和甘南西仓十二部落“长老会”调解习惯法[②]、广西龙胜各族自治县的“头人”制度、“团总”制度[③]等。

环境习惯法在司法调解中还可作为纠纷裁处的法理依据而被适用。由于结构的松散性和某些内容的滞后性特点，环境习惯法在司法调解中虽然无法作为法律准据而予以适用，但有可能被适用为司法调解的法理依据。作为自生自发规则的环境习惯法，其形成与发展植根在特定时空条件下的历史、文化、道德以及善良风俗之中，并与特定的自然环境一起组成了独特了自然、人文、社会综合体，因此，环境习惯法与组成综合体系的其他要素之间形成了相互反馈和促进的关系。从自然法学、历史法学和法律社会学的一般理论出发进行考察，法律规则的实质合法性来源与上述要素之间不无关系，因而在法理层

---

① 参见杜文忠《“赔命价”习惯的司法价值及其与现行法律的会通》，《法学》2012年第1期。

② 参见蒙小莺、蒙小燕《解析当代甘南牧区民间纠纷调解中的藏族部落习惯法》，《中国藏学》2010年第1期。

③ 参见周光大、苏良辉《龙胜各族自治县马堤乡牛头村情况调查》，载广西壮族自治区编辑组《中国少数民族社会历史调查资料丛刊》修订编辑委员会《广西苗族社会历史调查》，民族出版社2009年版，第199页。

面，环境习惯法与其他诸多要素之间的共生关系为特定环境纠纷司法调解提供了极具价值的法理依据。

当然，除上述两种情形之外，环境习惯法还可作为司法调解中的事实性依据。所谓环境习惯法者，必然是一类具备法规范属性的规则系统，因此似乎与司法调解所依据的事实分属两种不同的范畴。其实不然，以法规范之外观而表现出来的环境习惯法无疑是某一类型环境纠纷质的规定性的表达。谢晖教授的研究认为，“在相关的纠纷事实中，某种民间法（如环境习惯法）就表达了这一纠纷的规定性，即在一定的时空范围内，人们面对这样的纠纷，就是按照该种民间法来理解和处理的，从而自然地把民间法纳入对纠纷事实的理解中去”①。因此在环境纠纷司法调解程序中，对相关环境习惯法的查寻客观上也是求证纠纷之事实真相的过程。由于环境习惯法在这类纠纷中未以案件法律准据的外观出现，而是潜在地发挥事实和证据的作用，因此有学者将其归纳为“个案隐蔽适用”②。总之，在这种情况下，环境习惯法的功能便是为环境纠纷司法调解提供相关的事实证据。

二　环境习惯法作为司法适用的大前提

司法裁判的过程就是将法律规范与具体案件事实进行联系的三段论逻辑推理过程。“三段论推理在逻辑结构上的特点是，构成三段论的三个性质判断，它们的主项和谓项是由三个不同的概念分别出现两次组成的。”③ 得出推理结论，即案件判决结果的两个前提便是作为法律规定的大前提和作为具体案件事实的小前提。

在现代环境司法中，裁判纠纷的大前提一般是国家环境制定法规范。但在具体的环境司法实践中，往往会存在无环境制定法可依的情形。于此情形，法官必须要求助于其他非制定法规则以确定或构成司法裁判的大前提。然而在不同的法律传统中，具体情况又是不同的。

---

① 谢晖：《论民间法与纠纷解决》，《法律科学》（西北政法大学学报）2011 年第 6 期。

② 厉尽国：《民间规范司法适用制度化相关问题研究》，《山东大学学报》（哲学社会科学版）2009 年第 5 期。

③ 黄伟力：《法律逻辑学新论》，上海交通大学出版社 2001 年版，第 115 页。

在判例法国家，依循判例法形成的历史传统，法官的“造法”过程完全可以使习惯法成为司法裁判的大前提。尽管制定法，包括法典化是近现代发生在各种法律传统中的统一趋势，但习惯法在判例法国家仍然具有极其重要的地位。习惯法不仅是检验“既定规则”（即制定法）的有效标准，而且连同哲学和历史共同构成了制定法的“三种指导力量”，具有潜在的法律创生功能。[①] 也就是说，判例法国家的环境习惯法完全有可能成为法官适用于司法裁判过程之中的法律准据，即使在当代环境司法裁判中，环境习惯法仍然有可能成为代替国家环境制定法的司法裁判大前提。

在成文法国家，司法裁判的大前提通常只能是国家制定法规范，故只有当国家制定法阙如或调整不能的情况下，习惯法才有限地具有进入司法裁判过程的可能。而且由于成文法“中心”或唯一合法性的传统，习惯法纵使在国家制定法阙如或调整不能的情况下有限地进入司法裁判过程，也必须要接受各种复杂的“通关”标准的检验，因而习惯法成为司法裁判的大前提是较为罕见的情形。

当环境习惯法进入环境纠纷司法解决机制中时，也就意味着环境习惯法成了个案唯一性的“裁判规范”，且在极其精致的现代司法机制中扮演环境制定法规范的角色，因而环境习惯法真正代替环境制定法而发挥司法法源的功能，进而在判例法国家产生新的判例法，在成文法国家产生新的判例。由于“裁判规范”在具体个案解决中的具有极其重要的意义，作为三段论逻辑推理的第一步，其正确与否直接决定案件裁判结果的正确性，因此当环境习惯法拟以司法裁判的逻辑大前提而成为个案的“裁判规范”时，既要在价值理念层面关注环境习惯法“和国家法之原则精神的吻合问题”，还要在技术性层面关注作为司法裁判大前提的环境习惯法“能不能作用于小前提，并进而推出让当事人所接受的裁判结果来”[②]。惟其如此，环境习惯法才能在环境纠纷司法解决机制中发挥应有的功能。

---

① ［美］本杰明·卡多佐：《司法过程的性质》，苏力译，商务印书馆 1998 年版，第 36—38 页。

② 谢晖：《论民间法与纠纷解决》，《法律科学》（西北政法大学学报）2011 年第 6 期。

三　环境习惯法作为司法适用的小前提

在司法裁判三段论逻辑推理过程中，小前提是指与大前提相吻合的具体案件事实。一般来说，大前提是预设的各种法律规范，法官在司法裁判中很难自主地予以变更，因而在制定法规范之外寻求其他规范作为个案的大前提，往往是困难和复杂的事情。而小前提则不同，在大前提既定的情况下，法官确定个案的小前提，即具体法律事实，则是法官自主运用司法权能的应有之义，因此司法裁判小前提的确定更为灵活、自由。

那么在具体案件的裁判中，环境习惯法如何成为裁判小前提呢？或者说环境习惯法如何与作为小前提的案件事实之间取得内在关联呢？

其实，这一问题的实质在于环境习惯法的规范与事实之间的沟通问题。在一般情况下，"规范主义（规范）的思路始终有脱离社会现实的危险，而客观主义（事实）的思路则淡忘了所有规范的方面"①。规范与事实之间的紧张关系提醒我们"要坚持开放的态度，从不同的方法论立场、不同的理论目标、不同的角色视域"② 出发对待二者之间的关系。因此，超越国家制定法中心主义的思维，以更为开放的理论视角观察，环境习惯法与作为小前提的案件事实之间的逻辑关联可在以下两个角度实现"规范性与事实性间的互渡"③。一方面，从法律规范结构理论考察，法律事实是环境习惯法规范的构成性因素之一。环境习惯法与环境制定法相同，其完整的规范结构仍然是由"假定"和"处理"构成。④ 其中，"假定"部分就是环境习惯法规范的事实构成。当环境习惯法独立存在时，该部分就是法规范中的一般性"行为模式"，而当环境习惯法与具体案件相结合时，该部分则可被

---

① ［德］哈贝马斯：《在事实与规范之间——关于法律和民主法治国的商谈理论》，童世骏译，生活·读书·新知三联书店2003年版，第8—9页。

② 同上。

③ 贾焕银：《民间规范的性质及其司法适用逻辑分析》，《山东大学学报》（哲学社会科学版）2009年第4期。

④ 王涌：《民法中权利设定的几个基本问题》，《金陵法律评论》2001年春季卷。

具体化为案件的法律事实。另一方面，环境习惯法在生成逻辑上显著不同于环境制定法的地方也是实现二者“互渡”的理由。与环境制定法相比，环境习惯法显然是一套自生自发的规则系统，源于人类社会长期的生产、生活实践。按照人类地理学的观点，环境习惯法的内容受到特定历史时期人与自然环境关系的制约，因而与自然环境相关的人类生产、生活实践被反映在环境习惯法的具体结构之中。哈耶克也认为，像习惯法这种“比单个人所思的结果要宏大得多的成就，可以从众人的日常且平凡的努力中生发出来”①。可以说，环境习惯法是对人类生产、生活实践之真实状态的结构化、规则化“复制”或“描摹”。因此在这一意义上，环境习惯法其实是被结构化了的法律事实，是一种特殊的案件事实，可被适用为环境纠纷司法裁判中的小前提。

将环境习惯法作为司法裁判的小前提，不仅对“定纷”具有重要意义，而且更是检验作为大前提的环境制定法是否适用得当以及解释作为大前提的环境制定法的适当性和明确性的重要标准。首先，环境习惯法作为司法裁判小前提具有重要的“定纷”意义。作为一种特殊的案件事实，环境习惯法具有一般的司法裁判小前提的作用，但同时，环境习惯法又通过被一定范围内人们所共知的规范形式表达案件事实，因此，被适用于司法裁判的案件事实比一般性法律事实更具有“定纷”功能的确当性。其次，作为司法裁判小前提的环境习惯法是检验作为大前提的环境制定法在个案中是否适用得当的标准。在司法实践中，作为大前提的环境制定法由于规定模糊而适用不能是较为常见的情况，因此，往往会造成司法裁判大前提的适用错误。然而，当更具确当性的环境习惯法作为案件裁判小前提时，大前提错误适用的问题会得到纠正，因为在小前提非常确当的情况下，法官只需考量大前提与小前提之间具有逻辑上的涵摄关系或“一致性”关系②，即可确定作为大前提的环境制定法是否适用正确。最后，作为小前提的环境习惯法还是据以解释作为大前提的环境制定法的适当性和明确性的

---

① 邓正来：《关于哈耶克理论脉络的若干评注——〈哈耶克论文集〉编译序》，《开放时代》2001 年第 7 期。

② 黄伟力：《法律逻辑学新论》，上海交通大学出版社 2001 年版，第 117 页。

重要标准。实践中会存在大前提所涉意涵过于宽泛而无法准确适用于个案司法裁判的可能。基于这种情况，环境习惯法应发挥其解释功能，以确定大前提的适当性并限定大前提的适用范围，因为环境习惯法解释环境制定法的实质在于将习惯法作为某一特定的法律事实而与具体案件所适用的制定法在逻辑上紧密关联起来。

环境习惯法作为小前提的司法裁判逻辑三段论应用具有两种情形，分别是"作为大前提的环境制定法—作为小前提的环境习惯法—环境司法的裁判结果"和"作为大前提的环境习惯法—作为小前提的环境习惯法—环境司法的裁判结果"。第一种情形是环境习惯法作为小前提的常见形式，第二种情形却较为罕见。无论如何，两种适用情形在理论上都有探讨的价值。在理论上，相比于第一种情形，第二种情形更容易产生如下疑问：作为大前提的环境习惯法和作为小前提的环境习惯法之间具有怎样的联系和区别？抑或二者之间具有同一性？作为大前提的环境习惯法和作为小前提的环境习惯法在适用中如何处理相互之间的逻辑涵摄（大、小项关系）问题？

其实，如上疑问不难解答。作为大前提适用的环境习惯法和作为小前提适用的环境习惯法之间有着显著的区别。当环境习惯法作为大前提适用时，它实质上是替代环境制定法而具有规范的一般意义，而当环境习惯法作为小前提适用时，它的性质则是被结构化的法律事实，故二者之间没有任何的统一性。按此理解，上述第二个问题也得到了解答，因为二者之间的逻辑涵摄关系就是按照各自在三段论推理中的性质而确定的。尽管二者在外观上难以确定逻辑涵摄关系，甚至作为大前提的环境习惯法包含在作为小前提的环境习惯法之中，但前者必然是抽象的法规范，而后者则是具体的法律事实。通过上述分析可知，将环境习惯法作为小前提运行到环境纠纷司法裁判之中，显然具有重要的实践价值和理论自洽性。

第二节　环境习惯法与环境纠纷的诉讼替代方案

除环境纠纷的司法解决机制之外，环境纠纷的诉讼替代方案（alternative disputes resolution，ADR）也是一种便捷的途径。正如哈贝马斯所言，“社会的国家化和国家的社会化是同步进行的”[①]，正式国家司法机制的发展必然伴随着非正式的社会化纠纷解决机制的同步发展。在环境纠纷的ADR方案中，环境习惯法发挥着极其重要的作用。就二者之间的关系来说，一方面，环境习惯法是环境纠纷ADR方案的主要规则支持系统。环境纠纷ADR方案不同于国家正式司法机制，其运行所依赖的规则是非国家制定法的其他民间规则，其中以环境习惯法为主要代表。如果没有环境习惯法的支持和“规范”，环境纠纷ADR方案将无从展开。另一方面，环境纠纷ADR方案的广泛应用为新环境习惯法规则的创生提供了实践基础。一般来说，环境纠纷ADR方案适用于国家正式司法机制调整不能或调整较弱的领域，因而这一领域的法律规则往往不甚完备，而环境纠纷ADR方案的有效实践却“能够积累经验，形成惯例”[②]或习惯法规则，成为对以后类似纠纷解决极具参照价值的新标准。在这一意义上，环境纠纷ADR方案是促进新的环境习惯法规则不断形成和完善的有益实践。因此，环境习惯法与环境纠纷ADR方案之间具有类似于手段—目的、互为因果的内在关联。本书将从纠纷当事人的规范选择权、环境习惯法的规范特征以及环境纠纷ADR方案的属性和功能角度渐次论述二者之间的关联。

一　环境习惯法进入环境纠纷ADR方案的外在可能性

通常意义上，环境纠纷ADR方案主要有调解（不包括司法调解）、仲裁和谈判三种。在这三种环境纠纷ADR方案中，环境习惯法据以成为纠纷解决之有效规则支持系统的理由可在下述与环境纠纷司法解决机制之间的比较中得以显现。

首先，当事人规范选择权的有无是环境纠纷ADR方案与环境纠纷司法解决机制的重要差别。在环境纠纷司法解决机制中，由于程序的正式性、严密性以及弱处分性，其所适用的规则系统一般是符合此特性的国家环境制定法规范。相对而言，环境习惯法作为环境纠纷司

---

① ［德］哈贝马斯：《公共领域的结构转型》，曹卫东等译，学林出版社1999年版，第171页。

② 范愉：《非诉讼程序（ADR）教程》，中国人民大学出版社2002年版，第33页。

法解决机制之支持规则的情形要少见得多。而在环境纠纷ADR方案中，由于纠纷解决程序的处分性、民间性以及简易性，对具体可适用于纠纷解决的规则依据的选择也具有任意性。环境纠纷司机解决机制和ADR方案对当事人处分权的保护和规范极为不同。前者由于程序构造的国家权威性，相形之下当事人的处分权往往因受到国家正式法律的制约而无法得到充分行使，而后者少有国家法律的强制性约束，对当时人的处分权保护更为有利，因而，当事人完全可以按照对规则的熟悉程度以及规则对权利、义务的具体影响来选择特定规则。据此，当事人在环境纠纷ADR方案中对纠纷规则选择的任意性为环境习惯法的进入提供了可能性条件。

其次，主持人或裁判者的规范选择顺序在环境纠纷的司法解决机制和ADR方案中也是极为不同的。在环境纠纷ADR方案中，主持人大多征求当事人的意见，进而选择双方都愿意采用的规范，因而环境习惯法有可能被选为主要裁判规范，也有可能被选为次要裁判规范，还有可能不被选为裁判规范。在环境纠纷司法解决机制中，法官一般优先选择制定法规范，在制定法规范缺漏或者调整不能的情况下，才会考虑环境习惯法。相较而言，环境纠纷ADR方案中的主持人在规范选择上没有过多的约束。在这种情况下，环境习惯法进入环境纠纷ADR方案的可能相较于进入环境纠纷司法解决机制来说更为明显。

最后，就规范特征而言，环境习惯法与环境制定法之间存在显著的差异，导致不同法规范进入环境纠纷司法解决机制和环境纠纷ADR方案的难易程度各不相同。虽然环境习惯法在一定程度上具有精致、具体的特征，但与环境制定法相比较，其规范特征却是极为简单的。在规范特征上，环境习惯法可谓简单或较低级的规范，而环境制定法则是复杂或更为高级的规范。规范特征的差异，导致两者在适用上的差异。较为简单的环境习惯法规范显然在个案适用中较为方便、容易，因而无法适应环境纠纷司法解决机制的专业化、复杂性要求。而在环境纠纷ADR方案中，环境习惯法却不失为极好的适用规范，不但环境纠纷ADR方案的便捷性、任意性特征与环境习惯法的简单规范特征相对应，而且在国家环境制定法辐射较微弱的地方，纠纷当事人更易于在身边简单、易行的环境习惯法与具体环境纠纷之间建立对应关系，使环境习惯法发挥真正的纠纷解决功能。而显然不同的是，作为复杂、高级规范的环境制定法无法与简捷、松散的环境纠纷 ADR 方案相对接。

综上，在两种不同环境纠纷解决方式中当事人的规范选择权、规范选择顺序以及所对应的法规范特征等外在要素的对比审视中，环境习惯法进入环境纠纷 ADR 方案的可能性是显而易见的。

二　环境习惯法进入环境纠纷 ADR 方案的内在理由

除上述方面外，从内在要素，即环境纠纷 ADR 方案的属性及功能视角进行考察，环境习惯法进入环境纠纷 ADR 方案也具有充足的理由。

其一，环境纠纷 ADR 方案适用的是较小的纠纷。在制定法中心主义的当下，环境制定法必然是环境纠纷解决的主要规则。因而，当下主要的环境纠纷很难超越环境制定法而获得解决，只有那些非当代环境法治主要领域的环境纠纷才能在环境制定法之外其他规则的规范下得以解决。这类环境纠纷一般是较小且发生在基层社群中间的纠纷。同时，这类较小的环境纠纷也是 ADR 方案所适用的主要对象。在用 ADR 方案解决较小的环境纠纷时，由于纠纷所涉当事人权利和义务争议不大、不太重要，当事人及主持人均不愿劳心费神地援用复杂、专业的国家环境制定法规范。更为常见的做法是，简便、易行的地方性环境习惯法往往被作为解决此类较小纠纷的准据。

其二，环境纠纷 ADR 方案的功能主要在于“止争”，而非“定纷”。之所以环境纠纷 ADR 方案没有被正式的司法解决机制替代和挤占的原因之一就在于二者在功能上的分野。毋庸置疑，环境纠纷司法解决机制的功能在于通过一套逻辑严密、技术性极强的环境制定法规范的适用来准确厘定纠纷当事人的权责，即“定纷”。而环境纠纷 ADR 方案的运行并不在于“定纷”，而是综合运用多种手段使当事人的纠纷趋于停歇，即“止争”。正是二者之间在功能上的分野，使得环境纠纷 ADR 方案一直在环境纠纷解决中留有一席之地。环境纠纷 ADR 方案的“止争”功能使人情以及人情与法的结合因素被大量地引入具体纠纷解决过程中，譬如在澳大利亚昆士兰地区的土著民聚居区，土著民将社会的、文化的利益价值远远置于经济利益之上，强调宗教、家庭族群和合作，而与此相反，国家导向的企业却强调自然资源的市场因素和经济竞争性。[①] 基于“止争”的功能，当事人在环境纠纷 ADR 方案中更为关注所援引的规则的“止争”作用，而不是确定纠纷中当事人的权责。而环境习惯法恰是一套极为便捷的“止争”规范。运用环境习惯法于环境纠纷 ADR 方案中，将使其“止争”的功能得到更大的发挥。在国外有关环境管理及其纠纷中，环境习惯法的重要性已得到广泛认可，甚至于立法者和行政组织也“认为习惯法规则和程序能很好地发挥作用”[②]，能在最短的时间里实现具体环境资源纠纷的解决。[③]

其三，当事人在环境纠纷 ADR 方案中具有充分的参与性与处分权。当事人的参与和处分无论在诉讼机制中，抑或 ADR 方案中，都是极为重要的程序性权利。然而在环境纠纷司法机制和环境纠纷 ADR 方案中，当事人的参与性与处分权行使状况却存在差别。在环境纠纷司法机制中，当事人虽能参与案件的审理，且有行使处分权的可能，但由于司法机制的国家主导性及程序的机械性和强制性，这种参与性与处分权往往受到规则因素和其他规则外因素的极大制约。但在环境纠纷 ADR 方案中，由于程序设置和展开的松散性和自主性特征，使当事人的参与性与处分权得到了更大的保障。按照谢晖教授的观点，“诉讼替代（ADR）方案是当事人直接参与并决定纠纷解决的方案，而司法解决方案是当事人虽参与，但并不决定纠纷解决的方案”[④]。转而考察环境习惯法的规范属性，我们不难发现，环境习惯法乃是体现社群广泛参与且自由处分自己权利的特定共同体行为规范标准。在

① See Council for Aboriginal Reconciliation 1993：3，5，http：//www. austlii. edu. au/au/other/IndigLRes/car/toc-C. html.

② Peter Orebech，Fred Bosselman，Jes Bjarup，David Callies，Martin Chanock，*The Role of Customary Law in Sustainable Development*，New York：Cambridge University Press，2005，p. 28.

③ See Keresi R. Fonmanu，Lisa Ting，Ian P. Williamson，*Dispute Resolution for Customary Lands：Some Lessons From FIJI*，Nov. 17，2008.

④ 谢晖：《论民间法与纠纷解决》，《法律科学》（西北政法大学学报）2011 年第 6 期。

这一点上，环境习惯法显然是能与环境纠纷ADR方案的程序特征相对接的“准据法”。据此逻辑，运用环境习惯法规范于环境纠纷ADR方案的运行之中，当事人的参与性和处分权能够得到最大限度的保障。

三 环境习惯法在环境纠纷ADR方案中的展开

总体而言，环境习惯法在环境纠纷ADR方案中的展开体现在如下两个方面，即环境习惯法作为纠纷解决的有效“准据法”，以及环境习惯法作为纠纷解决的事实与证据。这两个方面在宏观上与环境习惯法适用于环境纠纷司法解决机制的情形相似。但在较为微观的领域，环境习惯法在环境纠纷ADR方案中的适用仍具有一些特殊性。

首先，在环境纠纷ADR方案中适用的环境习惯法是极为有效的案件“准据法”。如前文所述，由于正式司法机制对正式法律规则的依赖，环境习惯法在环境纠纷司法解决机制中的适用范围极其有限，仅在环境制定法没有规定或规定不能时才有被援引的可能。在环境纠纷ADR方案中，环境习惯法的命运却有重大转变，不但极易被选择为纠纷解决所依赖的规范，而且一旦被选择，便可独立发挥“准据法”的作用。

具体而言，在环境纠纷ADR方案中，环境习惯法是与环境制定法相当的选择性适用规范，甚至在某些纠纷的适用中优于环境制定法，因而环境习惯法与环境纠纷ADR方案之间有着内在属性或手段—目的、形式—内容意义上的统一性。当环境习惯法一旦被选为环境纠纷ADR方案的“准据法”时，便能够独立发挥纠纷“裁判规范”的功能。这一点显著区别于环境习惯法在环境纠纷司法解决机制中的功能，后者中适用的环境习惯法一般是作为环境制定法极其有限的补充性规范而发挥作用，且当环境习惯法被选为补充性规范时，其“裁判规范”的功能便失去了独立发挥的可能，而需借助或依附环境制定法才能实现。因此，环境习惯法在环境纠纷ADR方案中具有作为“裁判规则”的正当性和独立性，较适用于环境纠纷司法解决机制，其有效性极为显著。

其次，环境习惯法在环境纠纷ADR方案中的适用不一定按照三段论推理的逻辑顺序进行。在环境纠纷司法解决机制中的环境习惯法适用必须严格按照三段论逻辑推理来展开，这是纠纷解决适用法律准确、法律推理符合逻辑理性、案件结论正确无误的基本要求。但在环境纠纷 ADR 方案中，环境习惯法的适用有两套各异的适用方式。一种是按照三段论逻辑推理为基础的适用方式，另一种是与三段论推理无关的适用方式。云南省金平县十里村亚拉寨大队的村规民约和贵州省台江县阳芳寨的“神判”习惯法分别代表了不同的环境习惯法适用方式。

云南省金平县十里村亚拉寨大队的村规民约关于护林的规定有六条，择其代表性条款罗列如下：一、凡砍伐集体和社员的林木，一背柴火罚 10 元，直径一尺以上的林木罚 50 元，砍树打断的小林木打断一棵罚 3 元，砍直径一尺以下树木按柴火论处；……四、失火烧毁一亩森林罚 100 元；五、砍着集体的和私人的林木都罚成一样；六、外大队和干部家属跟社员罚成一样。①

在贵州省台江县阳芳寨，村民甲、乙在一起关于林权归属的山林纠纷中使用了“砍鸡头”的神明裁判方法。由于纠纷的一方既不愿“砍鸡头”，也不让步，接下来在行政裁决程序中查明，不愿“砍鸡头”的一方获得最后胜利。显然，纠纷双方当事人对“砍鸡头”这种神明裁判方式持谨慎和敬畏的态度。②

十里村的村规民约和阳芳寨的“神判”习惯法均是有效适用于该地区的环境习惯法。但比较而言，十里村的村规民约完全具有环境制

---

① 方慧：《少数民族地区习俗与法律的调试——以云南省金平苗族瑶族傣族自治县为中心的案例研究》，中国社会科学出版社 2006 年版，第 161 页。

② “‘砍鸡头’的具体程序是：争议双方都请自家的房族兄弟到场，当事人一方出一只大公鸡，另一方就来砍这只鸡的头。砍鸡头前，双方共同请来鬼师先念咒语，咒语的大致意思是：‘今天因某某和某某对某片林有纠纷，请我来帮助他们解决，我在明处我不知道，你在暗处你知道。现在用你的头去帮他们裁决，哪方起坏心、起贪心你就去找哪方，限你在××天内要他家现出病人、死人、死牛、死猪来给我们看，我们好了结这桩案——鸡。’鬼师念完咒语。将鸡交给砍鸡的当事人。砍鸡方接到鸡后一刀将鸡脖子砍下。使鸡头鸡身分离。鸡血滴在酒里。双方喝掉鸡血酒。然后在限定的时间内。哪一方家出现重病人、死人、死牛、死猪。那一方家就败诉。”参见胡卫东、吴大华《黔东南台江县苗族林权习惯法研究》，《广西民族大学学报》（哲学社会科学版）2011 年第 1 期。

定法的外观特征，而阳芳寨的“砍鸡头”习惯法却是另外一套不同于环境制定法的规范方式。在环境纠纷ADR方案中，十里村村规民约的运用完全遵循司法裁判三段论的逻辑推理方式进行，在具体的纠纷中，改村规民约作为大前提，具体案件事实作为小前提，据此而得出的裁判结论也具有逻辑正当性。而当阳芳寨“砍鸡头”习惯法运用于当地社群的环境纠纷ADR方案时，却具有一套完全不同于三段论推理方式的民间操作规程，这一规程主要建立在当地社群特有的文化、风俗等因素的基础之上。

最后，环境习惯法在环境纠纷ADR方案中的有效实践反过来促进了环境习惯法自身的不断创生和完善。在环境习惯法作为规则依赖运用于环境纠纷ADR方案之时，环境纠纷ADR方案的有效实践为新的环境习惯法的创生与既有环境习惯法的发展和完善提供了现实基础。按照谢晖教授的观点，这种情况可大致归纳为两个方面，即“内部的法律续造”和“外部的法律续造”。[①] 前者是在现有制定法规则出现漏洞时，司法者寻求他者规范以补充法律漏洞的活动；后者是指在立法阙如的情况下，司法权基于确保法律最低的“安定性及正义的要求”而“不完全禁止司法者自己去寻找规则”[②] 的过程。显然，这种情况在环境纠纷司法解决机制中是完全不可能发生的，因为国家正式司法机制向来压制、排挤环境习惯法等非正式规则的当代实践。环境习惯法能勉强在“夹缝”中有限地适用于环境纠纷司机解决机制已属非常幸运之事，至于通过环境纠纷的司法实践以达到创生和完善环境习惯法的目的，则犹如梦呓。

通过比较研究发现，斐济在有关土地资源的环境纠纷解决实践中形成了具有显著特色的一套新型习惯法机制。经过长期实践，斐济形成专门的环境纠纷解决中心（centre for dispute resolution），该中心具有以下特征和职能：利用恰当的习惯法等传统规则资源，传播土地信息，最小化土地纠纷解决的经济费用，在尽可能短的时间里解决纠纷，以及为土地所有者、调解人、管理者、承租人、土地使用人以及

① 谢晖：《论民间规范司法适用的前提与场域》，《法学论坛》2011年第3期。

② ［德］卡尔·拉伦茨：《法学方法论》，陈爱娥译，商务印书馆2003年版，第254页。

政府官员建立有效的培训项目。[①] 斐济的实践使环境习惯法与环境纠纷 ADR 方案之间形成了良性互动关系，前者为后者的完善提供规则支持，后者为前者的创生和发展搭建实践平台。

当然，除上述三个方面的特殊性之外，如何处理好因环境习惯法与环境纠纷 ADR 方案的松散和宽泛特性而导致的三段论逻辑推理不严密或不周延问题、如何在较为开放的环境纠纷 ADR 方案中确定环境习惯法的选择标准问题[②]，以及依赖环境习惯法规则的环境纠纷 ADR 方案如何与依赖环境制定法规则的环境纠纷司法解决机制之间建立沟通和互动机制的问题（如斐济的经验和启示[③]）也是应当予以关注的领域。

① See Keresi R. Fonmanu, Lisa Ting, Ian P. Williamson, *Dispute Resolution for Customary Lands: Some Lessons From FIJI*, Nov. 17, 2008.

② 参见田成有、李懿雄《乡土社会民间法与基层法官解决纠纷的策略》，《现代法学》2002 年第 1 期。

③ See Keresi R. Fonmanu, Lisa Ting, Ian P. Williamson, *Dispute Resolution for Customary Lands: Some Lessons From FIJI*, Nov. 17, 2008.

结语：从环境习惯法到传统知识

从理论分析到实践表达，从历史印象到现代价值，环境习惯法的轮廓逐渐清晰起来，其所具有的现代价值也得到了相应的理论彰显和实践体现。在当下法治语境中，环境习惯法的价值定位主要体现为对环境制定法的补足及在此基础上对现代环境法的贡献。然而环境习惯所处的这种辅助地位并不影响其自足性，亦即环境习惯法的独立存在价值。

就前者而言，环境制定法主宰的现代环境法治实践在当下法治语境中具有无可替代的正当性和权威性。但如本书所说，环境法的当代发展面临法律一元构想与现实法律多元之间的矛盾、外生性规则与本土性供给之间的断裂以及公力强势推进与民间微弱运行之间的失衡三方面的困境，而这些困境又无法在以制定法为主导的环境法自身体系中得到解决，需要寻求体系之外的其他知识补给。而环境习惯法的出场，正是以汲取与重建本土法文化、重塑法律信仰、祛制定法技术理性之魅、拓展路径等优越性补给环境制定法，解决当下环境法发展面临的上述困境。因此，本书虽在逻辑架构和具体内容的展开中极力凸显环境习惯法的现代价值这一主题，但对环境习惯法的定位仍没有忽视其作为辅助性规范的定位。这也是本书的结论之一。

同时，在辅助性功能之外，环境习惯法还体现为一定的自足性。在对现代环境法治综合、多元的全新机制的探索中，关于环境习惯法的探讨不应局限在作为辅助性知识供给的作用上，而应当是与这一全新机制相适应，对环境习惯法这种有效知识规则的独立价值的认可。因此，本书将环境习惯法视为一种与环境制定法明显不同的规则体系，进而从环境习惯法的规则独特性角度考察其所具有的一些特殊的价值机理以及在现代环境立法、现代环境管理、多元环境纠纷解决等具体领域贡献于现代环境法治的可能性。这便是本书的结论之二。

然而，本书对环境习惯法自足性的考察仍囿于习惯法研究的一般性思维模式，仅探讨了其作为社会规则系统的独立性。其实，在规则性属性之外，环境习惯法的其他属性源自其作为一种更为广阔的传统知识体系，体现为与历史、文化相勾连的多重属性。因此，本书的研究只是在一定程度上揭开了环境习惯法及其共生的一系列传统知识的“冰山一角”。这对于全面理解环境习惯法的现代价值来讲显然是不够的，而要对环境习惯法的自足性价值做进一步的探讨，我们应当在传统知识这一更为广阔的视野中对其进行研究。

从宏观角度看，传统知识视域中的环境习惯法与当下环境法的发展在现代的传统性和传统的现代性两个向度上交织产生作用。其一是现代的传统性问题，即现代环境法的发展对包括环境习惯法在内的传统知识的不可或缺性。在时间段的划分上，现代与传统具有显著的差异性，然而从现代与传统的真实存在来看，现代绝非概念意义上的断代，而是传统的不断延续。因此，任何现代的“切面”都包含着对过去传统的留存与延展。从现代与传统的这一关系入手考察，现代的传统性实际上指涉环境法的发展性，表明环境法从传统走向现代是传统知识的现代延续。现代的传统性也说明，包括环境习惯法在内的传统知识供给于环境法的现代发展具有历史的必要性。其二是传统的现代性问题，即包括环境习惯法在内的传统知识供给于环境法现代发展与完善的可能性和正当性。由于一切传统都可在有关现代的“叙事”中找到印迹，因而任何现代性“叙事”的形成与发展必然包含着传统的补充和积累，否则现代性“叙事”将丧失真正的现代性。在这一意义上，一切传统都是现代的。基于此，包括环境习惯法在内的传统知识供给于环境法的现代发展与完善具有可能性和正当性。

基于以上分析，环境习惯法在传统知识视域中具有全新的价值内涵，在体现为规则属性的同时，更多地体现为关于环境保护意识的内在依赖、文化基础，关于环境治理的制度外因素、社会历史条件，以及作为特定自然环境“保育”的特有“生境”等。由于这些问题已超出了对环境习惯法的常规性研究，对此笔者将在以后的学术生涯中另辟蹊径，在传统知识这一全新的课题中对这些问题做进一步的研究。

关键词索引

参考文献

（一）中文著作

1. ［法］孟德斯鸠：《论法的精神》，严复译，上海三联书店 2009 年版。

2. ［奥］尤根·艾利希：《法律社会学基本原理》，叶名怡等译，中国社会科学出版社 2009 年版。

3. ［美］哈罗德·J. 伯尔曼：《法律与革命——西方法律传统的形成》，贺卫方等译，中国大百科全书出版社 1993 年版。

4. ［美］伯尔曼：《法律与宗教》，梁治平译，中国政法大学出版社 2003 年版。

5. 梁治平：《寻求自然秩序中的和谐》，中国政法大学出版社 2002 年版。

6. 苏力：《法治及其本土资源》，中国政法大学出版社 2004 年版。

7. ［德］马克斯·韦伯：《经济与社会》（上册），林荣远译，商务印书馆 2006 年版。

8. ［德］马克斯·韦伯：《经济与社会》（下册），林荣远译，商务印书馆 2006 年版。

9. ［德］马克斯·韦伯：《论经济与社会中的法律》，张乃根译，中国大百科全书出版社 1998 年版。

10. ［法］卢梭：《社会契约论》，何兆武译，商务印书馆 1980 年版。

11. ［法］伏尔泰：《风俗论》（上册），梁守锵译，商务印书馆

1994 年版。

12. [美] 罗斯科·庞德:《法律史解释》，邓正来译，中国法制出版社 2002 年版。

13. [美] 罗斯科·庞德:《通过法律的社会控制》，沈宗灵译，商务印书馆 1984 年版。

14. 许章润主编:《历史法学》第 2 卷，法律出版社 2009 年版。

15. [英] 哈特:《法律的概念》，张文显等译，中国大百科全书出版社 1996 年版。

16. [英] 弗里德利希·冯·哈耶克:《法律、立法与自由》第 1 卷，邓正来译，中国大百科全书出版社 2000 年版。

17. [法] 雅克·德里达、[意] 基阿尼·瓦蒂莫:《宗教》，杜小真译，商务印书馆 2006 年版。

18. [美] 埃尔曼:《比较法律文化》，贺卫方等译，清华大学出版社 2002 年版。

19. 刘作翔:《法律文化理论》，商务印书馆 1999 年版。

20. [美] 基辛:《文化人类学》，张恭启、于嘉云译，台北巨流图书公司 1993 年版。

21. [英] 边沁:《道德与立法原理导论》，时殷弘译，商务印书馆 2002 年版。

22. [英] 休谟:《自然宗教对话录》，陈修斋等译，商务印书馆 1962 年版。

23. [美] 约翰·莫那什、劳伦斯·沃克:《法律中的社会科学》，何美欢等译，法律出版社 2007 年版。

24. [英] 韦恩·莫里森:《法理学：从古希腊到后现代》，李桂林等译，武汉大学出版社 2003 年版。

25. 张文显:《二十世纪西方法哲学思潮研究》，法律出版社 1996 年版。

26. 张文显:《法理学》，高等教育出版社、北京大学出版社 1999 年版。

27. 张文显:《法哲学范畴研究》(修订版)，中国政法大学出版社 2001 年版。

28. 公丕祥：《法理学》，复旦大学出版社 2002 年版。

29. 李龙：《法理学》，武汉大学出版社 1996 年版。

30. 姚建宗：《法理学——一般法律科学》，中国政法大学出版社 2006 年版。

31. ［澳］维拉曼特：《法律导引》，张智仁等译，上海人民出版社 2003 年版。

32. ［法］米歇尔·福柯：《知识考古学》，谢强等译，生活·读书·新知三联书店 2007 年版。

33. ［法］米歇尔·福柯：《福柯读本》，汪民安译，北京大学出版社 2010 年版。

34. ［英］卡尔·波普尔：《历史决定论的贫困》，杜汝楫、邱仁宗译，华夏出版社 1987 年版。

35. ［德］H. 李凯尔特：《文化科学和自然科学》，涂纪亮译，商务印书馆 1986 年版。

36. ［德］卡尔·拉伦茨：《法学方法论》，陈爱娥译，商务印书馆 2003 年版。

37. ［德］马克斯·韦伯：《社会科学方法论》，韩水法译，中央编译出版社 2008 年版。

38. ［美］詹姆斯·B. 鲁尔：《社会科学理论及其发展进步》，郝名玮等译，辽宁教育出版社 2004 年版。

39. ［德］亚图·考夫曼：《类推与“事物本质”——兼论类型理论》，吴从周译，台湾学林文化事业有限公司 1999 年版。

40. ［德］哈贝马斯：《在事实与规范之间——关于法律和民主法治国的商谈理论》，生活·读书·新知三联书店 2003 年版。

41. 维特根斯坦：《逻辑哲学论》，郭英译，商务印书馆 1962 年版。

42. ［美］托马斯·库恩：《科学革命的结构》，金吾伦、胡新和译，北京大学出版社 2003 年版。

43. ［英］安东尼·吉登斯：《社会学方法的新规则——一种对解释社会学的建设性批判》，田佑中、刘江涛译，社会科学文献出版社 2003 年版。

44. ［英］吉登斯、克里斯多弗·皮尔森：《现代性——吉登斯访谈录》，新华出版社 2001 年版。

45. ［英］吉登斯：《现代性的后果》，译林出版社 2000 年版。

46. ［挪］斯坦因·拉尔森：《社会科学理论与方法》，任晓译，上海人民出版社 2002 年版。

47. ［美］R. M. 昂格尔：《现代社会中的法律》，吴玉章、周汉华译，译林出版社 2001 年版。

48. ［英］威廉姆·奥斯维特：《哈贝马斯》，沈亚生译，黑龙江人民出版社 1999 年版。

49. ［美］彼得·伯格等：《世界的非世俗化——复兴的宗教及全球政治》，李骏康译，上海古籍出版社 2005 年版。

50. ［法］卢梭：《论人类不平等的起源和基础》，陈伟功等译，北京出版集团公司 2010 年版。

51. ［德］费尔巴哈：《宗教的本质》，王太庆译，人民出版社 1999 年版。

52. ［德］阿尔图·考夫曼：《后现代法哲学——告别演讲》，米健译，法律出版社 2000 年版。

53. ［德］萨维尼、雅各布·格林：《萨维尼法学方法论讲义与格林笔记》，杨代雄译，法律出版社 2008 年版。

54. ［德］阿尔图·考夫曼等：《法哲学与法律理论导论》，郑永流译，法律出版社 2000 年版。

55. ［德］考夫曼：《法律哲学》，刘幸义等译，法律出版社 2004 年版。

56. ［美］博登海默：《法理学——法律哲学与法律方法》，邓正来译，中国政法大学出版社 2004 年版。

57. ［美］理查德·A. 波斯纳：《法理学问题》，苏力译，中国政法大学出版社 2002 年版。

58. ［英］梅因：《古代法》，沈景一译，商务印书馆 1996 年版。

59. ［德］尤尔根·哈贝马斯：《对话伦理学与真理的问题》，沈清楷译，中国人民大学出版社 2005 年版。

60. ［德］F. 卡尔·冯·萨维尼：《论立法与法学的当代使命》，

许章润译，中国法制出版社 2001 年版。

61. [美] 本杰明·N. 卡多佐：《法律的成长 法律科学的悖论》，董炯等译，中国法制出版社 2002 年版。

62. [意] 朱塞佩·格罗索：《罗马法史》，黄风译，中国政法大学出版社 1994 年版。

63. [英] A. R. 拉德克利夫—布朗：《原始社会的结构与功能》，丁国勇译，中国社会科学出版社 2009 年版。

64. [英] 爱德华·汤普森：《共有的习惯》，沈汉等译，商务印书馆 2002 年版。

65. 费孝通：《乡土中国》，上海世纪出版集团、上海人民出版社 2007 年版。

66. 黄宗智：《中国研究的范式问题讨论》，社会科学文献出版社 2003 年版。

67. [美] E. A. 霍贝尔：《初民的法律》，周勇译，中国社会科学出版社 1993 年版。

68. [挪威] 托马斯·许兰德·埃里克森：《小地方，大论题——社会文化人类学导论》，董薇译，商务印书馆 2008 年版。

69. 田涛：《被冷落的真实——新山村调查手记》，法律出版社 2005 年版。

70. 罗伯特·C. 埃里克森：《无需法律的秩序——邻人如何解决纠纷》，苏力译，中国政法大学出版社 2004 年版。

71. [美] 詹姆斯·马丁、马丁·舒尔茨、周学光：《规则的动态演变——成文组织规则的变化》，童根兴译，上海世纪出版集团、上海人民出版社 2005 年版。

72. [美] 埃莉诺·奥斯特罗姆：《公共事物的治理之道》，余逊达、陈旭东译，上海三联书店 2000 年版。

73. [美] 曼瑟尔·奥尔森：《集体行动的逻辑》，陈郁等译，上海人民出版社 1999 年版。

74. [美] H. 培顿·扬：《个人策略与社会结构——制度的演化理论》，王勇译，上海人民出版社 2004 年版。

75. [美] 道格拉斯·C. 诺思：《制度、制度变迁与经济绩效》，杭行译，韦森译审，格致出版社、上海三联书店、上海人民出版社2008年版。

76. ［美］道格拉斯·诺思：《经济史的结构与变迁》，陈郁等译，上海三联书店1994年版。

77. ［美］尼古拉斯·麦考罗、斯蒂文·G. 曼德姆：《经济学与法律——从波斯纳到后现代》，吴晓露等译，法律出版社2005年版。

78. 卢现祥、朱巧玲：《新制度经济学》，北京大学出版社2007年版。

79. 叶俊荣：《环境政策与法律》，中国政法大学出版社2003年版。

80. 金瑞林：《环境法学》，北京大学出版社2002年版。

81. 瞿同祖：《中国法律与中国社会》，中华书局2003年版。

82. 邓正来：《哈耶克法律哲学的研究》，法律出版社2002年版。

83. 邓正来：《市民社会理论的研究》，中国政法大学出版社2002年版。

84. 邓正来：《谁之全球化？何种法哲学？——开放性全球化观与中国法律哲学建构论纲》，商务印书馆2009年版。

85. 薄振峰：《当代西方综合法学思潮》，法律出版社2005年版。

86. 张乃根：《西方法哲学史纲》（第四版），中国政法大学出版社2008年版。

87. 刘放桐等：《新编现代西方哲学》，人民出版社2000年版。

88. 杨仁忠：《公共领域论》，人民出版社2009年版。

89. 梁治平：《清代习惯法：社会与国家》，中国政法大学出版社1996年版。

90. 眭鸿明：《清末民初民商事习惯调查之研究》，法律出版社2005年版。

91. 张冠梓：《论法的成长：来自中国南方山地法律民族志的诠释》，社会科学文献出版社2002年版。

92. 方慧：《少数民族地区习俗和法律的调试——以云南省金平苗族瑶族傣族自治县为中心的案例研究》，中国社会科学出版社2006年版。

93. 苗鸣宇：《民事习惯与民法典的互动——近代民事习惯调查研究》，中国人民公安大学出版社2008年版。

94. 薛亚利：《村庄里的闲话——意义、功能和权力》，上海世纪出版集团、上海书店出版社2009年版。

95. 杜宇：《重拾一种被放逐的知识传统——刑法视域中“习惯法”的初步考察》，北京大学出版社2005年版。

96. 张济民：《渊源流近——藏族部落习惯法法规及案例辑录》，青海人民出版社2002年版。

97. 张济民：《寻根理枝——藏族部落习惯法通论》，青海人民出版社2002年版。

98. 张济民：《诸说求真——藏族部落习惯法专论》，青海人民出版社2002年版。

99. 毛国权：《宗法结构与中国古代民事争议解决机制》，法律出版社2007年版。

100. 高其才：《中国少数民族习惯法研究》，清华大学出版社2003年版。

101. 张晓辉：《中国法律在少数民族地区的实施》，云南大学出版社1994年版。

102. 陈金全：《西南少数民族习惯法研究》，法律出版社2008年版。

103. 罗洪洋：《侗族习惯法研究》，贵州人民出版社2002年版。

104. 冉春桃、蓝寿荣：《土家族习惯法研究》，民族出版社2003年版。

105. 徐中起等：《少数民族习惯法研究》，云南大学出版社1998年版。

106. 曾代伟：《巴楚民族文化圈研究——以法律文化的视角》，法律出版社2008年版。

107. 费孝通：《乡土中国》，上海世纪出版社2007年版。

108. 田成有：《乡土社会中的民间法》，法律出版社2005年版。

109. 赵旭东：《权力与公正——乡土社会的纠纷解决与权威多元》，天津古籍出版社2003年版。

110. 范愉：《非诉讼程序（ADR）教程》，中国人民大学出版社2002年版。

111. 张永和：《信仰与权威：诅咒（赌咒）、发誓与法律之比较研究》，法律出版社2006年版。

112. 王铭铭、王斯福：《乡土社会的秩序、公正与权威》，中国政法大学出版社1997年版。

113. 徐晓光：《藏族法制史研究》，法律出版社2001年版。

114. 徐晓光：《原生的法》，中国政法大学出版社2010年版。

115. 王新生：《习惯性规范研究》，中国政法大学出版社2010年版。

116. 魏治勋：《民间法思维》，中国政法大学出版社2010年版。

117. 张跃：《中国民族村寨研究》，云南大学出版社2004年版。

118. ［日］秋道智弥、市川光熊、大塚柳太郎：《生态人类学》，范广融等译，云南大学出版社2006年版。

119. ［日］秋道智弥、尹绍亭：《生态与历史——人类学的视角》，云南大学出版社2007年版。

120. 尹绍亭：《文化生态与物质文化》，云南大学出版社2007年版。

121. 尹绍亭：《云南山地民族文化生态的变迁》，云南出版集团公司、云南教育出版社2009年版。

122. 郭家骥：《发展的反思——澜沧江流域少数民族变迁的人类学研究》，云南出版集团公司、云南人民出版社2008年版。

123. 何丕坤等：《森林树木与少数民族》，云南民族出版社2000年版。

124. 前南京国民政府司法行政部：《民事习惯调查报告录》，中国政法大学出版社1997年版。

125. 《中国少数民族社会历史调查资料丛刊》修订编辑委员会广西壮族自治区编辑组：《广西苗族社会历史调查》，民族出版社2009年版。

126. 《中国少数民族社会历史调查资料丛刊》修订编辑委员会青海省编辑组：《藏族蒙古族社会历史调查》，民族出版社2009年版。

127. 《中国少数民族社会历史调查资料丛刊》修订编辑委员会云南省编辑组：《云南民族民俗和宗教调查》，民族出版社2009年版。

128. 《中国少数民族社会历史调查资料丛刊》编辑委员会：《裕固族东乡族保安族社会历史调查》，甘肃民族出版社1987年版。

129. 《民族问题五种丛书》云南省编辑委员会：《白族社会历史调查》，云南人民出版社1983年版。

130. 《民族问题五种丛书》云南省编辑委员会：《佤族社会历史调查（一）》，云南人民出版社1983年版。

131. 《民族问题五种丛书》云南省编辑委员会：《佤族社会历史调查（二）》，云南人民出版社1983年版。

132. 《中国大百科全书·法学》，中国大百科全书出版社1984年版。

（二）英文著作

1. Peter Orebech, Fred Bosselman, Jes Bjarup, David Callies, Martin Chanock, *The Role of Customary Law in Sustainable Development*, New York: Cambridge University Press, 2005.

2. Sheleff, Leon, *The Future of Tradition: Customary Law, Common Law and Legal Pluralism*, London: The Book Company, 1999.

3. The Law Commission of Canada, *Indigenous Legal Traditions*, The University of British Columbia Press, 2007.

4. Roger A. Shiner, *Legal Institutions and the Sources of Law*, Netherlands: Springer, 2005.

5. Richard J. Lazarus, *The Making of Environmental Law*, Chicago: The University of Chicago Press, 2004.

6. Hubert Rottleuthner, *Foundations of Law*, Netherlands: Springer, 2005.

7. Surya Prakash Sinha, *Jurisprudence: Legal Philosophy*, St. Paul: West Publishing Co., 1993.

8. Mathieu Deflem, Habermas, *Modernity and Law*, California: SAGE Publications, 1996.

9. Benjamin J. Richardson, Stepan Wood, *Environmental Law for Sustainability: A Reader*, Portland: Hart Publishing, 2006.

10. Daniel M. Bodansky, *Customary (and Not So Customary) International Environmental Law*, University of Georgia school of law, 1995.

11. Laksbman D. Guruswamy, Sir Geoffrey W. R. Palmer, Burns H. Weston, Jonathan C. Carlson, *International Environmental Law and World Order* (Second Edition), West Group.

12. Steven Lukes and Andrew Scall, *Durkheim and Law*, Martin Robertson & Company Ltd., 1983.

13. Berman, *Faith and Order: The Reconciliation of Law and Religion*, William B. Eerdmans Publishing Company, 1993.

14. IUCN, Environmental Law Program, *Customary Laws: Governing Natural Resource Management in the Northern Areas*, Ferozsons (Ptv) limited, 2003.

15. Asad Bilal, Huma Haque, Patricia Moore, *Customary Laws: Governing Natural Resource Management in the Northern Areas*, Ferozsons (Pvt.) Limited. 2003.

16. Eugen Ehrlich, *Fundamental Principles of the Sociology of Law* (1913), Trans. by Walter L. Moll, Harvard University Press, 1936.

17. Stanley L. Paulson etc. (ed.), *Normativity and Norms: Critical Perspectives on Kelsenian Themes*, Oxford: Clarendon Press, 1998.

18. L. Paulson and Litschewski Paulson (eds.), *Normativity and Norms: Critical Perspectives on Kelsenian Themes*, Oxford: Clarendon Press, 1998.

19. Richard Howitt, *Rethinking Resource Management: Justice, Sustainability and Indigenous Peoples*, Routledge, 2001.

20. Habermas, *Towards A Rational Society*, Boston: Beacon Press, 1970.

21. Shepard Krech, *The Ecological Indian: Myth and History*, New York: W. W. Norton & Co., 1999.

22. Nancy M. Williams and Graham Baines (eds.), *Traditional Eco-*

logical Knowledge: *Wisdom for Sustainable Development*, Centre for Resource and Environmental Studies, Australian National University, Canberra, 1999.

23. Michael E. Soule and Gary Lease (eds.), *Responses to Postmodern Destruction*, Island press, 1995.

24. Sack, Peter (ed.), *Law and Anthropology*, New York University Press, 1992.

25. L. H. Gunderson, C. S. Holling, and S. S. Light (eds.), *Barriers and Bridges to the Renewal of Ecosystems and Institutions*, New York: Columbia University Press, 1995.

26. Alan T. White, L. Z. Hale (eds.), *Collaborative and Community-Based Management of Coral Reefs*: Lessons from Experience, Kumarian Press, 1994.

27. Dirhasmyah, *Analysis of the Effectiveness of Indonesia's Coral Reef Management Framework*, University of Wollongong, 2005.

28. Raymond D. Austin, *Navajo Courts and Navajo Common Law*: *A Tradition of Tribal Self-Governance*, University of Minnesota Press, 2009.

29. Susan Joy Hassol, *Impact of a Warming Arctic*: *Arctic Climate Impact Assessment*, Cambridge University Press, 2004.

30. Vincent, Sylvie and Bowers, Garry (eds.), *Baie James et Nord Quebecois*: *Dix Ans Apres/James Bay and Northern Quebec*: *Ten Years After*, Recherches Amerindiennes au quebec, Montreal.

31. Hayek, *Law*, *Legislation*, *and Liberty* (Ⅰ/Ⅱ), University of Chicago Press, 1973.

32. Massey, D. and Allen, J. (eds.), *Geography Matters*! *A Reader*, Cambridge: Cambridge University Press, 1984.

33. Leftwich, Adrian, *Redefining Politics*: *People*, *Resources and Power*, Methuen, London: 1983.

34. Fraser, *Justice Interruptus*: *Critical Reflections on the "Post-Socialist" Condition*, New York and London: Routledge, 1997.

35. Coveney, Peter and Highfield, Roger, *Frontiers of Complexity*:

the Search for Order in a Chaotic World, London: Faber &Faber, 1996.

36. Hanna J. Cortner, Margaret A. Moote, *The Politics of Ecosystem Management*, Washington DC: Island Press, 1999.

37. E. Ostrom, T. Dietz, N. Dolsak, P. C. Stern, S. Stonich, E. U. Weber, Natl. Res. Counc., "The Drama of the Commons", in Comm. Hum. Dimens. Glob. Change (ed.), *Div. Behav. Soc. Sci. Educ.*, Washington, DC: Natl. Acad. Press, 2002.

38. Stephan H. Haeckel, *Adaptive Enterprise: Creating and Leading Sense-and-Respond Organizations*, Cambridge MA: Harvard Business School Press, 1999.

39. E. Ostrom, et al. (eds.), *The Drama of Commons*, Washington DC: National Academy Press, 2002.

40. Redman C. L., *Human Impact on Ancient Environments*, Tucson: Univ. Ariz. Press, 1999.

41. Susan S. Hanna (ed.). *Rights to Nature: Ecological, Economic, Cultural, and Political Principles of Institutions for the Environment*, Washington DC: Island Press, 1996.

42. Evelyn Pinkerton (ed.), *Cooperative Management of Local Fisheries*, University of British Columbia Press, 1989.

43. Low, N. (ed.), *Global Ethics and Environment*, London: Routledge, 1999.

44. Polanyi, K., *The Great Transformation*, Boston: Beacon Press, 1957.

（三）中文期刊论文类及其他

1. 蔡守秋：《第三种调整机制——从环境资源保护和环境资源法角度进行研究》（上），《中国发展》2004 年第 1 期。

2. 王启梁：《习惯法/民间法研究范式的批判性理解——兼论社会控制概念在法学研究中的运用可能》，《现代法学》2006 年第 5 期。

3. 陈金全：《西南少数民族法律生活的历史和现状》，《甘肃社会科学》2007 年第 2 期。

4. 扎洛：《社会转型期藏区草场纠纷调解机制研究——对川西、藏东两起草场纠纷的案例分析》，《民族研究》2007 年第 3 期。

5. 韦森：《习俗的本质与生发机制探源》，《中国社会科学》2000 年第 5 期。

6. 厉尽国：《民间法范式：建构中国主体性法学的理论尝试》，《求索》2007 年第 4 期。

7. 吴向红：《典制中成文法和习惯法的整合》，《法商研究》2007 年第 4 期。

8. 张明新：《民间法与习惯法：原理、规范与方法——全国首届民间法、习惯法学术研讨会综述》，《山东大学学报》（哲学社会科学版）2006 年第 1 期。

9. 龙大轩：《民族习惯法研究之方法与价值》，《思想战线》2004 年第 2 期。

10. 张文显：《对法律规范的再认识》，《吉林大学社会科学学报》1987 年第 6 期。

11. 陈历幸：《法律规范逻辑结构问题新探——以现代西方法理学中“法律规范”与“法律规则”的不同内涵为背景》，《社会科学》2010 年第 3 期。

12. 王涌：《民法中权利设定的几个基本问题》，《金陵法律评论》2001 年春季卷。

13. 刘杨：《法律规范的逻辑结构新论》，《法制与社会发展》2007 年第 1 期。

14. 张士昌：《拿破仑法典与近代欧洲一体化进程》，《安徽师范大学学报》（人文社会科学版）2003 年第 2 期。

15. 周勇：《初民社会纠纷调处的原则——黔东南苗族“佳”歌的法律分析》，《比较法研究》1993 年第 2 期。

16. 韦森：《人类的道德禀赋与社会惯例的自发生成——从萨格登的〈权利、合作与福利的经济学〉谈起》，《学术月刊》2008 年 6 月第 40 卷。

17. 温佐吾、朱军、吴秋林、吴冬生、马宏勋：《少数民族地区的村规民约与森林资源保护——贵州省都匀市三个布依族存在的调研报告》，《林业与社会》2003 年第 5 期。

18. 曾怀德：《现代风险环境中本体性安全的建立——吉登斯奉献社会理论探索》，《齐齐哈尔大学学报》（哲学社会科学版）2005 年第 3 期。

19. 范愉：《试论民间社会规范与国家法的统一适用》，载谢晖、陈金钊主编《民间法》第 1 卷，山东人民出版社 2002 年版。

20. 唐凌云、张南宁：《从纯粹法学到逻辑法学——一种法律理论研究的逻辑进路》，《中南大学学报》（社会科学版）2004 年第 1 期。

21. 常江：《奥斯特罗姆教授与草原资源管理》，《中国发展简报》2010 年 4 月 22 日。

22. 王立宏：《内在秩序的生成机制与社会经济结构的路径依赖》，《社会科学辑刊》2006 年第 3 期。

23. 吴元元：《环境影响评价公众参与制度中的信息异化》，《学海》2007 年第 3 期。

24. 赵晓男、刘霄：《制度路径依赖理论的发展、逻辑基础和分析框架》，《当代财经》2007 年第 7 期。

25. 叶小文：《中国文化“和”的内涵与民族复兴的“文明依托”》，《理论前沿》2005 年第 6 期。

26. 崔永杰：《“科学技术即意识形态”——从霍克海默到马尔库塞再到哈贝马斯》，《山东师范大学学报》（人文社会科学版）2007 年第 6 期。

27. 周书俊：《技术理性的鬼魅：评施米特的经济技术理性》，《新视野》2007 年第 6 期。

28. 范在峰、李辉凤：《论技术理性与当代中国科技立法》，《政法论坛》（中国政法大学学报）2002 年第 6 期。

29. 陈学明、罗富尊：《评“西方马克思主义”对科学技术社会功能的批判》，《西南师范大学学报》（社会科学版）2005 年第 5 期。

30. 陈文华、孙日华：《规范法学视野下的民间法》，《广西社会科学》2010 年第 7 期。

31. 龙大轩：《和合：传统文化中的国家法与民间法》，《西南民族大学学报》（人文社会科学版）2007 年第 6 期。

32. 田钒平：《少数民族习惯法理论研究进路的解构与重塑》，《西南民族大学学报》（人文社科版）2009 年第 6 期。

33. 厉尽国：《民间法范式：建构中国主体性法学的理论尝试》，《求索》2007 年第 4 期。

34. 李学兰：《从功能与意义视角看民间法研究》，《甘肃政法学院学报》2006 年第 5 期。

35. 吕明：《“民间法立场”生成路径辨异——兼评“民间法范式”》，《宁夏社会科学》2010 年第 3 期。

36. 鲍曼：《对秩序的追求》，《南京大学学报》（哲学·人文科学·社会科学版）1999 年第 3 期。

37. 赵斌：《民间法研究中的“现代化范式”与“法律多元”》，《江海学刊》2010 年第 4 期。

38. 王小钢：《中国法学“现代化范式”之关系主义批评——评〈中国法学向何处去〉》，《河北法学》2007 年第 8 期。

39. 郑莉：《鲍曼论现代性与后现代性》，《马克思主义与现实》2004 年第 1 期。

40. 任强：《西方法律传统的类型研究及其局限——韦伯法律思想述评》，《中山大学学报》（社会科学版）1998 年第 5 期。

41. 刘士国：《类型化与民法解释》，《法学研究》2006 年第 6 期。

42. 严存生：《法的合法性问题研究》，《法律科学》2002 年第 3 期。

43. 张娟：《公共领域、商谈民主与政治合法性——哈贝马斯“重建性”合法性对传统合法性理论的重建》，《湖北行政学院学报》2011 年第 4 期。

44. 胡伟：《在经验与规范之间：合法性理论的二元取向及意义》，《学术月刊》1999 年第 12 期。

45. 高丙中、章邵：《以法律多元为基础的民族志研究》，《中国社会科学》2005 年第 6 期。

46. 吴元元：《规则是如何形成的——从哈耶克的“自发演化论”

开始》，《西南政法大学学报》2006 年第 4 期。

47. 冯颜利、杨炯：《马克思与吉登斯现代性思想比较》，《马克思主义与现实》（双月刊）2011 年第 3 期。

48. 黄宝荣、张慧智、李颖明：《环境管理分区：理论基础及其与环境功能分区的关系》，《生态经济》2010 年第 9 期。

49. ［德］阿图尔·考夫曼：《法哲学，法律理论和法律教义学》，郑永流译，《外国法译评》2000 年第 3 期。

50. 陈俊：《授权立法研究》，载周旺生主编《立法研究》第 1 卷，法律出版社 2000 年版。

51. 杜宇：《作为间接法源的习惯法——刑法视域下习惯法立法机能之开辟》，《现代法学》2004 年第 6 期。

52. 马晓琴、杨德亮：《地方性知识与区域生态环境保护——以青海藏区习惯法为例》，《青海社会科学》2006 年第 2 期。

53. 刘艺工、申伟：《中国少数民族环境保护习惯法简论》，《科学·经济·社会》2007 年第 4 期。

54. 王勇：《“陇派法学”、“西北法学”与中国法学发展——“首届陇籍中青年法学家论坛”的经验与启示》，《西部法学评论》2011 年第 1 期。

55. 胡旭晟：《20 世纪前期中国之民商事习惯调查及其意义》，《湘潭大学学报》（哲学社会科学版）1999 年第 2 期。

56. 胡卫东、吴大华：《黔东南台江县苗族林权习惯法研究》，《广西民族大学学报》（哲学社会科学版）2011 年第 1 期。

57. 温佐吾、朱军、吴秋林、吴冬生、马宏勋：《少数民族地区的村规民约与森林资源保护——贵州省都匀市三个布依族存在的调研报告》，《林业与社会》2003 年第 5 期。

58. 吴元元：《信息能力与压力型立法》，《中国社会科学》2010 年第 1 期。

59. 黄宝荣、张慧智、李颖明：《环境管理分区：理论基础及其与环境功能分区的关系》，《生态经济》2010 年第 9 期。

60. 符平：《“嵌入性”：两种取向及其分歧》，《社会学研究》2009 年第 5 期。

61. 谢晖：《论民间法与纠纷解决》，《法律科学》（西北政法大学学报）2011 年第 6 期。

62. 蒙小莺、蒙小燕：《解析当代甘南牧区民间纠纷调解中的藏族部落习惯法》，《中国藏学》2010 年第 1 期。

63. 厉尽国：《民间规范司法适用制度化相关问题研究》，《山东大学学报》（哲学社会科学版）2009 年第 5 期。

64. 贾焕银：《民间规范的性质及其司法适用逻辑分析》，《山东大学学报》（哲学社会科学版）2009 年第 4 期。

65. 王涌：《民法中权利设定的几个基本问题》，《金陵法律评论》2001 年春季卷。

66. 邓正来：《关于哈耶克理论脉络的若干评注——〈哈耶克论文集〉编译序》，《开放时代》2001 年第 7 期。

67. 田成有、李懿雄：《乡土社会民间法与基层法官解决纠纷的策略》，《现代法学》2002 年第 1 期。

68. 谢晖：《论民间规范司法适用的前提与场域》，《法学论坛》2011 年第 3 期。

69. 杨师群：《中国古代法律样式的历史考察——与武树臣先生商榷》，《中国社会科学》2001 年第 1 期。

70. 许章润：《“习惯法”的当下中国意义》，《读书》2009 年第 10 期。

71. 高其才：《试论农村习惯法与国家制定法的关系》，《现代法学》2008 年第 5 期。

72. 喻中：《制定法与习惯法之间的潜规则——可供阅读的另类秩序》，《现代法学》2001 年第 5 期。

73. 龙大轩：《民族习惯法研究之方法与价值》，《思想战线》2004 年第 2 期。

74. 陈金全：《西南少数民族法律生活的历史和现状》，《甘肃社会科学》2007 年第 2 期。

75. 周相卿：《清代黔东南新辟苗疆六厅地区的法律控制》，《法学研究》2003 年第 6 期。

76. 田红星：《环境习惯与民间环境法初探》，《贵州社会科学》

2006年第3期。

77. 刘雁翎：《贵州侗族环境习惯法渊源研究》，《西南政法大学学报》2009年第5期。

78. 邵泽春：《论少数民族习惯法的生态本原》，《贵州民族研究》2007年第4期。

79. 杨士杰：《论云南少数民族的生产方式与生态保护》，《云南民族大学学报》（哲学社会科学版）2006年第5期。

80. 李可：《论环境习惯法》，载吕忠梅主编《环境资源法论丛》第6卷，法律出版社2006年版。

81. 田信桥：《环境习惯法与国家法互动机制探析》，《长春理工大学学报》（社会科学版）2010年第2期。

82. 韦志明：《民族习惯法对西部生态环境保护的可能贡献》，《内蒙古社会科学》（汉文版）2007年第6期

83. 吴双全：《少数民族习惯法界定问题刍议》，《青海社会科学》2009年第6期。

84. 厉尽国：《民间法范式：建构中国主体性法学的理论尝试》，《求索》2007年第4期。

85. 于语和、刘志松：《天意法意人意——乡土社会法治化的困惑与民间法的命运与选择》，《西南民族学院学报》（哲学社会科学版）2007年第6期。

86. 罗昶：《村规民约的实施与固有习惯法——以广西壮族自治区金秀县六巷乡为考察对象》，《现代法学》2008年第6期。

87. 王学辉：《法人类学的体验——云南省怒江大峡谷傈僳族习惯法文化简析》，《西南民族学院学报》（哲学社会科学版）2002年第7期。

88. ［奥］欧根·埃利希：《法社会学方法——关于“活法”的研究》，张菁译，《山东大学学报》（哲学社会科学版）2006年第3期。

89. 王勇：《国家法和民间法的现实互动与历史变迁——中国西部司法个案的透视》，《西北师范大学学报》（社会科学版）2002年第4期。

90. 杜宇：《合流与分化——民、刑领域习惯法演进的比较观察》，《比较法研究》2007 年第 4 期。

91. 龙大轩：《和合：传统文化中的国家法与民间法》，《西南民族大学学报》（人文社会科学版）2007 年第 6 期。

92. 王明东：《南彝族水利山林习惯法及其功能》，《思想战线》1998 年第 3 期。

93. 杰克·帕特里克·海斯：《有关荒地的法律基础与管理依据——中国西北部地区环境与习惯法讨论》，张韬译，《山东大学学报》（哲学社会科学版）2006 年第 4 期。

94. 扎洛：《社会转型期藏区草场纠纷调解机制研究——对川西、藏东两起草场纠纷的案例分析》，《民族研究》2007 年第 3 期。

95. 王林敏：《论习惯法的合法性检验标准》，《山东大学学报》（哲学社会科学版）2009 年第 9 期。

96. 萨其荣桂：《民间规则与背景性知识——关于民间法研究中的一种分析模型思考》，《西南民族大学学报》（人文社会科学版）2007 年第 6 期。

97. 王洪平、房绍坤：《民事习惯的动态法典化——民事习惯之司法导入机制研究》，《法制与社会发展》2007 年第 1 期。

98. 张洪涛：《习惯在我国制定法中制度命运的制度分析——兼与苏力教授商榷》，《法制与社会发展》2009 年第 5 期。

99. 赵旭东：《习俗、权威与纠纷解决的场域——河北一村落的法律人类学考察》，《社会学研究》2001 年第 2 期。

100. 布鲁斯·L. 本森：《以私人手段解决纠纷、伸张正义的习惯法：对一个无需国家强制的法律与秩序的现代体系的描述》，尚海涛译，《山东大学学报》（哲学社会科学版）2007 年第 3 期。

101. 蒋华林：《习惯法的前世今生》，《检察日报》2010 年 10 月 14 日。

102. 胡元娥：《长沙农村环保自治模式调查》，《中国环境报》2009 年 12 月 8 日。

103. 王小峰：《〈格萨尔王传〉：唯一的活形态史诗》，2008 年 7 月 21 日，中国西藏文化网（www. china tibet news. com/wen hua）。

104. 左大培：《这个诺贝尔经济学奖获得者批评了谁?》（http：//www. wyzxsx. com）。

（四）英文期刊论文类及其他

1. Neetika Yadav, T. Priyadrshini, "Trade Imperialism versus Environmental Protectionism-An Analysis Using Interpretation of Article XX. 15", *Int'l Trade L. J.* 97, Winter, 2006.

2. Aimee L. Weiss, "An Analysis of the North American Agreement on Environmental Cooperation", 5 *ILSA J. Int'l&Comp. L.* 185, Fall, 1998.

3. Colin B. Picker, "Fishing for Answers in Canada's Inside Passage: Exploring the Use of the Transit Fee as a Countermeasure", 21 *Yale J. Int'l L.* 349, Summer, 1996.

4. Rachel Bowen, "Walking the Talk: the Effectiveness of Environmental Commitments Made by Multilateral Development Banks", 22 *Geo. Int'l Envtl. L. Rev.* 731, Summer, 2010.

5. Taylor Reinhard, "Advancing Tribal Law through 'Treatment as a State' Under the Obama Administration: American Indians May also Find Help from Their Legal Relative, Louisiana-No Blood Quantum Necessary", 23 *Tul. Envtl. L. J.* 537, Summer, 2010.

6. Bruce L. Benson, "Customary Law with Private Means of Resolving Disputes and Dispensing Justice: A Description of a Modern System of Law and Order without State Coercion", *Journal of Libertarian Studies*, 9 (2), 1990.

7. Carig C. Thorburn, "Changing Customary Marine Resource Management Practice and Institutions: The Case of Sasi Lola in the Kei Islands, Indonesia", *World Development* Vol. 28, No. 8, 2000.

8. Brendan Tobin, *Customary law as the basis for Prior Informed Consent of Local and Indigenous Communities*, International Expert Workshop on Access to Genetic Resources and Benefit Sharing, 2004.

9. Benjamin Kunbuor, " 'Customary Law of the Dagara' of Northern Ghana: Indigenous Rules or a Social Construction", *Journal of Dagaare*

Studies, Vol. 2, 2002.

10. M. A. Altieri, L. C. Merrick, "In Situ. Conservation of Crop Genetic Resources through Maintenance of Traditional Farming Systems", 41 (1) *Economic Botany* 98 (1987).

11. Seth Korman, "Indigenous Ancestral Lands and Customary International Law", 32 *U. Haw. L. Rev.* 391. Summer, 2010.

12. Oliver E. Williamson, "Credible Commitments: Using Hostages to Support Exchange", 73 *Am. Econ. Rev.* 519, 1983.

13. Eduardo S. Brondizio, Elinor Ostrom, and Oran R. Young, "Connectivity and the Governance of Multilevel Social-Ecological Systems: The Role of Social Capital", *Annual Rev. Environ. Resour*, 2009.

14. Authur, W. Brian, "Self-Reinforcing Mechanisms in Economics", In Philip W. Anderson, Kenneth J. Arrow, and David Pines (eds.), *The Economy as an Evolving Complex System*. Reading, MA.: Addison-Wesley, 1997.

15. Elinor Ostrom, "A Long Polycentric Journey", *Annu. Rev. Polit. Sci*, 2010.

16. A. Dan Tarlock, "The Nonequilibrium Paradigm in Ecology and the Partial Unraveling of Environmental Law", *Loyola of Los Angeles Law Review*, Vol. 27, 1994.

17. William Easterly, "Institutions: Top Down or Bottom Up?" *American Economic Review: Papers & Proceedings*, Vol. 2, 2008.

18. Iain J. Davidson-Hunt, Fikret Berkes, *Environment and Society through the Lens of Resilience: Toward a Human-in-Ecosystem Perspective*, paper prepared for delivery at the International Association for the Study of Common Property Conference, Bloomington, Indiana, May-June, 2000.

19. Northern Territory Law Reform Committee, Background Paper 3: *Legal Recognition of Aboriginal Customary Law*, 2003.

20. Resources Committee Navajo Nation Council, Proposed Navajo Nation Council Resolution, 20th Navajo Nation Council, 2005.

21. Kleivan, Helge, "Incompatible Patterns of Land Use: the Contro-

versy over Hydro-electric Schemes in the Heartland of the Saami People", *IWGIA Newsletter*, 1978.

22. Brantenberg, Odd Terje. The Alta-Kautokeino Conflict, Saami reindeer herding and ethnopolitics, in Brosted, J. 1985.

23. Gray, Andrew, "Between the Spice of Life and the Melting Pot: Biodiversity Conservation and its Impact on Indigenous Peoples", *IWGIA Document* 70, International Working Group on Indigenous Affairs, Copenhagen, 1991.

24. Rose, *Nourishing Terrains: Australian Aboriginal Views of Landscape and Wilderness*, Australian Heritage Commission, Canberra, 1996.

25. Joel Hartter, Sadie J. Ryan, "Top-down or bottom-up? Decentralization, Natural Resource Management, and Usufruct Rights in the Forests and Wetlands of Western Uganda", *Land Use Policy*, 2010, 27.

26. Amy Senier, "Rebuilding the Judicial Sector in Afghanistan: The Role of Customary Law", *The Fletcher School Online Journal for issues related to Southwest Asia and Islamic Civilization*, Spring 2006.

27. Mc Cutcheon, Sean, *Electric Rivers: The Story of the James Bay Project*, Black Rose, Montreal, 1991.

28. Jhappan, C. Radha, "Global community? Supranational strategies of Canada's aboriginal peoples", *Journal of Indigenous Studies*, 1992.3 (1).

29. O'Reilly, James, "The Role of the Courts in the Evolution of the James Bay Hydro-electric Project", in Vincent, Sylvie and Bowers, Garry (eds), *Baie James et Nord Quebecois: Dix ans Apres/James Bay and Northern Quebec: Ten Years After*, Recherches amerindiennes au Quebec, Montreal, 1988.

30. Bartlett, Richard (ed.), *The Mabo Decision: Commentary by R. H. Bartlett and the Full Text of the Decision*, Butterworth, Sydney, 1993a.

31. Frank Brennan, "The Wik Debate: Its Impact on Aborigines", *Pastoralists and Miners*, 1998: 47.

32. Del Villar, Gim, "Pastoral Leases and Native Title: A Critique of

Ward and Wik", *Bond Law Review*, Vol. 16. 2004.

33. Hunter, Philip. "Judicial Activism? The High Court and the Wik Decision". Indigenous Law Bulletin. Australasian Legal Information Institute. Indig Law B, 1997.

34. Nelson D. R., Adger W. N., Brown K., "Adaptation to environmental change: contributions of a resilience framework", *Annu. Rev. Environ. Resour*, Vol. 32, 2007.

35. Bennett J., Lawrence P., Johnstone R., et al., "Adaptive management and its role in managing Great Barrier Reef water quality", *Marine Pollution Bulletin*, 2005, 51 (1-4).

36. Prato T., "Bayesian adaptive management of ecosystems", *Ecological Modelling*, 2005, 183 (2-3).

37. Shiva, "Dose the new world order have trees?" 24 *Hours Supplement*, 1992, February.

38. A. Dan Tarlock, "The Nonequilibrium Paradigm in Ecology and the Partial Unraveling of Environmental Law", *Loyola of Los Angeles Law Review*, Vol. 27, 1994.

39. Young O. R., Berkhout F., Gallop in G. C., Janssen M. A., Ostrom E., Van Der Leeuw S., "The Globalization of Socio-Ecological Systems: an Agenda for Scientific Research", *Glob. Environ. Change*, 2006, 16.

40. Thomas Elmqvist, *Indigenous Institutions, Resilience and Failure of Co-management of Rain Forest Preserves in Samoa*, Paper delivered at the international Association for the Study of Common Property Conference, Indiana University, May-June, 2000.

41. Fern "andez-Gim" enez ME, "Spatial and Social Boundaries and the Paradox of Pastoral Land Tenure: a Case Study from Post Socialist Mongolia", *Hum. Ecol.*, 2000, 30 (1).

42. Kathleen A. Galvin, "Transitions: Pastoralists Living with Change", *Annu. Rev. Anthropo*, 38, 2009.

43. Norman L. Christensen et al., "The Report of the Ecological Soci-

ety of America Committee on the Scientific Basis for Ecosystem Management", *Ecological Applications*, Vol. 6, 1996.

44. Erika Zavaleta, "The Emergence of Waterfowl Conservation Among Yup'ik Hunters in the Yukon-Kuskokwim Delta, Alaska", *Human Ecology*, Vol. 27, 1999.

45. Paolo Segalla, "The Oil Palms of Southern Benin: Indigenous Knowledge and Agroforestry Development", *Agroforestry Today*, Vol. 11, 1999.

46. Shepsle, "Studying Institutions. Some Lessons from the Rational Choice Approach", *Journal of Theoretical Politics*, 1989b.

47. Fikret Berkes et al., "Rediscovery of Traditional Ecological Knowledge as Adaptive Management", *Ecological Applications*, Vol. 10, 2000.

48. Roman R. Pawluk, "The Role of Indigenous Soil Knowledge in Agricultural Development", *Soil and Water Conservation*, Vol. 47, 1992.

49. Oscar Platou, *Forelcesninger over Retskildernes Theori*, Lectures on the Theory of the Source of Law, Kristiania, 1915.

50. Richard Baker, "Traditional Aboriginal Land Use in the Borroloola Region", in Nancy M. Williams, Graham Baines (eds.), *Traditional Ecological Knowledge Wisdom for Sustainable Development*, Australian National University Centre for Resource and Environmental Studies, Canberra, 1993.

51. Paul Chandler, "Adaptive Ecology of Traditionally Derived Agroforestry in China", *Human Ecology*, Vol. 22, 1994.

52. Netting, "What Alpine Peasants Have in Common: Observations on Communal Tenure in a Swiss Village", *Human Ecology*, 1976 (4).

53. Picht. C., *Common Property Regimes in Swiss Alpine Meadows*, Paper Presented at a Conference on Advances in Comparative Institutional Analysis at the Inter-University Center of Postgraduate Studies, October 19 – 23, Dubrovnik, Yugoslavia. 1987.

54. Raymond Mac Callum, "The Community-Based Management of Fisheries in Atlantic Canada: A Legislative Proposal", *Dalhousie Law Journal*, Vol. 21, 1998.

55. Fenge, Terry, "National parks in the Canadian Arctic: the case of the Nunavut Land Claim Agreement", in Cant, Garth, Overton, John and Pawson, Eric (eds), *Indigenous Land Rights in Commonwealth Countries: dispossession, negotiation and community action: Proceedings of a Commonwealth Geographical Bureau Workshop held in Christchurch*, February 1992, Department of Geography and Ngai Tahu Maori Trust Board, Christchurch.

56. Berkes, Fikret, George, Peter and Preston, Richard J., "Co-management: the Evolution in Theory and Practice of the Joint Administration of Living Resources", *Alternatives*, 1991, 18 (2).

57. Dearden, Philip and Berg, Lawrence, "Canada's National Parts: a Model of Administrative Penetration", *Canadian Geographer*, 1993, 37 (3).

58. Hill, M. A. and Press, A. J., "Kakadu National Park: an experiment in partnership", *The Australian Quarterly*, 1993, 65 (4: The politics of Mabo).

59. Notzke, "A New Perspective in Aboriginal Natural Resources Management: Co-management", *Geoforum*, 1995, 26 (2).

60. Elizabeth Ann Kronk, "American Indian Tribal Courts as Models for Incorporating Customary Law", *Journal of Court Innovation*, 2010, 3.

61. Rachel Bowen, "Walking the Talk: the Effectiveness of Environmental Commitments Made by Multilateral Development Banks", 22 *Geo. Int'l Envtl. L. Rev.* 731, Summer, 2010.

62. Benjamin J. Richardson, Donna Craid, "Indigenous Peoples, Law and the Environment", See Benjamin J. Richardson, Stepan Wood, *Environmental Law for Sustainability: A Reader*, Portland: Hart Publishing, 2006.

63. Brendan Tobin, *Customary law as the Basis for Prior Informed Consent of Local and Indigenous Communities*, International Expert Workshop on Access to Genetic Resources and Benefit Sharing, 2004.

64. Benjamin Kunbuor, " 'Customary Law of the Dagara' of Northern

Ghana: Indigenous Rules or a Social Construction", *Journal of Dagaare Studies*, *Vol*. 2, 2002.

65. M. A. Altieri, L. C. Merrick, In Situ, "Conservation of Crop Genetic Resources through Maintenance of Traditional Farming Systems", 41 (1) *Economic Botany* 98 (1987).

66. Patricia Kameri-Mbote, "Gender Issues in Land Tenure under Customary Law", See Kameri-Mbote, Patricia, 2005, "Inheritance, Laws and Practices affecting Kenyan Women", In Makumi Mwagiru (ed.), *African Regional Security in the Age of Globalisation*, Nairobi: Heinrich Böll Foundation, 2004.

67. Andrew T. Guzman, "Saving Customary International Law", *Michigan Journal of International Law*, Vol. 27: 115, 2006.

68. M. S. Vani, "Customary Law and Modern Governance of Natural Resources in India-Conflicts, Prospects for Accord and Strategies", Published in Rajendra Pradhan (ed.), *Legal Pluralism and Unofficial Law in Social, Economic and Political Development*, Papers of the XIIIth International Congress, 7 – 10 April, 2002, Chiang Mai, Thailand, ICNEC Kathmandu, Volume I, pp. 409 – 446.

69. Jutta Brunnee, "The United States and the International Environmental Law: Living with the Elephant", *EJIL*, Vol. 15, No. 4, 2004.

70. Samuel Assembe-Mvondo, "The Customary Law Nature of Sustainable Forest Management States Practice in Central America and European Union", *Journal of Sustainable Development*, Vol. 3, No. 2, June 2010.

71. Leticia K. Nkonya, "Customary Laws for Access to and Management of Drinking Water in Tanzania", 2/1 *Law*, *Environment and Development Journal* (2006).

72. Thomas Falk, "Biodiversity and the Ancestors: Challenges to Customary and Environmental Law", *Namibia Law Journal*, Volume 1, Issue 1, January 2009.

73. John Nelson, Messe Venant, *Indigenous Peoples' Participation in Mapping of Traditional Forest Resources for Sustainable Livelihoods and Great*

Ape Conservation, Forest Peoples Programme, Report to the United Nations Environment Programme (UNEP), November 2008.

74. Commonwealth of Australia, Wik People v. State of Queensland [2000] FCA 1443 (3 October 2000).

75. National Native Title Tribunal of Australia, *National Report: Native Title*, August 2011.

76. Resources Committee Navajo Nation Council, *Proposed Navajo Nation Council Resolution*, 20th Navajo Nation Council, 2005.

77. National Native Title Tribunal, *About Native Title*, 2008.

78. National Native Title Tribunal, *Strategic Plan 2009 – 2011*, April, 2009.

79. Keresi R. Fonmanu, Lisa Ting, Ian P. Williamson, *Dispute Resolution for Customary Lands: Some Lessons From FIJI*. Nov. 17, 2008.

80. Kipaya Kapiga, *Bottom-up and Top-down approaches to development*, June 26, 2011, http: //global_ se. scotblogs. wooster. edu/2011/06/26/bottom-up-and-top-down-approaches-to-development/.

81. Elisabeth Einarsbol, *Reindeer husbandry rights in Norway*, 2005, www. galdu. org.

后　记

本书是在我博士学位论文《论环境习惯法的现代价值》的基础上，结合本人主持的国家社科基金项目“生态文明视域下我国西部民族习惯法研究”结题评审专家意见，经反复修改后最终定稿完成的。

在一定程度上，本书书稿的完成标志着本人环境法学研究转型的完成。

在转向环境习惯法这一环境法学“冷门”话题的研究之前，我曾苦苦思索一个问题——什么是环境法学？也曾经在传统的学术观念下思考环境法（环境法学）部门争论是否代表环境法学的真正问题之争。逐渐地，我澄清并否定了这些疑问，因为在复杂的现代性背景下产生的环境法学已无“部门”。当然，一个问题的解决意味着更多新问题的出现。环境法学已无“部门”，那还有什么？或还剩下什么？

带着新问题，我开始在博士论文写作和国家社科基金项目研究过程中寻求答案。随着对环境习惯法议题研究的逐步深入，我逐渐明白，所谓环境法及环境法学无“部门”，其核心要义在于表明环境法学作为新型法学学科，有着迥异于传统部门法学的研究范式，而无“部门”并不代表环境法学无内容。循此，我愈发坚信，环境法学之所以成其为环境法学者，必有标识环境法学之独特性的知识域。那么，环境法学的知识域又如何来加以把握呢？这个知识域是由有关环境的问题为基础而组成的吗？在我看来，环境法学的知识域必是与有关环境的问题相关联，但绝非由与环境有关的问题所定义！如若有关环境的问题都是环境法学知识域的当然组成部分或代表环境法学知识域的质的规定性，那么环境法学将沦为环境标签法学，或有关环境的相关、不相关问题的“大杂烩”。

在环境习惯法议题的研究过程中，我逐渐发现环境法学的知识域或许至少关涉如下三个议题：

其一，人本属性是环境法学研究的根本。环境法的问题会关涉山川河岳、自然鸟兽等对象，但这丝毫不影响环境法学关注的本质是人本的、人文的。否则，只关注自然对象的环境法学会沦为“只见森林不见人”的物本法，其本质是“环境法西斯主义”的。因此，以环境为基础的文化、人文、伦理等议题无疑是旨归环境法人本指向的重要侧面，环境法学研究不能，也不应缺少借由物而达人这条主线。这一点在环境法学研究中非常重要。诚然，在现代哲学的本体论、认识论视角下，以人为本是从“只见森林不见人”的浪漫环境法学回归理性环境法学、环境法真问题的唯一路向。

其二，环境法学本体问题的归纳、整理是当下环境法学研究的紧迫任务。环境法绝不仅仅是关于解决环境与资源问题的法律规范群，环境法学也绝不仅仅是关注这一规范群现象的碎片化知识，而是有标识环境法学成其为环境法学的独特性知识域。因此，环境法学研究的任务不仅要提出解决具体环境法治问题的方案来，更要在反思的基础上归纳、整理出环境法学的本体问题、建立环境法学的本体知识体系。王树义教授主编的《环境法基本理论研究》一书对环境法学本体知识体系的归纳与梳理、李启家教授在《环境法领域利益冲突的识别与衡平》一文中从“多重利益衡平和多元价值共赢”角度对环境法独特性的深度解读、江山教授在巨著《法的自然精神导论》一书中从本土文化角度对环境法的本体性解读和理论构想即是典型代表。期望此类反思和创见日渐繁盛，推动环境法学研究走向真正的成熟。

其三，环境法学研究应当重视多元面向。环境法学在知识层面的多元性、交叉性要求环境法学研究就具体议题或问题的分析和说理必须立基于多元脉络。台湾著名环境法学家叶俊荣教授认为环境法学研究应当重视社会脉络、公众信息和经济分析三个面向，意在表明环境法学议题的交叉性。当然，叶俊荣教授提出的三个面向之外，还有环境法学研究不容忽视的其他方面，如生态学、政治学、管理学、民族学、人类学等。

然而，带着上述问题回看眼前这沓将要付梓的书稿时，我却发现全文的思想体系和具体内容与预设目标之间尚有一定差距，如理论工具运用不甚成熟、论证视野不够开阔、实证研究有所欠缺等。当然，能及时意识到内容的遗憾也是幸事，至少能提醒我及时更新知识，不断深化对环境习惯法的认知。今后，在自己能主导的学术研究中，我将不遗余力地补上这份遗憾。遗憾之余也有些许欣慰，那就是，环境习惯法议题是我从人本、文化角度展开的环境法问题研究，虽有环境法学的"冷门"之嫌，但却是环境法学研究中的一个真问题，因此尽管稚嫩但航向正确。未来之旅中，我将沿此方向上追寻更多的善知识，而无论这旅程将耗费我多少生命与时日！

书稿付梓之际，我要郑重地对曾经、正在及将来依然陪伴我、支持我、鼓励我从事环境法学研习的家人、师长和朋友表达最真挚的谢忱！

感谢功高于天的父母，天恩永世难报！两年前母亲大人的离去让我陷入深深的愧疚之中。爱妻惠娟是我的坚强后盾，她和儿子郭天天一道守候着我最温暖的港湾。

感谢我的博士研究生指导老师别涛教授和王树义教授！2008年，承蒙二位老师不弃，我顺利进入珞珈山麓的环境法研究所，跟随二位老师学习环境法。四年读博生涯，倾注了王老师和别老师太多的心血。在二位老师的辛苦栽培下，我真正进入了环境法学的殿堂。师恩之情，长于一生，唯有今后踏实做人、认真读书才是最好的回报。

感谢李启家教授在无数次小酌中传授法学方法论知识，我一生受用不尽！感谢学位论文开题报告及答辩委员会的肖干刚教授、蔡守秋教授、杜群教授、张梓太教授和秦天宝教授！论文的最终成稿离不开各位苛刻的"挑刺"和中肯的建议。感谢环境法研究所的柯坚教授、李广兵副教授、罗吉副教授、胡斌博士，与你们交流学习和生活心得，是我此生的荣幸。

感谢美国佛蒙特州环保局局长 David Mears 教授、达特茅斯学院北美土著民研究中心主任 Bruce Duthu 教授、耶鲁大学森林与环境学院前任院长 Gus Speth 教授、中国政法大学环境资源法学研究所所长于文轩教授、厦门大学法学院周琛博士与我分享宝贵的参考资料并对博士学位论文的具体内容提出建设性意见！感谢美国佛蒙特法学院的

Siu Tip Lam 教授、刘晶晶副教授、杨罕琳副教授、林艳梅博士以及图书馆的杨晨芳老师、Christine Ryan 老师为我论文的写作给予的大力支持！

感谢梁剑琴、吴宇、蔡学恩、曹树青、张百灵、任世丹、陶蕾、王婷、廖建凯、陈晓玥、郭少青、王远东、张伟等同学在博士学位论文写作中的鼓励和支持！

感谢中达环境教育基金会和湖北省第十五批优秀学位论文评审专家，让我获得“中达环境法优秀博士学位论文奖”和“湖北省第十五批优秀博士学位论文奖”两项殊荣，甚是惭愧！

感谢我的工作单位甘肃政法学院的李玉基校长、校科研处郑高键处长、宁晓希老师、民商经济法学院刘晓霞院长等领导和同人为我开展国家社科基金项目研究给予的各种便利条件和支持！

感谢国家社科基金项目的诸位评审专家！他们提出的修改建议让书稿内容更趋完善！

感谢之余，更期望方家指正、批评，以砥砺我前进！

以上略为后记！

作者谨记

于台湾“中研院”法律学研究所

二〇一六年一月十六日